Guido Baltes

Jesus, der Jude, und die Missverständnisse der Christen

Francke

Über den Autor:
Dr. Guido Baltes ist evangelischer Theologe und lebt mit seiner Frau Steffi in Marburg. Er ist Dozent für Neues Testament am Marburger Bildungs- und Studienzentrum.

MIX
Papier aus verantwortungsvollen Quellen
FSC® C014138
FSC
www.fsc.org

Bibliografische Information der Deutschen Nationalbibliothek
Die Deutsche Nationalbibliothek verzeichnet diese Publikation in der Deutschen Nationalbibliografie; detaillierte bibliografische Daten sind im Internet über https://dnb.de abrufbar.

7. Auflage 2025
ISBN 978-3-86827-414-1

Am Schwanhof 19, 35037 Marburg an der Lahn
Umschlagfoto: © iStockphoto.com / Robyn Mackenzie, Naive
Umschlaggestaltung: Francke-Buch GmbH
Satz: Francke-Buch GmbH
Printed in Czech Republic

www.francke-buch.de
info@francke-buch.de

Inhaltsverzeichnis

Für Steffi,
die mein Herz erobert
und mich mitgenommen hat
auf den Weg nach Jerusalem.

Kapitel 1

Jesus und seine jüdische Welt

Rabbi, wo wohnst du?
(Johannes 1,38)

Jesus war ein Jude. Dieser Satz ist heute für die meisten Christen selbstverständlich und vielleicht sogar banal. Aber das war längst nicht immer so.

Als ich das erste Mal das Museum Yad Vashem in Jerusalem besuchte, das an die Vernichtung der Juden in Europa erinnert, hat mich dort ein Foto besonders angesprochen, das die idyllische Ansicht eines bayrischen Bergdorfes zeigt. Am Rande des Weges, der zum Dorfeingang führte, stand ein Kruzifix, mit Blumen dekoriert und liebevoll gepflegt. Nur einige Schritte weiter, ebenfalls am Wegrand, war ein Schild aufgestellt: „Juden sind hier unerwünscht". Dass der christliche Glaube an einen jüdischen Jesus und der Hass auf Juden nicht zueinander passen, schien damals niemandem aufzufallen.

In der Tat gab es zu dieser Zeit sogar Theologen und Kirchenmänner, die davon überzeugt waren, dass Jesus kein Jude gewesen sei, sondern ein „Arier“. Aber diese Ansicht war eher eine schräge Randnotiz der modernen Jesusforschung. Viel verbreiteter war die Meinung, die schon lange vorher Gotthold Ephraim Lessing formuliert hatte. Der deutsche Dichter und Denker war zugleich Urvater der neuzeitlichen Bibelforschung: Er nannte Jesus zwar einen „geborenen Juden“ und meinte damit seine religiöse Herkunft und ethnische Abstammung. Aber nach Lessings Ansicht ließ Jesus das Judentum hinter sich, als er erwachsen wurde. Und er wurde zum Gründer einer neuen Religion: des Christentums.

Viele Christen, mit denen ich über Jesus spreche, würden die absurde Vorstellung von einem arischen Jesus natürlich als lächerlich zurückweisen. Aber sie würden insgeheim doch der Vorstellung von Lessing folgen, dass Jesus zwar als Jude geboren wurde, aber nicht Jude blieb. Als ich vor einigen Jahren für eine christliche Zeitschrift einen Artikel über „Jesus, den Juden“ schrieb, waren es gerade die besonders bibeltreuen Leser, die sich in Leserbriefen empört oder verunsichert äußerten: War Jesus denn wirklich „nur ein Jude“? Macht ihn das nicht kleiner, als er wirklich war? War er denn nicht „mehr als ein Jude“? Hat er nicht die Grenzen des Judentums überwunden und durchbrochen – und das sogar ganz bewusst und absichtlich? Wollte er nicht die Gesetzlichkeit, die Blindheit, die Korruption und den religiösen Fanatismus des Judentums überwinden? Waren es nicht gerade die Juden, die seine schärfsten Gegner waren? Ja, Jesus war vielleicht von seiner Abstammung her ein Jude, er lebte vielleicht auch in einem jüdischen Umfeld. Aber er stand doch selbst irgendwie über oder zumindest jenseits dieser Kategorien. Er war doch „der Mann, der in kein Schema passt“. Er war der Rebell, der alles auf den Kopf und infrage stellte. Also doch wohl auch das Judentum.

Dieses Buch möchte helfen, ein verbreitetes Missverständnis zu überwinden: Es ist ein Missverständnis, das tiefe Wurzeln hat in einer langen Geschichte der christlichen Judenfeindschaft. Aber es hält sich bis heute. Auch in den Köpfen und Herzen solcher Christen, die die alte Judenfeindschaft für überwunden halten und die vielleicht sogar großes Interesse am Judentum haben: Es ist das Missverständnis, dass die Person Jesu nur dann richtig zum Vorschein kommt, wenn man sie vom dunklen Hintergrund seiner jüdischen Umwelt deutlich abhebt.

Missverständnis 1:
Unser Bild von Jesus kann nur dann hell leuchten, wenn wir den Hintergrund des Judentums um ihn herum in dunklen Farben malen.

Die Farben, in denen man diesen Hintergrund malt, haben mit den Jahrzehnten und Jahrhunderten gewechselt. Früher waren es vor allem die Farben der Gesetzlichkeit und der Engstirnigkeit. Heute sind es bevorzugt die Farben einer religiösen Exklusivität oder eines korrupten Herrschaftssystems, die man im Judentum verkörpert sieht. Aber die Grundidee bleibt: Das Judentum bildet den dunklen Hintergrund, vor dem sich Jesus deutlich als Kontrast abhebt durch das, was er sagt, was er tut und was er ist. Oder, wie es der große britische Theologe N. T. Wright in einem anderen Bild formuliert: Der „aufgeheizte Sturmwind" des Judentums kollidiert frontal mit dem „göttlichen Hurrikan" des Reiches Gottes, der mit Jesus in die Welt kommt. Und das führt am Ende zur Katastrophe.[1]

Aber ist das wirklich die einzige Möglichkeit, das Neue Testament zu lesen? Kann man Jesus wirklich nur im Kontrast zum Judentum seiner Zeit richtig verstehen, im frontalen Zusammenprall der Kulturen? In diesem Buch möchte ich versuchen, einen anderen Weg zu gehen. Ich möchte Jesus als einen Menschen beschreiben, der nicht nur als Jude geboren wurde, sondern auch als Jude starb und auferstand. Für den sein jüdischer Glaube nicht der Gegenwind war, der dem Reich Gottes entgegenstand, sondern der Rückenwind, durch den es in die Welt hineingetragen wurde. Ich glaube, dass wir viele der Worte und Taten Jesu nur dann richtig verstehen können, wenn wir sie nicht im Gegensatz zum Judentum, sondern als einen authentischen Ausdruck von jüdischem Glauben und Leben wahrnehmen.

Eine persönliche Entdeckungsreise

Diese Überzeugung ist allerdings auch bei mir erst allmählich gewachsen. Sie ist auf einem langen Weg entstanden, auf dem ich viel lernen und oft umdenken musste: Schon als Teenager ging ich regelmäßig in eine christliche Gemeinde und hörte dort in Predigten und Bibelarbeiten viel darüber, wer die jüdischen Zeitgenossen Jesu waren und was sie glaubten. Meine Religionslehrerin in der Schule war sehr engagiert im christlich-jüdischen Gespräch und brachte uns mit viel Liebe und Einsatz die neuere Geschichte der Juden in Deutschland nahe. Und im Theologiestudium wurde vieles davon dann noch einmal gründlich wissenschaftlich untermauert. Ich hielt mich also eigentlich für einen ausgewiesenen Experten in Sachen Judentum.

Umso überraschter und beschämter war ich aber, als ich nach dem Ende meiner Pfarrerausbildung die Gelegenheit hatte, für ein Jahr in Jerusalem zu leben und zu arbeiten. Eigentlich wollte ich gar nicht dorthin. Mir war die Schwärmerei mancher Christen für Israel etwas peinlich und ich dachte, man kann doch auch ein guter Christ sein, ohne das Land Jesu persönlich kennenzulernen. Aber weil meine Frau Steffi auch zu jenen gehörte, die für dieses Land schwärmten, und weil wir als Gemeinde gerade mit dem Aufbau einer christlichen Begegnungsarbeit in Jerusalem begonnen hatten, ließ ich mich doch dazu bewegen, die Reise anzutreten. Und ich habe es nicht bereut.

Zwar lag unser Haus im arabischen Ostteil Jerusalems, aber es gab trotzdem genug Gelegenheit, das jüdische Alltagsleben im Westen der Stadt kennenzulernen. Zum ersten Mal hatte ich hier die Möglichkeit, Juden nicht nur aus Geschichts- und Religionsbüchern kennenzulernen, sondern als Verkäufer, Busfahrer, Rabbiner, Nachbarn, Kollegen und Freunde. Ich besuchte Gottesdienste in den Synagogen und Vorträge in verschiedenen Schulen Jerusalems. Und je besser ich meine jüdischen Zeitgenossen kennenlernte, desto mehr wurde mir klar: Ich weiß viel weniger über sie, als ich immer dachte.

Ein Schlüsselerlebnis, an das ich mich noch gut erinnere, geschah an einem Donnerstagmorgen in einer Synagoge von Jerusalem. Ich besuchte hier eine wöchentliche Vorlesung zur Auslegung des Talmuds. Der Rabbiner, der die Vortragsreihe hielt, war ein ausgewiesener Experte seines Fachs und ich genoss seine humorvollen und zugleich geistlich herausfordernden Erklärungen sehr. Aber besonders interessant wurde es immer dann, wenn er in Seitenbemerkungen darüber sprach, wie sich das Judentum vom Christentum unterscheidet. Vermutlich wusste er nicht, dass er auch einen christlichen Gasthörer hatte, und das war vielleicht auch gut so. Denn oft ging es mir so, dass ich mich in seinen Darstellungen des Christentums nicht so richtig wiederfinden konnte: „Bei den Christen geht es hauptsächlich darum, wie man nach dem Tod in den Himmel kommt. Aber bei uns Juden geht es darum, wie das Leben hier auf der Erde gelingen kann.“ Autsch! Ja, natürlich gibt es Christen, die so denken. Aber sind sie wirklich typisch für das, was Christen denken? Trifft diese Beschreibung wirklich den Kern des Christentums? Und selbst wenn eine Mehrheit von Christen so denken würde: Wäre das dann wirklich „richtiges Christentum“, also das, was wir im Neuen Testament finden?

Oder eine andere Randbemerkung: „Im Judentum ist es wichtig, dass man sich als Mensch mit seinen Mitmenschen versöhnt, wenn man aneinander schuldig wird. Christen klären das direkt mit Gott, weil Jesus ja für sie gestorben ist. Der Priester spricht bei der Beichte die Vergebung zu und man braucht das dann nicht mehr mit seinen Mitmenschen zu klären.“ Naja, so hätte ich es auch nicht gerade beschrieben. Andererseits muss ich auch hier zugeben, dass es vermutlich tatsächlich Christen gibt, die so denken und danach leben. Es ist also einerseits ein Zerrbild (wenn man es verallgemeinert) und andererseits auch wahr (im Blick auf manche Christen). Hinzu kommen natürlich auch noch die Unterschiede zwischen den Konfessionen: Schließlich bin ich ja nicht katholisch und deshalb gibt es bei mir auch keinen Priester. Die Beichte gibt es zwar auch bei uns, aber sie ist doch bei den evangelischen Christen anders als bei den katholischen. Und obendrein bin ich auch nicht „typisch evangelisch", sondern pietistisch-kritisch-evangelikal oder wie auch immer man es nennen mag … Und dann kehren meine Gedanken zurück zu dem Rabbi und ich denke mir: Kann man wirklich von einem jüdischen Rabbi erwarten, dass er all diese komplexen Nuancen zwischen katholischen, evangelischen, rechts-evangelikalen und links-evangelikalen Christen kennt und versteht?

So saß ich also dort in dieser Vorlesung und fühlte mich als Christ oft missverstanden. Der Rabbi hatte es sicher nicht böse gemeint. Im Gegenteil. Ich mochte ihn sehr. Es stand außer Frage, dass er ein Experte seines Fachs war und auch ein guter Kenner und Freund des Christentums. Und dennoch klangen seine Beschreibungen dessen, was „typisch christlich" ist, oft in meinen Ohren nur halb richtig. Sie trafen entweder den Kern der Sache nicht ganz oder aber meine christliche Erfahrung und Prägung war einfach eine andere. Oft hätte ich gern protestiert. Oder ich hätte ihm erklärt, was „richtige Christen" (natürlich solche, wie ich einer bin) wirklich denken.

Dann wurde mir plötzlich klar, dass es jüdischen Zuhörern in meinen Predigten vermutlich oft ganz genauso gehen musste (und ich hatte ja regelmäßig Predigten zu halten, mitten in Jerusalem …). Plötzlich hörte ich meine eigenen Predigten mit ganz anderen Ohren. Mit den Ohren eines jüdischen Zuhörers, der vielleicht, genauso wie ich in der Synagoge, unerkannt irgendwo in der hinteren Bank saß. Und mir wurde klar, wie oft ich, um ein Wort von Jesus zu erklären, auf mein vermeintliches Wissen über das Judentum zurückgreifen musste: Ich mutmaßte darüber, was die Pharisäer und Schriftgelehrten wohl über Jesus dachten und was „typisch jüdisch" ist. Ich erklärte jüdische Bräuche und Gesetze. Ich versuchte deutlich zu machen, warum die Ansichten von Jesus so ganz anders waren als die seiner jüdischen Zeitgenossen.

Und plötzlich fragte ich mich: Was würde wohl der Rabbi aus meiner Vorlesung denken, wenn er hier bei mir säße und meiner Predigt zuhören würde? Wie viel von dem, was ich sage, träfe seine Sicht der Dinge nur halb – oder vielleicht gar nicht? Wie gut würde ich eigentlich die Nuancen der verschiedenen jüdischen Strömungen und Richtungen auseinanderhalten, die ja schon zur Zeit Jesu mindestens so komplex waren wie der christliche Konfessionsdschungel heute? Wie muss es für einen Juden klingen, wenn ich ganz selbstverständlich darüber rede, was „die Juden" zur Zeit Jesu dachten und glaubten? Vermutlich ähnlich absurd wie die meisten Aussagen darüber, was „die Christen" oder „die Deutschen" denken und glauben. Da fielen mir sofort einige Dinge ein, worüber der Rabbi seine Stirn verständnislos runzeln würde. Und einiges, worüber er vermutlich einfach nur nachsichtig schmunzeln müsste.

Hier begann für mich der Weg des Umdenkens. Verantwortlich dafür war nicht eine plötzliche Begeisterung für jüdische Kultur oder Folklore und auch bisher unentdeckte Liebesgefühle zu Israel spielten keine Rolle. Es war nicht das Bedürfnis, selbst „jüdischer" zu werden oder von jetzt an „Jeschua" statt „Jesus" zu sagen. Es war ganz einfach die Einsicht, dass ich noch so wenig weiß und noch so viel zu lernen habe. Es war die Einsicht, dass ich vorsichtiger sein muss mit meinem Urteil über Menschen, die ich doch so wenig kenne. Und es war der Wunsch, sie besser kennenzulernen.

Aus dem einen Jahr in Jerusalem wurden später noch sechs weitere. Ich hatte Gelegenheit zu intensiveren Gesprächen und gründlicherer Forschung. Aber dieses Wissen ist mir bis heute geblieben: Dass ich über meine jüdischen Zeitgenossen (und deshalb auch über die jüdischen Zeitgenossen Jesu) weniger weiß, als ich wissen müsste, um den Juden Jesus wirklich zu verstehen. Und deshalb versuche ich mir auch jetzt, nachdem ich wieder nach Deutschland zurückgekehrt bin, bei jeder meiner Predigten vorzustellen: Da hinten, in der fünften Reihe, sitzt er vielleicht. Unerkannt, jener Rabbi aus Jerusalem, und hört mir zu. Und noch immer hätte er vermutlich viel zu schmunzeln und seine Stirn zu runzeln. Ich schreibe dieses Buch also nicht, weil ich heute ein Experte wäre. Sondern im Gegenteil, weil ich heute mehr denn je weiß, wie viel ich noch zu lernen habe. Und weil ich andere dazu ermutigen möchte, sich mit mir auf diesen Weg des Lernens zu machen.

Christen und Juden heute

Natürlich: In den christlichen Kirchen hat im Blick auf das Judentum spätestens seit den Schrecken des Holocaust ein umfassender Prozess des Umdenkens begonnen. Man hat erkannt, dass es auch christliche Unwissenheit, christliche Irrlehren und christliche Judenfeindschaft waren, die zur *Schoah* beigetragen haben (so wird die Katastrophe der Judenvernichtung von vielen Juden auf hebräisch bezeichnet). Die katholische Kirche setzte mit ihrer Erklärung „Nostra Aetate“ aus dem Jahr 1965 ein deutliches Zeichen für eine Neuorientierung und forderte, dass in der kirchlichen Lehre anders und neu über das Judentum geredet werden solle als bisher. In den evangelischen Kirchen zog man etwa 15 Jahre später nach und forderte in verschiedenen Erklärungen von Synoden und Kirchenleitungen einen neuen Umgang mit dem Judentum und eine neue Art des Bibellesens. Gesellschaften für christlich-jüdische Zusammenarbeit entstanden überall in Deutschland und viele der alten Klischees sind heute tatsächlich überwunden.

Bedenklich ist es allerdings, dass sich ausgerechnet die Freikirchen, die pietistischen und evangelikalen Gruppen in Deutschland an dieser Stelle weit weniger deutlich zu Wort gemeldet haben. Vermutlich ist es ein grundsätzlicher Hang zum Bewahrenden, der hier die Menschen fester an alten, lieb gewonnenen Überzeugungen festhalten lässt. Außerdem sind hier oft auch noch ältere Bibelkommentare und Lexika aus Großmutters Zeiten in Gebrauch. In diesen Bereichen der Christenheit paart sich deshalb oft eine ausdrückliche „Israelliebe", wenn es um das heutige Israel geht, mit einer unbewussten „Judenfeindschaft", wenn es um die Zeitgenossen Jesu im Neuen Testament geht.

Trotz aller positiven Entwicklungen in den letzten 50 Jahren ist deshalb auch bei uns noch viel zu tun. Die jüdische Professorin Amy Jill Levine, die heute zu den herausragendsten Persönlichkeiten in der jüdisch-christlichen Forschung gehört, hat ihre langjährigen Beobachtungen als jüdische „Gasthörerin" christlicher Predigten so zusammengefasst:

> Predigten und Bibelauslegungen in vielen Kirchen und Bibelstudiengruppen und sogar angesehene akademische Monographien beschreiben explizit oder implizit ein Judentum, das monolithisch wie ein Steinblock ist, in kleinlichen Gesetzesfragen gefangen, ohne echten geistlichen Tiefgang, und das auch sonst all das widerspiegelt, was das Christentum (wie man hofft) nicht ist. Pastoren, Priester und Religionslehrer, Christen, die eigentlich sehr genau wissen, wie das Neue Testament in der Vergangenheit antijüdisch ausgelegt wurde: Sie alle tappen am Ende in dieselbe Falle und tragen dazu bei, dass antijüdische Lehren weiter und weiter aufrechterhalten werden.[2]

Sie fasst die sieben häufigsten christlichen Missverständnisse über das Judentum wie folgt zusammen:[3]

- Die Ansicht, dass das jüdische Gesetz nicht einzuhalten war, sondern nur eine Last, die niemand tragen konnte. Es werde zudem immer als „jüdisches Gesetz" bezeichnet, fast nie als „biblisches Gesetz" oder „Gottes Gesetz", obwohl es ja in derselben Bibel steht, die auch Christen für heilig halten.

- Die Ansicht, dass alle Juden einen militanten Messias erwarteten, der die Römer vertreiben würde. Und dass „die Juden" Jesus deshalb ablehnten, weil er nämlich stattdessen die Friedfertigkeit lehrte.
- Die Ansicht, Jesus sei der erste Feminist inmitten einer frauenfeindlichen jüdischen Kultur gewesen.
- Die Ansicht, dass Juden zwanghaft versuchten, sich vor Verunreinigung zu schützen, indem sie sich von Außenseitern fernhielten. Jesus dagegen habe alle Barrieren der Reinheit durchbrochen, insbesondere durch sein Gleichnis vom „barmherzigen Samariter".
- Die Ansicht, dass das Judentum im ersten Jahrhundert durch ein Tempelherrschaftssystem dominiert wurde, das vor allem die Armen und die Frauen unterdrückte und die soziale Trennung zwischen Insidern und Outsidern förderte.
- Die Überzeugung, dass Juden engstirnig, sippenorientiert, partikularistisch und fremdenfeindlich waren, während Jesus und seine Nachfolger sich universal der ganzen Menschheit zuwandten.[4]

Solche Anfragen von jüdischen Zeitgenossen sollten wir unbedingt hören und ernst nehmen, selbst dann, wenn wir sie nicht sofort verstehen oder sie für unberechtigt halten. Einige dieser Missverständnisse werden in diesem Buch später noch aufgegriffen. Aber an dieser Stelle können Sie sich als Leser schon einmal fragen, welche dieser eben geschilderten Ansichten Sie selbst vielleicht schon einmal gehört, geglaubt oder sogar gepredigt haben.

Lesetipps: Jesus aus jüdischer Perspektive

Nicht immer hat man jüdische Gesprächspartner in seiner Nähe, von denen und mit denen man lernen kann, Jesus aus jüdischer Perspektive zu verstehen. Deshalb sind Bücher eine gute Ergänzung. Eine ganze Reihe von jüdischen Autoren haben Bücher über Jesus geschrieben, die uns helfen können, diese Perspektive besser zu verstehen: Im deutschsprachigen Bereich empfehle ich das kurze Buch *Jesus* von David Flusser (1917-2000). Flusser war Professor für jüdische Literatur und Geschichte an der hebräischen Universität von Jerusalem und stellt Jesus als einen gesetzestreuen jüdischen Lehrer in der Linie der großen Lehrer Hillel und Schammai dar. Etwas ausführlicher ist das Buch *Jesus der Jude* von Geza Vermes (1924-2013), der lange Zeit Professor für Judaistik an der Universität Oxford gewesen ist. Für ihn gehört Jesus eher zur Gruppe der „charismatischen Wundertäter", die es im Judentum zur Zeit Jesu auch gab und die eher durch ihre besonders innige Gottesbeziehung und ihre Taten auffielen als durch ihre Lehren. Im englischsprachigen Bereich ist auch das Buch *A Rabbi talks with Jesus* des amerikanischen Gelehrten Jacob Neusner (geb. 1932) interessant, der sehr deutlich, aber respektvoll, die Unterschiede zwischen Jesus und dem Judentum herausstreicht. Ganz neu erschienen und unbedingt zu empfehlen ist das von Amy Jill Levine herausgegebene *Jewish Annotated New Testament*, eine Textausgabe des Neuen Testaments mit vielen detaillierten Randkommentaren und thematischen Exkursen aus der Hand jüdischer Autoren.

Judentum heute und zur Zeit Jesu

Für mich persönlich – und für viele Christen, die ich kenne – ist die Begegnung mit dem heutigen modernen Judentum in Deutschland und Israel eine wichtige Erfahrung, die den Zugang zur jüdischen

Welt Jesu öffnen kann. Aber gerade diese Begegnung führt oft auch zu einem neuen Missverständnis: Nämlich dazu, dass man die moderne Welt des heutigen Judentums mit der jüdischen Welt von Jesus verwechselt. Das aber bringt dann leicht neue Klischees hervor: Viele Christen stellen sich Jesus als jüdischen Rabbi vor, der Schläfenlocken und eine *Kippa* trägt (eine traditionelle jüdische Kopfbedeckung), und dessen Jünger abends am Ufer des See Genezareth osteuropäische Volkstänze tanzen und eine Israelfahne schwenken. Sie gehen ganz selbstverständlich davon aus, dass zur Zeit des Neuen Testaments bereits die gleichen Bräuche, Gesetzesregelungen und Traditionen galten wie heute. Aber auch das ist natürlich ein Missverständnis.

Missverständnis 2:
Die jüdische Welt von Jesus ist dieselbe wie die jüdische Welt des 21. Jahrhunderts.

Auch das Judentum hat sich im Lauf der Geschichte stark verändert. Viele der Bräuche und Kennzeichen, die heute als „typisch jüdisch" gelten, waren zur Zeit Jesu noch völlig unbekannt: Es gab keine „Rabbiner" und keine „Rabbinerschulen". Jesus war deshalb auch kein „Rabbi" im heutigen Sinn, auch wenn er von seinen Jüngern so genannt wurde. Die *Kippa* war noch nicht die jüdische Kopfbedeckung, Schläfenlocken wurden noch abrasiert, der Davidstern war noch kein jüdisches Symbol. „HaTikva" war noch nicht die jüdische Nationalhymne und zum Passafest feierte man noch keine „Sederfeier", wie sie heute üblich ist. Wenn wir also die jüdische Welt kennenlernen wollen, in der Jesus lebte, dann müssen wir eine doppelte Hürde nehmen: Wir müssen die Brille unserer modernen christlichen Kultur ablegen, aber auch die Brille der modernen jüdischen Kultur. Stattdessen müssen wir danach fragen, wie jüdischer Glaube und jüdisches Leben im ersten Jahrhundert aussahen. Bibelforscher nennen diese Zeit die „Zeit des zweiten Tempels", benannt nach dem Tempel in Jerusalem, der nach dem babylonischen Exil neu aufgebaut wurde und dann, im Jahr 70 n. Chr., wieder zerstört wurde.

Dieses „Judentum des zweiten Tempels" unterschied sich in vieler Hinsicht vom heutigen Judentum: Natürlich dadurch, dass es noch einen Tempel gab, der das Zentrum des religiösen Lebens bildete. Aber auch dadurch, dass es (neben der hebräischen Bibel, unserem Alten Testament) noch keine verbindlichen jüdischen Schriften gab. Erst später, etwa ab 200 n. Chr., entstanden mit Mischna und Talmud die ersten verbindlichen Gesetzessammlungen des Judentums, auf die sich auch das heutige Judentum gründet. Christen, die die jüdische Welt Jesu kennenlernen wollen, müssen sich also auf einen doppelten Kulturschock einstellen: Sie überschreiten zuerst die Brücke zwischen zwei religiösen Welten, zwischen Christentum und Judentum. Doch dann ist noch eine zweite Brücke zu überqueren: eine, die Jahrhunderte überspannt. Die Brücke zwischen Moderne und Antike.

Gleichzeitig müssen wir bei diesem Zeitsprung aber auch darauf achten, dass wir nicht zu weit springen. Denn hier liegt ein weiterer Grund für viele Missverständnisse vor, von denen dieses Buch handelt: Viele Christen setzen die jüdische Welt von Jesus ganz einfach mit der Welt des Alten Testaments gleich. So, als lägen auch hier nicht 1500 Jahre Abstand zwischen Moses und Jesus. Da wird dann ganz selbstverständlich davon ausgegangen, dass Ehebrecher im Judentum regelmäßig gesteinigt wurden, nur weil das im Alten Testament so geschrieben steht.[5] Immer wieder ist in Bibelauslegungen zu lesen, dass Aussätzige außerhalb der Orte leben mussten und dass sie mit zerrissener Kleidung, verhülltem Bart und zerzaustem Haar durch die Gegend liefen. Denn es war ja so zur Zeit der Wüstenwanderung.[6] Man vermutet auch, dass Juden jederzeit bereit waren, alle fremden Völker mit militärischer Gewalt aus ihrem Land zu vertreiben, weil das zur Zeit der Landnahme unter Josua so geschah.

Missverständnis 3:
Die jüdische Welt Jesu ist dieselbe wie die Welt des Alten Testaments zur Zeit von Moses oder König David.

Aber selten fragt man sich, ob das auch wirklich stimmt. Als Christen leben wir heute ja auch nicht hundertprozentig nach dem, was in der Bibel steht. Und das, obwohl sie für uns weiterhin Gottes Wort ist. Im Gegenteil: Es ist für uns selbstverständlich, dass wir die Bibel auslegen und für unsere Zeit neu und anders anwenden als vor 1000 oder 2000 Jahren. Es ist für uns auch selbstverständlich, dass staatliche und bürgerliche Gesetze sich mit der Zeit ändern. Nur für das Judentum zur Zeit Jesu nehmen wir an, dass das nicht so war. Sondern wir gehen selbstverständlich davon aus, dass das, was im 3. Buch Mose steht, auch vor der Haustür Jesu in seinem Heimatort Nazareth den Alltag prägte und danach gelebt wurde.

Dass dies ein Missverständnis ist, wird in diesem Buch noch deutlich werden. Aber so viel sei schon einmal verraten: Auch in der jüdischen Welt Jesu gab es natürlich die Fähigkeit zur Bibelauslegung. Das heißt, man lebte nicht einfach nach den Gesetzen des Alten Testaments, sondern man suchte nach Wegen, die alten Gesetze in der neuen Situation anzuwenden und an sie anzupassen. Ganz genau so, wie wir das heute auch tun. Wir halten die Bibel für Gottes Wort und dennoch setzen wir nicht alles wortwörtlich in die Tat um, was wir darin lesen. So ist es heute und ist es bereits im Judentum zur Zeit Jesu gewesen.

So lesen wir etwa in alten Quellen, dass die Todesstrafe zur Zeit des zweiten Tempels nur äußerst selten und in extremen Fällen angewandt wurde. Nicht jedes beliebige Gericht konnte darüber entscheiden, sondern nur der Hohe Rat in Jerusalem. Und selbst der war offenbar äußerst zögerlich. So erinnern sich die späteren Lehrer des Judentums:

> Wenn ein Hoher Rat einmal in sieben Jahren jemanden zum Tod verurteilt hätte, hätte man ihn schon als sehr grausam angesehen. Rabbi Eliezer ben Azarja sagt sogar: Wenn der Hohe Rat einmal in siebzig Jahren einen Menschen zum Tod verurteilt hätte, hätte man ihn als grausam angesehen. Rabbi Tarfon sagte: Wenn ich im Hohen Rat gesessen hätte, wäre niemals jemand zum Tod verurteilt worden.[7]

Missverständnis 4:
Zur Zeit Jesu wurden Ehebrecher mit dem Tode bestraft.

Christliche Ausleger erzählen dagegen die Geschichte von Jesus und der Ehebrecherin gern so, als sei die Frau hier nur knapp dem Tode entronnen:[8] Die Steine waren schon erhoben und die Pharisäer und Schriftgelehrten konnten es kaum erwarten, ihre Mordlust in die Tat umzusetzen. Erst als Jesus sein entscheidendes Wort sagte, ließen sie ihre Steine enttäuscht fallen, weil sie nun doch ihre Todesstrafe nicht ausführen konnten, wie sie es so gern getan hätten. Ein kurzer Blick in den Bibeltext zeigt jedoch, dass der größte Teil dieser Schilderung Fantasie ist und im Text gar nicht vorkommt: Hier wird nicht eine Steinigung verhindert, sondern eine Diskussion über Gesetzesauslegung geführt. Die Schriftgelehrten wollen von Jesus wissen, wie das Gesetz des Moses heute ausgelegt werden soll: Einerseits schreibt es die Todesstrafe vor, andererseits wussten alle Beteiligten, dass diese Vorschrift in der Praxis schon seit Generationen nicht mehr umgesetzt wurde. Was also würde der berühmte Lehrer Jesus zu dieser Frage sagen?

Missverständnis 5:
Zur Zeit Jesu lebten Aussätzige in Leprakolonien und wurden von allen Menschen gemieden.

Ein anderes Beispiel sind die Aussätzigen: Viele christliche Leser übertragen hier die strengen Vorschriften aus dem 3. Buch Mose einfach auf die Zeit Jesu und malen Horrorszenarien von jüdischen Leprakolonien, die eher an Strafgefangenenlager erinnern – dazu später noch mehr. Tatsache ist jedoch, dass die biblischen Bestimmungen auch zur Zeit Jesu schon von Auslegern und Gesetzeslehrern auf die veränderten gesellschaftlichen Verhältnisse angepasst wurden. So war es so, dass Aussätzige selbstverständlich am Gottesdienst der Synagoge teilnehmen konnten, dass sie wie andere auf den Markt zum Einkaufen gingen und dass sie sogar heiraten und Familien gründen konnten – auch dazu später mehr. Aber jetzt kann man sich schon einmal merken: Die jüdische Welt Jesu ist nicht dieselbe wie die Welt des Volkes Israel zur Zeit der Wüstenwanderung.

Und auch für die vielbeschworene jüdische Bereitschaft zum gewaltsamen Vertreiben der Feinde gibt es aus der Zeit Jesu kaum einen Beleg. Im Gegenteil: Die Mehrheit der damaligen jüdischen Gelehrten war der Überzeugung, dass es besser sei, im Frieden mit den nichtjüdischen Nachbarn zusammenzuleben, ihr Bestes zu suchen und für sie zum Herrn zu beten. Auch dafür konnte man sich schließlich auf die Bibel berufen.[9] Und man konnte es getrost Gott überlassen, sich am Ende der Zeit um die Feinde und die Widersacher zu kümmern. Dazu aber später ebenfalls mehr.

Missverständnis 6:
Die Juden wollten ihre Feinde stets mit militärischer Gewalt aus ihrem Land vertreiben.

Es zeigt sich also: Auch hier ist Vorsicht geboten. Wir dürfen die jüdische Welt Jesu nicht einfach mit der Welt des Alten Testaments gleichsetzen. In der Forschung unterscheidet man beide Epochen sehr deutlich voneinander: Vom „Judentum" spricht man eigentlich erst in der Zeit nach dem babylonischen Exil, also ab dem fünften Jahrhundert vor Christus. Und auch in der Bibel taucht die Bezeichnung „Jude" erst in den Büchern Esra, Nehemia und Esther auf, die etwa zu dieser Zeit entstanden sind.

Heutiges Christentum und jüdische Welt Jesu

Die jüdische Welt Jesu ist nicht die Welt des heutigen Judentums und sie ist auch nicht die Welt des Alten Testaments. Aber noch eine dritte Verwechslung sollte man vermeiden: Die jüdische Welt Jesu ist nämlich auch nicht dieselbe wie die Welt des postmodernen Christentums. Es scheint unnötig, das zu sagen. Aber in vielen Büchern der letzten Jahre hat man den Eindruck, dass der jüdische Jesus ausgerechnet das verkörpert, was sich viele junge und traditionskritische Christen unter einem „ursprünglichen" Christentum der Zukunft vorstellen, das sich ganz und gar an der jüdischen Urgemeinde orientiert. Da liest man von Jesus, dem „radikalen Rabbi" oder dem „jüdischen Rebell", der die Traditionen seiner Zeit über den Haufen warf und sich gegen religiöse Strukturen stellte. Und wie zufällig spiegelt die Welt des radikalen jüdischen Rabbis dann all das wider, wovon junge und innovative christliche Bewegungen heute wieder träumen: Ein Christentum ohne Religion und Institution, ohne sakrale Gebäude, ohne Hierarchien, ohne Regeln und Struktur.

Missverständnis 7:
Die jüdische Welt zur Zeit Jesu ist dieselbe wie die Welt des postmodernen Christentums.

Aber auch das ist natürlich ein Missverständnis, das bei näherem Hinsehen nicht den Realitäten entspricht. Wenn wir Jesus und den ersten Christen wirklich in ihrer eigenen, jüdischen Welt begegnen, dann finden wir dort all das, was heute so gern am etablierten Christentum kritisiert wird: eine jahrhundertealte Institution, ein sakrales Gebäude im Zentrum, eine ausgeprägte Hierarchie von Priestern und Leviten, jede Menge Regeln und Gesetze und eine ausgeprägte Struktur. Wir finden einen Jesus, der an diesem System ganz selbstverständlich teilnimmt (auch wenn viele Christen anderes in die Bibeltexte hineinlesen). Und wir finden eine Urgemeinde, die sich mit gleicher Selbstverständlichkeit in die uralte jüdische Tradition hineinstellt. So trifft sie sich regelmäßig zum Gebet im sakralen Raum des Tempels – und das auch noch zu festen Zeiten![10] Hier leiteten Priester den Gottesdienst und man folgte Liturgien, die zum Teil viele Hundert Jahre alt waren. All das mag sich ein kreativer und innovativer Christ von heute gar nicht gern vorstellen. Aber es ist die Realität des Judentums zur Zeit Jesu. Eine Welt, die unserer modernen und postmodernen Welt in Vielem fremder ist als uns lieb ist.

Warum betone ich das? Weil ein unvoreingenommener Blick in die jüdische Welt Jesu nicht nur unsere Klischees und Vorurteile über das Judentum infrage stellt. Sondern weil er uns auch hilft, unsere eigene christliche Welt mit einem kritischen Blick zu betrachten. Die jüdische Welt Jesu ist eben nicht die Welt des modernen Christentums mit seinen Megakirchen, Konferenzen, Hochglanzprospekten und Multimediapräsentationen. Auch wenn Jesus in vielen aktuellen christlichen Büchern als „Vorbild für effektives Unternehmens- und Gemeindemanagement" vorgestellt wird, ist ihm als jüdischem Lehrer diese Art zu denken doch vermutlich sehr fremd gewesen. Aber seine Welt war eben auch nicht die Welt der postmodernen Aussteiger und Rebellen, in der man althergebrachte Traditionen über den Haufen wirft, gesellschaftliche und religiöse Institutionen und Rituale ablehnt und stattdessen radikalen Individualismus predigt. Die jüdische Welt Jesu ist eine ganz andere Welt. Anders auch als vieles, was wir heute für selbstverständlich oder für zukunftsweisend halten. Die jüdische Welt zur Zeit Jesu ist eine fremde Welt und gerade diese Fremdheit ist für uns so wichtig, denn sie hält uns den Spiegel vor. Sie lädt uns ein, unsere Vorstellungen, Ideen, Programme und Konzepte einmal mit ganz anderen Augen zu sehen. Mit den Augen eines Juden, der im ersten Jahrhundert lebte. Mit den Augen Jesu.

Jesus und seine jüdische Welt kennen- und verstehen lernen, darum geht es in diesem Buch. Es gibt gute Gründe, sich auf diese Entdeckungsreise in eine fremde Welt aufzumachen:

- weil unser Bild von Jesus geprägt wird durch unser Bild vom Judentum,
- weil unser Bild vom Judentum getrübt ist durch viele Missverständnisse und die Schuld der Vergangenheit,
- weil unser Bild vom Judentum sich oft zu sehr am Alten Testament oder am modernen Israel orientiert,
- weil die fremde Welt des antiken Judentums auch unsere moderne christliche Welt heilsam infrage stellt,
- weil uns eine bessere Kenntnis des Judentums dabei hilft, mit jüdischen Zeitgenossen heute ins Gespräch zu kommen und
- weil uns eine bessere Kenntnis des Judentums dabei hilft, die Botschaft des Neuen Testaments besser zu verstehen.

Ich lade Sie ein auf diese spannende Reise. Nicht als ein Reiseleiter, der sich in der Welt des Judentums besonders gut auskennt. Auch nicht als ein Einheimischer, der in der Welt des Judentums zu Hause wäre. Sondern als ein Mitreisender, der selbst gespannt ist, was es noch alles zu entdecken gibt. Und der mit Ihnen die eine oder andere Entdeckung teilen will, die er auf seiner bisherigen Reise bereits gemacht hat.

Reisewarnungen

Wie bei jeder guten Reise gibt es aber vor dem Start noch ein paar vorsorgliche Hinweise: So bitte ich um Verständnis dafür, dass ich in diesem Buch den etwas waghalsigen Spagat versuche, zwischen der wissenschaftlichen Fachwelt und dem normalen Alltagsleben zu vermitteln. Viele der Gedanken und Beobachtungen, die ich in diesem Buch zusammentrage, werden in der akademischen Fachwelt seit Jahren oder sogar Jahrzehnten ausführlich diskutiert.[11] Aber ich kenne kaum Bücher, in denen sie einmal allgemein verständlich dargestellt werden. Nachdem ich angefangen habe, dieses Buch zu schreiben, verstehe ich besser, warum: Man muss sich an so vielen Stellen auf die Zunge beißen, um die Dinge nicht zu kompliziert zu machen. Man muss schwierige Sachverhalte so vereinfachen, dass es manchmal wehtut. Man versucht neue und einfache Worte zu finden, um nicht die komplizierten Fachbegriffe benutzen zu müssen. Und damit macht man sich für die Fachwelt verwundbar. Ich bitte also schon an dieser Stelle meine Fachkollegen und kritischen Leser, barmherzig mit mir zu sein. Dieses Buch ist ein erster Versuch, schwierige Dinge in leichte Worte zu fassen. Dabei ging sicher so manches schief und ich bitte um Verzeihung und Nachsicht für jeden Fehler, jede Ungenauigkeit und jede Einseitigkeit, die mir dabei unterlaufen ist. Sie sind entweder auf meine Unwissenheit oder auf den Versuch zurückzuführen, die Dinge zu vereinfachen.

Und noch eine zweite Reisewarnung: Dieses Buch handelt von verbreiteten „Missverständnissen der Christen“. Deswegen hielt ich es für sinnvoll, möglichst viele zeitgenössische christliche Autoren zu Wort kommen zu lassen, deren Bücher ich derzeit lese und schätze.

Dazu zählen so großartige Menschen wie N. T. Wright, Rob Bell, Miroslav Volf, John Eldredge, Shane Claiborne, Michael Frost und Alan Hirsch. Ich habe diese Autoren deshalb herausgesucht, weil ich ihre Bücher inspirierend und wertvoll finde. Und weil viele Menschen in meinem Umfeld von ihren Büchern profitiert haben. Wenn ich also gerade diese Autoren heranziehe, um verbreitete Missverständnisse aufzuzeigen, die es bei uns Christen gibt, dann liegt das daran, dass ich gerade sie besonders schätze. Es ist immer leicht, Fehler bei denen zu finden, die man sowieso nicht leiden kann. Die wirkliche Herausforderung besteht jedoch darin, die Fehler in den eigenen Reihen zu entdecken. In diesem Sinne äußere ich also auch kritische Worte, die auf den folgenden Seiten immer wieder auch dem eigenen Lager gelten.

Kapitel 2

Jesus und seine jüdische Familie

Da machte sich auf auch Josef aus Galiläa, aus der Stadt Nazareth, in das jüdische Land zur Stadt Davids, die da heißt Bethlehem, weil er aus dem Hause und Geschlechte Davids war.
(Lukas 2,4)

Jesus stammte aus einer jüdischen Familie und schon die Berichte von seiner Geburt legen großen Wert darauf, das zu betonen. Das allererste Evangelium, geschrieben von Matthäus, beginnt sogar mit einer langen Reihe seiner Abstammung, um deutlich zu machen: Jesus steht in einer langen Familientradition, die bis zu den Anfängen des jüdischen Volkes zurückreicht.[1] Es gibt Bibelleser, die wundern sich über einen derartig „langweiligen" Anfang der Jesusgeschichte und blättern schnell weiter. Aber ein genauerer Blick in den Stammbaum Jesu zeigt, dass er eine Menge wichtiger Schlüssel in sich birgt, die uns helfen, Jesus und seine Welt besser zu verstehen.

Abraham: Das auserwählte Volk

Matthäus beginnt seine Jesusgeschichte mit Abraham. Und mit Abraham beginnt in der Bibel die Geschichte des Volkes Israel. Diese Geschichte verbindet Glauben, Familie, Land und Volk zu einem roten Faden, der sich durch die ganze Bibel zieht und der für das Judentum bis heute prägend ist. Keines dieser Worte beschreibt für sich allein zutreffend, was die Identität des Volkes Israel ausmacht: Es ist ein Volk, aber doch mehr als ein Volk: Denn auch wer nicht aus dem jüdischen Volk abstammt, kann ja Teil dieses Volkes werden. Es ist eine Religion, aber doch auch mehr als eine Religion: Denn selbst wer nicht an Gott glaubt, kann Jude sein. Es ist ein Land und doch gehört man auch zu Israel, wenn man als Jude in irgendeinem anderen Land der Welt lebt oder geboren ist. Der jüdische Rabbiner und Philosoph Mordechai Kaplan schreibt:

> Das Judentum ist weit mehr als eine Religion. Es ist eine Verbindung von Geschichte, Literatur, Sprache, Gesellschaftsordnung, Folklore, Verhaltensweisen, sozialen und geistlichen Idealen und ästhetischen Werten. All das zusammen bildet eine ganze Zivilisation.[2]

Der Stammbaum Jesu macht deutlich: Schon bei seiner Geburt ist Jesus Teil dieser größeren Geschichte, Teil dieses Volkes und Teil einer Story, die lange vor seiner Geburt begonnen hat. Wer Jesus verstehen will, der muss deshalb in der Bibel viel weiter vorne mit dem Lesen anfangen.

Hintergrund: Wer ist eigentlich Jude?

Auf die Frage, wer eigentlich ein Christ ist, bekommt man von Christen sehr unterschiedliche Antworten: Jeder, der getauft ist. Jeder, der sich persönlich für ein Leben mit Jesus entschieden hat. Jeder, der einer Kirche angehört. Oder jeder, der eine lebendige Beziehung zu Jesus hat. (Aber woran erkennt man das eigentlich?) Oder kommt es darauf an, einem bestimmten Glaubensbekenntnis zuzustimmen?

Im Vergleich dazu ist die jüdische Definition noch recht griffig und eindeutig. Jude wird man entweder durch Geburt oder durch Übertritt: Nach jüdischer Tradition ist jeder ein Jude, der entweder eine jüdische Mutter hat oder der bewusst zum Judentum übergetreten ist. Jemand, der nicht an Gott glaubt, ist also vielleicht ein „nichtgläubiger Jude“, aber er ist dennoch Jude. Jemand, der nicht nach den jüdischen Geboten lebt, ist vielleicht „nicht praktizierend“, aber trotzdem Jude. Selbst jemand, der sich bewusst vom Judentum lossagt, ist nach rechtlicher Ansicht zwar ein „abgefallener Jude“, aber dennoch bleibt er ein Jude.

Natürlich gibt es auch im Judentum Streit darüber, was ein „richtiger Jude“ ist. Da gibt es, wie im Christentum, verschiedene Glaubensrichtungen: Orthodoxe, Reformierte, Progressive, Konservative, Rekonstruktionalisten und mehr. Manchmal gibt es auch untereinander den Vorwurf, dass der andere kein „richtiger Jude“ mehr ist. Aber eigentlich ist man sich trotz aller Vielfalt doch einig: Wir gehören alle zu einem Volk.

Die einzige bedeutsame Ausnahme von dieser Regel wird allerdings dort gemacht, wo Juden sich zum Glauben an Jesus bekennen und trotzdem Juden bleiben wollen: Sie werden von den meisten anderen Juden, und auch von religiösen und staatlichen Behörden, in der Regel nicht mehr als „andersgläubige Juden“ und auch nicht als „abgefallene Juden“ anerkannt, sondern gar nicht mehr als Juden betrachtet.

Ist Erwählung exklusiv?

Viele christliche Bibelleser tun sich schwer mit der Vorstellung eines „auserwählten Volkes". Der Begriff klingt nach Überheblichkeit, Abgrenzung und Exklusivität. Schon im 19. Jahrhundert, als sich in Europa gerade der deutsche, französische und britische Nationalismus breitmachte, äußerten sich viele Bibelausleger sehr abfällig über den jüdischen Nationalismus. Man beschrieb den Glauben Israels als eine „Nationalreligion" und den Gott des Alten Testaments als einen „Nationalgott". Und dann betonte man, dass Jesus gekommen sei, um all das zu beenden. Mit dem Kommen von Jesus endete die Geschichte des auserwählten Volkes, denn von nun an waren alle Völker erwählt. Jesus verkündigte den „Vater im Himmel", nicht mehr den jüdischen Nationalgott des Alten Testaments. Dieses Denken hat sich bis heute in vielen Herzen und Köpfen gehalten: Wie viele Predigten habe ich schon gehört, in denen betont wurde: Gottes Heil war im Alten Testament nur auf das Volk Israel beschränkt. Aber seit Jesus steht es allen offen.

> **Missverständnis 8:**
> Die Erwählung Israels schließt andere Menschen vom Heil aus. Für Jesus gibt es deshalb kein auserwähltes Volk mehr, weil bei ihm alle Menschen eingeschlossen sind.

Bei genauerem Hinsehen stimmt dies aber weder für das Alte noch für das Neue Testament: Denn zum Ersten wird schon bei der Erwählung Abrahams – und dann durch das ganze Alte Testament hindurch – deutlich: Durch die Erwählung Israels wird allen Völkern Segen und Heil zuteil. Israel wurde erwählt, um ein Segen für alle Völker zu sein. Und zum Zweiten zeigt ein Blick in die Evangelien, dass auch Jesus – wie das Alte Testament – sich vor allem auf das Volk Israel konzentriert.[3] Geschichten, in denen Nichtjuden eine

Rolle spielen, bleiben die seltene Ausnahme, wie schon im Alten Testament.[4] Das Alte Testament ist also in Wirklichkeit gar nicht so exklusiv, wie es oft behauptet wird. Und Jesus ist gar nicht so inklusiv, wie man gern annimmt. Wie also passt beides zusammen?

Erwählung: Das „Einer für alle"-Prinzip

Das verbreitete Klischee vom exklusiven Judentum stammt aus einem falschen Verständnis von Erwählung. Das wird schnell deutlich, wenn wir das Wort „Erwählung" durch „Wahl" ersetzen: Jedem ist sofort klar, dass „Wahl" in einer Demokratie gerade nicht das Mittel ist, jemanden auszuschließen, sondern der Weg, alle einzuschließen. Ein Klassensprecher wird nicht gewählt, um den Rest der Klasse auszuschließen, sondern um die ganze Klasse zu repräsentieren und ihr eine Stimme zu geben. Ein Bundeskanzler wird nicht gewählt, um die restlichen Bürger eines Landes vom Allgemeinwohl auszuschließen, sondern er wird gerade dafür gewählt, um für das Wohl der Allgemeinheit zu sorgen. Der Weg, das Beste für alle umzusetzen, führt also oft über die Wahl eines besonderen Repräsentanten oder Fürsprechers.

So ähnlich wird in der Bibel auch die Erwählung Israels verstanden. Gott geht es von Anfang an um das Wohl und das Heil der ganzen Menschheit. Das wird in den ersten Kapiteln der Bibel deutlich. Aber die Erwählung Israels ist sein besonderer Weg, dieses Heil in die Welt zu bringen. Es wird nicht einfach per Gießkanne vom Himmel aus über alle Menschen ausgegossen. Denn es geht ja nicht um ein allgemeines Prinzip, sondern um eine persönliche Beziehung. Eine Beziehung aber entsteht durch Personen, nicht durch Prinzipien. Gott fängt deshalb bei einem Menschen an: bei Abraham und seiner Familie. Durch ihn und seine Nachkommen soll Segen und Heil zu allen Völkern kommen. Das bekommt Abraham schon ganz zu Anfang ausdrücklich gesagt:

> Ich will dich zum großen Volk machen und will dich segnen und dir einen großen Namen machen, und du sollst ein Segen sein. Ich will segnen, die dich segnen, und verfluchen, die dich verfluchen; und in dir sollen gesegnet werden alle Geschlechter auf Erden.[5]

Dieser Auftrag, Segen für alle Völker zu sein, zieht sich wie ein Leitmotiv durch das ganze Alte Testament. Im Familienstammbaum von Jesus wird das dadurch deutlich, dass die beiden Frauen Rahab und Rut ausdrücklich als Vorfahren Jesu genannt werden: Beide gehörten einem fremden und verfeindeten Volk an, wurden dann aber Teil der Segenslinie Gottes, indem sie sich dem Volk Israel anschlossen. Und bis heute wird am jüdischen Pfingstfest (*Schawuot*) das Buch Rut gelesen: Es erinnert daran, dass jeder Mensch in den Bund Gottes eingeladen ist. Und dass jeder Mensch Zugang finden kann zum Segen und zum Heil, wenn er sich dem Volk Israel und seinem Gott anschließt. Denn was für Einzelne gilt, das ist eigentlich für alle gedacht:

> Und Gott sprach zu mir: Du bist mein Knecht, Israel, durch den ich mich verherrlichen will. […] Es ist zu wenig, dass du mein Knecht bist, die Stämme Jakobs aufzurichten und die Zerstreuten Israels wiederzubringen, sondern ich habe dich auch zum Licht der Heiden gemacht, dass du seist mein Heil bis an die Enden der Erde.[6]
> Es ist sonst kein Gott außer mir, ein gerechter Gott und Heiland, und es ist keiner außer mir. Wendet euch zu mir, so werdet ihr gerettet, aller Welt Enden.[7]

Jeder darf also dazukommen. Allerdings wird jeder, der sich für einen Übertritt interessiert, vorher ausdrücklich darauf hingewiesen, dass „Erwählung“ nicht nur Vorteile mit sich bringt. Ganz im Gegenteil: Gerade in der langen Geschichte von Leid und Verfolgung hat Erwählung für das Volk Israel ja immer auch bedeutet, eine Last zu tragen:

> Unsere Meister lehrten: Wenn jemand zum Judentum übertreten möchte, sagt man zu ihm: „Was erwartest du? Weißt du nicht, dass Israel in dieser Welt zerbrochen, unterdrückt und gedemütigt wird und dass Leiden über es kommt?!" Wenn er dann antwortet: „Ja, das weiß ich. Und ich bin es nicht wert", dann nimmt man ihn sofort auf. … Man taucht ihn ins Taufbecken ein, und wenn er wieder heraussteigt, gilt er in jeder Hinsicht als echter Israelit.[8]

Es geht bei der Erwählung also nicht darum, irgendjemanden aus- oder einzuschließen. Sondern ganz im Gegenteil: Es geht darum, wie Gott in der Welt wirkt und handelt. Er will alle, aber er handelt immer durch Einzelne. Sein guter Wille und seine Herrschaft sollen zu allen Völkern kommen: Und das geschieht zunächst durch ein Volk, nämlich das Volk Israel.

Und wie steht es mit dem Christentum? Ist es wirklich so viel weniger exklusiv als das Judentum? Viele meiner jüdischen Gesprächspartner würden diesen Spieß umdrehen: Denn im Judentum kommt der Segen für die Welt immerhin durch ein ganzes Volk – im Christentum aber nur durch einen einzigen Menschen. „Exklusiv" ist das aber nur dann, wenn man es nicht als Einladung, sondern als Ausgrenzung versteht. Das ist aber weder bei Jesus noch beim Volk Israel der Fall: Gott segnet alle – durch den Einen. Durch Abraham. Und durch seine Nachkommen, das Volk Israel. Und dann durch den einen Nachkommen, Jesus. Einer für alle. Alle durch einen. So hat Gott schon im Alten Testament gehandelt. Und so tut er es auch im Neuen.

David: Eine königliche Familie

Wenn wir den Stammbaum Jesu weiter verfolgen, dann gelangen wir über Abraham, Isaak und Jakob, über Rahab und Rut zu König David. Jesus gehörte zu einer königlichen Familie und seine Familie schien das zu wissen. Obwohl sie in Nazareth, im hohen Norden des Landes Israel, wohnten, war klar: Unsere eigentliche Heimat ist „die Stadt Davids, die da heißt Bethlehem“ (Lk 2,4). Der benediktinische Priester und Mönch Bargil Pixner, der lange Zeit in Jerusalem lebte und forschte, geht in seiner Jesusbiographie davon aus, dass der Ortsname „Nazareth“ von den dort ansässigen Familien bewusst gewählt wurde. In dem Namen steckt nämlich das hebräische Wort *nezer*, was so viel heißt wie „Spross“. Heute würde das Dorf also vielleicht „Sprosshausen“ oder „Sprossingen“ heißen. Damit erinnerten die Dorfbewohner, die um ihre königliche Abstammung wussten, also vielleicht ganz bewusst an das Wort aus Jesaja:

> Und es wird ein Spross hervorgehen aus dem Stamm Isais und ein Zweig aus seiner Wurzel Frucht bringen. Auf ihm wird ruhen der Geist des Herrn, der Geist der Weisheit und des Verstandes, der Geist des Rates und der Stärke, der Geist der Erkenntnis und der Furcht des Herrn.[9]

Dass in den Familien von Maria und Joseph eine brennende Hoffnung auf die Erfüllung dieser Verheißung lebendig gehalten wurde, wird im Lukasevangelium deutlich: Die Lobgesänge des Zacharias und der Maria sprechen vom Kommen des erwarteten Retters und nehmen dabei die Bilder des Alten Testaments auf.[10] Sprachliche Untersuchungen haben ergeben, dass diese Lieder nicht nur der hebräischen Sprache sehr nahestehen, sondern in ihren Formulierungen auch an jüdische Loblieder erinnern, wie sie etwa im letzten Jahrhundert in den Höhlen von Qumran am Toten Meer entdeckt wurden. In der sogenannten „Kriegsrolle“ aus Qumran heißt es zum Beispiel:

Gepriesen sei der Gott Israels,
der Gnade bewahrt seinem Bund
und der dem Volk seiner Erlösung seine Hilfe bezeugt …
er erhebt das verzagte Herz
und öffnet den Mund der Verstummten,
dass sie jubeln über die Machttaten Gottes …
Gepriesen sei dein Name, Gott, der du uns Gnade zeigst,
der du den Bund bewahrt hast unseren Vätern.
Allen unseren Geschlechtern
hast du deine Gnade wunderbar erwiesen …
Ihnen gilt deine Erlösung
und du hast Fallende aufgerichtet durch deine Kraft,
aber die Hochgewachsenen fällst und erniedrigst du …[11]

Und auch das alte jüdische *Amida*-Gebet, das in seiner Grundform in die Zeit Jesu zurückreicht und bis heute von orthodoxen Juden täglich gebetet wird, formuliert es ganz ähnlich:

Gepriesen bist du, Herr, der Schild Abrahams!
Du bist stark in Ewigkeit, Herr,
du machst die Toten lebendig
und bist ein mächtiger Helfer und lässt Regen fallen.
Du nährst die Lebenden mit Gnade,
belebst die Toten mit großem Erbarmen,
du stützt die Fallenden und heilst die Kranken.
Du hältst die Treue denen, die im Staub entschlafen sind.
Wer ist wie du, Herr der Allmacht, und wer gleicht dir,
dem König, der tötet und lebendig macht
und der das Heil hervorbringt![12]

Die Familie Jesu lebte offenbar fest mit den Erwartungen, die sich in diesen Gebeten ausdrücken: Gott würde einen Retter senden, der sein Volk erlöst. Und dieser Retter sollte ein Nachkomme Davids sein.

Auch hier liegt jedoch wieder die Gefahr eines Missverständnisses: Weil diese Erwartung eines Retters im Neuen Testament so lebendig ist, gehen viele Christen wie selbstverständlich davon aus, dass alle Juden zur Zeit Jesu „den Messias“ erwarteten und dass es eine ganz bestimmte Vorstellung gab, wie dieser Messias zu sein hatte. Jesus, so sagt man dann, habe diese Erwartungen nicht erfüllt und sei deswegen von „den Juden“ abgelehnt worden. Ein genauerer Blick in die jüdischen Texte aus der Zeit Jesu zeigt jedoch, dass die messianischen Erwartungen damals gar nicht so einheitlich und eindeutig waren, wie oft angenommen wird.

Missverständnis 9:
Alle Juden erwarteten den Messias.

Nicht alle Juden zur Zeit Jesu warteten auf einen Messias. Und diejenigen, die warteten, waren sich überhaupt nicht einig, wer dieser Messias sein würde: Ob es nur einen oder vielleicht mehrere Messiasse geben würde. Und was genau geschehen würde, wenn er oder sie kämen (mehr dazu in Kapitel 7: „Jesus und die jüdische Hoffnung“). Aber zumindest im engeren Umfeld der Familie Jesu, zum Beispiel auch bei Persönlichkeiten wie Simeon und Hanna[13], scheint es eine sehr lebendige und konkrete Erwartung des Messias gegeben zu haben: Diese Familie führte ihren eigenen Stammbaum bis auf König David zurück. Und sie hielt die Hoffnung wach, dass ein Nachfahre Davids, vielleicht jemand aus ihrer eigenen Familie, in naher Zukunft die Herrschaft antreten würde. Nur so ist zu erklären, dass sowohl Maria als auch Joseph zwar von den ungewöhnlichen Umständen der Geburt überrascht wurden, aber dass für sie von Anfang an klar war, welche Bedeutung dieses Kind haben würde, das sie erwarteten.[14]

Jojachin: Ein verdrängter Vorfahre

Dass Abraham und David zu den Vorfahren Jesu zählen, das weiß vermutlich jeder aufmerksame Bibelleser. Viel unbekannter, aber nicht weniger wichtig, ist der Name Jojachin. Matthäus teilt den Stammbaum Jesu in drei Phasen ein: Von Abraham bis David, von David bis Jojachin und von Jojachin bis Jesus. Warum aber ist Jojachin so wichtig für die Familiengeschichte Jesu? Weil Jojachin der König ist, unter dem das Volk Israel in die babylonische Gefangenschaft geführt wurde. Dieses dunkle Kapitel ist nicht nur für die Familiengeschichte Jesu, sondern für die ganze Bibel und für den jüdischen Glauben bedeutsamer, als man oft denkt. Und vor allen Dingen wird es, meiner Erfahrung nach, von christlichen Bibellesern meist anders gedeutet als von jüdischen:

Für viele christliche Leser markiert das babylonische Exil das Ende der Geschichte Gottes mit seinem Volk: Gott erwählte Abraham, er befreite sein Volk aus Ägypten, er schenkte ihnen das gelobte Land. Aber dann wurde das Volk ungehorsam, Jerusalem wurde zerstört, das Land wieder genommen und das Volk in die Gefangenschaft geführt. Die Geschichte des Alten Testaments ist also für Christen vor allem eine „Geschichte des Scheiterns" (Rudolf Bultmann). Gottes ursprünglicher Plan, die Menschheit durch das Volk Israel zu segnen, ist fehlgeschlagen, weil Israel versagt hat. Daher kommt nun ein neuer Plan ins Spiel, von dem dann das Neue Testament berichtet. Statt des Volkes Israel ist jetzt der Mensch Jesus der Heilsbringer Gottes.

Missverständnis 10:
Gottes Geschichte mit dem Volk Israel endet im babylonischen Exil, weil das Volk Israel versagt hat.

Für die jüdische Tradition hat das babylonische Exil aber eine ganz andere Bedeutung: Es ist nicht die Geschichte vom Scheitern Gottes, sondern vielmehr die Geschichte von der Treue Gottes, die durch Leiden, Verfolgung und Ungehorsam unverändert bleibt. Das Alte Testament endet ja eben nicht mit der babylonischen Gefangenschaft, sondern mit der Rückkehr des Volkes und dem Neuanfang, der ein Zeichen der Gnade und Treue Gottes ist. Jerusalem wird wieder aufgebaut, der Tempel erneut geweiht, es beginnt für das Judentum die Zeit des „zweiten Tempels", der in der Zeit Jesu seine eigentliche Blüte erlebt. Die Erfahrung des Exils ist für das jüdische Volk nicht – wie für viele christliche Bibelleser – der Beweis, dass Israel in seiner Rolle als Heilsbringer versagt hat. Sondern es ist der Beweis, dass Gott selbst durch Versager sein Heil bringen kann: Ja, das Exil ist die Folge von Schuld und Ungehorsam, das macht die Bibel sehr deutlich. Aber gerade die Rückkehr aus dem Exil ist das viel deutlichere Zeichen, dass Schuld vergeben, dass Leid überwunden werden kann und dass ein Neuanfang möglich ist. Es ist diese Erfahrung der Rettung aus Verfolgung und Gefangenschaft, die das Volk Israel schon in Ägypten gemacht hatte und die es nun in Babylon wieder macht: Gott lässt sein Volk nicht im Stich, er gibt sein Volk nicht auf – und er sendet Rettung zur richtigen Zeit. Man kann die jüdische Erlösungshoffnung nicht verstehen, wenn man vorher nicht die tiefe Erfahrung des Exils und des Leides verstanden hat. Das wird auch durch den Stammbaum Jesu deutlich. Der auserwählte und zugleich heimatlose Stammvater Abraham, der ruhmreiche und zugleich sündhafte König David und Jojachin, der Leiden, Gefangenschaft und Neuanfang erlebte: Diese drei bilden die Eckpunkte des Stammbaumes Jesu. Und zugleich bilden sie wichtige Eckpunkte jüdischer Identität: Erwählung aus allen Völkern, Bewahrung in Leid und Verfolgung und die Hoffnung auf ein messianisches Königreich. Gottes ursprünglicher Plan mit dem jüdischen Volk ist also – sieht man genauer hin – nicht gescheitert, sondern er kommt (aus christlicher Sicht) in dem Juden Jesus zu seinem Ziel.

Maria und Josef: Eine alltägliche jüdische Familie

Jesus kam aus einer jüdischen Familie und er wuchs in einer traditionellen jüdischen Kleinfamilie heran. Anhand der Berichte des Neuen Testaments können wir erkennen, dass Maria und Josef ihre Beziehung entsprechend der jüdischen Tradition gestalteten: Im Judentum geschah eine Eheschließung in zwei Phasen: Am Anfang stand das Heiratsversprechen (*kiddushin*), das öffentlich gegeben und oft auch schriftlich dokumentiert wurde. Bei Ausgrabungen im Jahr 1960 fand man in einer Höhle in der judäischen Wüste eine Ledertasche, in der sich die persönlichen Dokumente einer jungen Frau namens Babbatha befanden, darunter auch ein solcher Ehevertrag. Den tatsächlichen Beginn der Ehe bildete dann jedoch erst das Zusammenziehen der Ehepartner (*nissuin*), das üblicherweise ein Jahr später stattfand. In diese Zeit zwischen *kiddushin* und *nissuin* fiel wohl auch der Besuch des Engels Gabriel bei Maria.[15] An der Antwort der überraschten Maria wird deutlich, dass sie und Josef sich auch in der oft so heiß diskutierten Frage nach „Sex vor der Ehe“ ganz an der jüdischen Tradition orientierten: In der jüdischen Gesellschaft gab es keine Zweifel, dass nur eine Ehe zwischen Mann und Frau den richtigen Rahmen für Sex bildete. Es wurde sogar vermieden, dass unverheiratete Männer und Frauen überhaupt alleine zusammen in einem Raum waren (*yihud*). Das mag man heute für altertümlich oder rückständig halten und einer antiken Verklemmtheit zuschreiben. Aber der erste Eindruck täuscht auch hier: In Wirklichkeit ist es nämlich so, dass die jüdische Ethik sich in diesem Punkt schon damals ganz deutlich von ihrer Umwelt abgrenzte. Nicht, weil damals alle so dachten, legten Juden Wert auf eine verbindliche und verantwortliche Gestaltung von Sexualität, sondern gerade weil es auch schon damals die unterschiedlichsten Meinungen dazu gab. Die jüdische Ethik ist in diesem Punkt alles andere als „zeitbedingt“. Sie ist vielmehr ein bewusster Gegenentwurf zu einer Umgebungskultur, die in solchen Fragen schon damals sehr freizügig dachte.[16]

Missverständnis 11:
Das antike Judentum war rückständig in Bezug auf Ehe, Familie und Sex, weil es sich einfach an einer prüden Umwelt orientierte.

Der Beginn einer Beziehung und die Gründung einer Familie war im Judentum, anders als heute, keine Privatsache zwischen zwei Menschen, sondern eine Angelegenheit, die die ganze Gemeinschaft betraf. Das Ehe- und Familienrecht war daher schon damals sehr detailliert geregelt. Dabei ging es weniger darum, die Freude an der Sexualität einzuschränken oder zu schmälern, sondern darum, einen ganzheitlichen Rahmen zu schaffen, innerhalb dessen die Beziehung zwischen zwei Menschen den Schutz, die Verbindlichkeit, die Freiheit und die Vertrautheit bekam, die für ihre gesunde Entfaltung nötig war. Außerdem dienten die Gesetze dazu, häufige soziale Konflikte wie ungewollte Schwangerschaften, ungeklärte Elternschaften, Erziehungs- und Sorgerecht und die finanzielle Absicherung von Frauen im Todes- und Trennungsfall zu regeln. Und sie halfen dabei, für die Gemeinschaft eindeutig erkennbar zu machen, wer zu wem gehörte, wer für wen tabu war und ab wann ein Paar eindeutig und damit auch exklusiv zusammengehörte. Viele Beziehungskonflikte, die heute so aktuell sind wie damals, konnten dadurch vermieden oder zumindest frühzeitig erkannt werden.

Auch für Jesus und Paulus war die Frage der Gestaltung von Sexualität übrigens keine Nebensache, auch wenn es manchmal so zu lesen ist. Viele oberflächliche Bibelleser zählen zwar nach, wie oft das Wort „Sex“ in der Bibel vorkommt und ziehen – wenn sie das Wort nicht finden – den Schluss, dass dieses Thema in der Bibel ein Nebenthema gewesen sein muss. Aber das ist natürlich eine zu einfache Methode. Wer sich stattdessen die Mühe macht, die jüdische Welt von Jesus und Paulus besser kennenzulernen, der entdeckt, dass sich beide in diesen Fragen einig waren mit den meisten ihrer jüdischen

Zeitgenossen. Und dass sie deshalb nicht viel dazu sagen mussten. Ein Thema, über das man nicht viel reden muss, ist entweder eine Nebensache oder eine Selbstverständlichkeit. In dieser Frage gilt aber mit Sicherheit das Zweite: Das wird dort deutlich, wo Jesus und Paulus die wichtigsten Grundregeln eines gottgemäßen Lebensstils in kurzen Listen zusammenfassen.[17] In solchen Aufzählungen nennen sie stets das griechische Wort *porneia* (hebr. *zenuth*). Dieses Wort schließt nach jüdischem Verständnis alle sexuellen Beziehungen außerhalb einer Ehe ein.[18] Mehr Worte musste man deshalb in der jüdischen Welt gar nicht verschwenden, um eindeutig Position zu beziehen.

Missverständnis 12:
Für Jesus und Paulus war Sex ein Nebenthema, mit dem sie es nicht so genau nehmen würden, wenn sie heute leben würden.

Diese Eindeutigkeit ist für viele Christen heute irritierend. Selbst solche, die sich in anderen Fragen radikal am Lebensstil Jesu orientieren, versuchen dem jüdischen Jesus an dieser Stelle auszuweichen: Er war eben ein Kind seiner Zeit und deshalb etwas engstirnig. Würde er heute leben, würde er das bestimmt anders sehen. Aber ich glaube, auch das ist eines von vielen Missverständnissen: Jesus und seine jüdischen Zeitgenossen dachten in dieser Frage nicht nur deshalb so anders als wir, weil sie in einer anderen Zeit und in einer prüderen Welt lebten. Im Gegenteil: Die jüdische Ethik war schon damals ein ganz bewusster Gegenentwurf zu dem, was allgemein üblich war. Und deshalb sollte man auch heute einen zweiten Gedanken daran verschwenden, ob wir als Christen diesen jüdischen Gegenentwurf nicht ganz bewusst und neu für uns entdecken und konsequenter leben sollten.

Die Beschneidung: Gottes Bund und Abrahams Kind

Wie jedes jüdische Kind wurde Jesus am achten Tag nach seiner Geburt beschnitten (Lk 2,21). Zusammen mit der Beschneidung erhielt das Kind auch seinen Namen: Jesus, auf Hebräisch *Jeschua*. Wie so oft in der Bibel, und in allen Kulturen, hatte dieser Name eine Bedeutung für die Identität des Kindes: Denn das Wort *jeshua* bedeutet im hebräischen „Rettung", der Name *Jehoschua* „Gott rettet":

> Und sie wird einen Sohn gebären, dem sollst du den Namen Jesus geben, denn er wird sein Volk retten von ihren Sünden.[19]

Mit der Beschneidung eines Kindes am achten Tag machen die Eltern eines Kindes deutlich: Gottes Handeln an einem Menschen beginnt, lange bevor das Kind selbst etwas für Gott tun kann. Mit anderen Worten: Gottes Gnade hat den Vorrang vor den Werken des Menschen. Viele Christen glauben, dass dies erst eine christliche Einsicht ist. Oft ist sogar in Predigten zu hören, dass hier der entscheidende Unterschied zwischen Christentum und Judentum liegt.

Missverständnis 13:
Im Judentum wird man durch eigene Verdienste gerettet, im Christentum durch die Gnade Gottes.

In Wirklichkeit jedoch macht gerade das Zeichen der Beschneidung deutlich, dass Gottes Gnade auch nach jüdischer Überzeugung allem Tun des Menschen vorausgeht. Die Aufnahme in den Bund Gottes steht am Anfang des Lebens, die Annahme der Gebote und alle weiteren Schritte des Glaubens folgen danach.

Hintergrund: Die Beschneidung

Die Beschneidung der Jungen am achten Tag nach der Geburt (hebr. *brit mila*) gehört zu den wichtigsten Momenten im Leben eines Juden. Sie geht zurück auf Gottes Bund mit Abraham[20]: Das Kind wird aufgenommen in die Gemeinschaft des Volkes Israel und in Gottes Bund mit seinem Volk. Dass die Beschneidung an empfindlicher, verborgener und intimer Stelle vorgenommen wird und zugleich nur schwer wieder rückgängig zu machen ist, sagt dabei etwas über ihre geistliche Bedeutung aus: Gott geht es um den innersten Kern der Identität. Sein Zeichen des Bundes ist für den Einzelnen deutlich sichtbar und doch wird es nicht offen zur Schau gestellt, weil es vor allem um die persönliche Beziehung zu Gott geht. Die Beschneidung ist außerdem ein bleibendes Zeichen, das weder von den Launen des Alltags noch vom Verhalten des Menschen abhängig ist. Gottes Bundeszeichen bleibt. Heute findet die Beschneidung eines jüdischen Kindes meist im Rahmen einer fröhlichen Familienfeier statt und wird durch einen medizinisch geschulten Fachmann (*mohel*) vorgenommen. In der Geschichte des Judentums war es oft gerade die Beschneidung, die von allen jüdischen Traditionen am heftigsten umkämpft war: Säkulare Herrscher wie der syrische König Antiochus (168 v. Chr.) oder der römische Kaiser Hadrian (120 n. Chr.) versuchten, die Beschneidung gesetzlich zu verbieten, was dazu führte, dass viele Juden lieber den Märtyrertod auf sich nahmen oder in den Krieg zogen, als ihre Kinder nicht beschneiden zu lassen. Auch in Deutschland gibt es in neuerer Zeit wieder Debatten darüber, die Beschneidung von Kindern zu verbieten. Man muss jedoch wissen, dass damit nicht nur irgendein religiöser Brauch, sondern das zentrale Zeichen jüdischer Identität auf dem Spiel steht.

Ich hatte einmal die Gelegenheit, bei einer solchen Beschneidungsfeier teilzunehmen. Sie geschah am passenden Ort: Am Grab der Patriarchen Abraham und Isaak in Hebron. Der folgende Segensspruch wurde dabei über dem Kind ausgesprochen:

> Gepriesen bist du, Herr unser Gott, König der Welt, der du uns geheiligt hast durch deine Gebote und uns befohlen hast, dieses Kind in den Bund deines Vaters Abraham hineinzunehmen.

Und die anwesende Gemeinde antwortete zusammen mit der ganzen Familie:

> So wie er jetzt in den Bund eingetreten ist, so lass ihn auch in Zukunft in deine Gebote, in eine gute Familie und in gute Taten hineinfinden!

Der Bund mit Gott kommt vor den Geboten Gottes und vor den guten Werken. So ist es in der Geschichte Gottes mit seinem Volk gewesen und so ist es auch noch heute. Das Halten der Gebote ist eine Antwort des Menschen auf das, was Gott schon längst für ihn getan hat. Diese Einsicht ist keine Erfindung des Neuen Testaments, sondern eine Grundüberzeugung des Judentums. Ein Gleichnis der Rabbinen macht das in einem Bild deutlich:

> Ein Gleichnis: Wem gleicht diese Sache? Einem, der in eine Stadt kam und zu den Bürgern sagte: Ich will König über euch sein! Sie antworteten ihm: Hast du denn etwas Gutes für uns getan, dass du König über uns sein willst? Was tat er also? Er baute ihnen die Stadtmauer, leitete ihnen das Wasser zu und besiegte ihre Feinde. Dann kam er wieder und sagte zu ihnen: Ich will König über euch sein! Sie aber antworteten: Ja, aber ja! Ebenso führte auch Gott Israel aus Ägypten, zerteilte

ihnen das Meer, ließ das Manna für sie herabkommen, einen Brunnen in der Wüste für sie aufsteigen, die Wachteln für sie herbeifliegen und führte für sie den Krieg mit Amalek. Dann sagte er zu ihnen: Ich will König über euch sein! Da antworteten sie ihm: Ja, aber ja![21]

Hat Paulus die Beschneidung abgeschafft?

Oft ist in christlichen Auslegungen und Predigten zu hören, dass die Beschneidung im Neuen Testament abgeschafft wird oder dass sie zumindest durch eine „Beschneidung des Herzens" ersetzt wird. Man verweist dabei auf die Berichte vom Treffen der Apostel in Jerusalem oder auf den Brief des Paulus an die Galater.[22]

> **Missverständnis 14:**
> Jesus wurde zwar als Kind beschnitten, aber die Beschneidung wird später im Neuen Testament von Paulus abgeschafft.

Bei genauerem Hinsehen entpuppt sich das jedoch als Irrtum: In beiden Texten geht es ausschließlich um die Frage, ob auch Nichtjuden sich beschneiden lassen sollen, wenn sie Jesus nachfolgen wollen. Diese Forderung, die einige Gruppierungen in Jerusalem und in Galatien aufstellten, hat aber nicht nur Paulus zurückgewiesen, sondern mit ihm zusammen auch Jakobus und Petrus. Jakobus war sogar der Wortführer, der beim Treffen in Jerusalem begründete, dass die Beschneidung für Nichtjuden unnötig ist. Dass Juden sich und ihre Kinder, wie bisher, auch weiterhin beschneiden lassen, stand aber weder für Paulus noch für Petrus oder Jakobus je infrage. Wenn Paulus schreibt, dass für Jesus „weder die Beschneidung noch die Vorhaut" etwas gilt, sondern nur der Glaube[23], dann bestätigt er damit nur, was alle Juden glaubten: Die Beschneidung ist ein Zeichen der Gnade Gottes und des Glaubens und kein Verdienst des Menschen. In der Gemeinde jedenfalls macht Paulus keinen wertenden Unterschied zwischen Beschnittenen und Unbeschnittenen, ebenso, wie es keinen Wertunterschied zwischen Männern und Frauen gibt.[24] Trotzdem bleiben beide natürlich das, was sie sind.

Es war jedem Juden selbstverständlich klar, dass man sich nicht nur am Körper, sondern vor allem im Herzen beschneiden lassen soll. Diese Aufforderung findet sich schon im Alten Testament mehrmals und dann auch bei Paulus.[25] Dass aber die Beschneidung des Herzens die Beschneidung am Körper ersetzen soll, daran hätte wohl kein Prophet des Alten Testaments und auch kein Schreiber des Neuen Testaments je gedacht.

Erziehung und Kindheit Jesu

Über die ersten zwölf Lebensjahre von Jesus erfahren wir aus den Berichten des Neuen Testaments nichts, außer dass er mit seiner Familie einige Zeit in Ägypten verbrachte. Matthäus weist darauf hin, dass sich auf diese Weise das Schicksal des Volkes Israel in Jesu Leben wiederholt: So wie Gott einst seinen Sohn, das Volk Israel, aus Ägypten zurückgeholt hatte, so holte er auch jetzt seinen Sohn – Jesus – aus Ägypten in das Land Israel.[26] Um diesen Zusammenhang deutlich zu machen, zitiert Matthäus ganz bewusst einen Vers aus dem Propheten Hosea, in dem es eigentlich um das Volk Israel geht. Aber Matthäus macht deutlich: Was hier über das ganze Volk Israel gesagt wird, wird in diesem einen Sohn dieses Volkes erneut Wirklichkeit: In ihm wiederholt sich die ganze Geschichte Israels. Angefangen von der erstaunlichen Geburt, die an Abraham und Sarah erinnert, über die Träume des Josef und die Flucht nach Ägypten, die an den Stammvater mit gleichem Namen erinnern, weiter zum Kindermord von Bethlehem, in dem sich die Kindheit des Moses widerspiegelt, der nur knapp einem ähnlichen Kindermord entging. Und weiter geht es durch das Wasser des Jordan und die Versuchung in der Wüste: Beides hatte auch das Volk Israel hinter sich gebracht. Schließlich verkündet Jesus seine Maßstäbe für ein gelingendes Leben auf einem Berg, so wie einst Gott seine Gebote auf dem Berg Sinai gab. Und am Ende seines Lebens dann geht Jesus den Weg durch Leiden, Tod und Auferstehung. Ganz so, wie auch das Volk Israel nach Verbannung, Leid und Exil den Neuanfang erlebt hatte. Jesus wiederholt in seinem Leben die ganze bewegte Geschichte seines Volkes. Er ist Teil und zugleich einzigartiger Vertreter desselben. In seinem Leben verdichtet sich die Geschichte Israels wie in einem Punkt.

Mit zwölf Jahren begegnet uns Jesus im Tempel von Jerusalem wieder, im Kreise der Gelehrten. Seine Familie, so erfahren wir, pflegte jedes Jahr zu den drei großen Pilgerfesten *Passa* (Ostern), *Schawuot* (Pfingsten) und *Sukkot* (das Laubhüttenfest im Herbst) nach Jerusalem zu wandern. So war es in der Bibel vorgeschrieben[27] und so wurde es von denen praktiziert, die ihren Glauben ernst nahmen. Auch hier sehen wir also, dass Jesus in einer gesetzestreuen jüdischen Familie groß wurde. Offenbar lernte er in seiner Familie auch viel über den Glauben, denn die Gelehrten im Tempel von Jerusalem waren „erstaunt über seinen Verstand und seine Antworten".[28] Woher aber hatte Jesus sein erstaunliches Wissen? War es ihm einfach angeboren, weil er nun einmal Gottes Sohn war? War er eine Art Super-Wunderkind, das schon in der Krippe die Weisen aus dem Morgenland an Weisheit übertraf?

Religiöse Erziehung im Elternhaus

Meine Vermutung ist eine andere: Jesus hat, wie viele jüdische Jungen und Mädchen in seinem Alter, eine intensive religiöse Erziehung und Schulbildung genossen. Wir erfahren darüber zwar nichts in den Berichten des Neuen Testaments, aber wir können uns aus anderen historischen Quellen ein recht gutes Bild davon machen, wie die Erziehung und Schullaufbahn eines jüdischen Kindes in den ersten zwölf Lebensjahren aussah. Der wichtigste Ort der Bildung war zunächst einmal die eigene Familie. Die Weitergabe des Glaubens und der Lebensregeln von den Eltern an die Kinder wird schon im Alten Testament als ein wichtiges Prinzip erwähnt.[29] Der jüdische Philosoph Philo berichtet davon, dass diese Art des heimischen Unterrichts zur Zeit Jesu weit verbreitet war:

> Die Eltern, die die Kinder zur Welt bringen, sind auch ihre ersten Lehrer. Denn sie geben ihren Kindern von frühester Kindheit an alles weiter, was sie selbst wissen. Aber nicht nur Wissen und Denken bringen sie ihnen bei, sondern auch die Fähigkeit, sich für das Gute zu entscheiden und das Böse zu meiden. Denn wer könnte für die Kinder ein besserer Wohltäter sein als die Eltern: Sie haben sie nicht nur zur Welt gebracht, sondern sie haben sie auch für wert erachtet, Nahrung und Erziehung zu empfangen. Auf diese Weise befähigen sie ihre Kinder nicht nur zum Überleben, sondern zu einem wirklich guten Leben.[30]

In der Tat kann man in der jüdischen Kultur bis heute beobachten, dass die Weitergabe von Glaube, Wissen und Erfahrung von Eltern an die Kinder eine hohe Priorität hat. In den Straßen von Jerusalem habe ich sehr oft Väter beobachtet, die ihren Kindern aus der Bibel vorgelesen haben oder ihnen sonst etwas gezeigt, erklärt oder beigebracht haben. Das ist in Deutschland ein eher seltenes Bild geworden. Vor allem die religiöse Erziehung wird hier oft nur noch von Frauen wahrgenommen oder ganz an Kindergärten, Schulen und Gemeinden delegiert. Hier könnte die christliche Welt wieder neu von der jüdischen Tradition lernen, in der es in der religiösen Erziehung eine sehr enge Zusammenarbeit von Elternhaus, Schule und Synagoge gab.

Im Übrigen war auch die Allgemeinbildung von Mädchen in der jüdischen Tradition ein wichtiges Anliegen. Anders als in der griechischen Welt, wo Bildung nur Frauen aus reichem Hause zugänglich war, wurde in jüdischen Familien auch den Mädchen eine umfassende Elementarbildung zuteil. Schon in einer jüdischen Schrift aus dem 2. Jh. v. Chr. wird darüber berichtet, wie ein jüdisches Mädchen von seinen Eltern in der Tora unterrichtet wird.[31] Von Rabbi Johanan ben Zakkai, einem Zeitgenossen Jesu, ist der Ausspruch überliefert: Wenn man seine Tochter Griechisch lehrt, dann ist es für sie eine Auszeichnung.[32]

Natürlich gab es über die Schulbildung von Mädchen unter den jüdischen Lehrern durchaus unterschiedliche Ansichten. Rabbi Simeon ben Azzai, der gegen Ende des ersten Jahrhunderts lebte, meinte zum Beispiel: „Es ist die Pflicht jedes Mannes, seine Tochter die Tora zu lehren."[33]

Die gegensätzliche Ansicht vertrat Rabbi Eliezer. Er fürchtete, dass gebildete Frauen allzu selbstständig werden könnten: „Wer seine Tochter die Tora lehrt, der lehrt sie Ausschweifung."[34]

Die tatsächliche Realität lag vermutlich irgendwo zwischen diesen beiden Extremen: Die religiöse Bildung von Mädchen wird weder verpflichtend noch verpönt gewesen sein, aber doch wohl weit verbreitet. Und das war, verglichen mit anderen antiken Kulturen, bereits eine sehr fortschrittliche Haltung.

Missverständnis 15:
Im Judentum waren Frauen und Mädchen von der religiösen Bildung ausgeschlossen.

Aber nun zurück zur Schulbildung der Jungen: Jesus wuchs in einem religiösen Elternhaus auf. Seine Eltern kannten die genaue Reihe ihrer Vorfahren und vermutlich auch die biblischen Geschichten, die mit ihnen verbunden waren. Sie ließen ihr Kind am achten Tag beschneiden, sie hielten sich an die jüdischen Reinheitsgebote und

Opfergesetze und sie pilgerten für die großen Feste nach Jerusalem. Wenn es stimmt, dass die Eltern damals die ersten und wichtigsten Lehrer ihrer Kinder waren, dann erhielt Jesus schon in seinen ersten Lebensjahren eine solide jüdische Erziehung.

Synagoge und Grundschule

Aber nicht nur das Elternhaus war für ihn prägend. Wir erfahren aus dem Neuen Testament auch, dass der regelmäßige Besuch der Synagoge für Jesus selbstverständlich war.[35] Die Synagoge (hebr. *bet knesset*, „Versammlungshaus") war das Zentrum des kulturellen, sozialen und religiösen Lebens in einem Dorf, eine Art „Dorfgemeinschaftshaus". Hier traf man sich unter der Woche, um über alltägliche Fragen zu beraten, sich zu begegnen und Neuigkeiten zu hören. Und am Samstag traf man sich, um den festgelegten Abschnitt aus der Tora für die jeweilige Woche (*parashat ha-torah*) zu hören, darüber zu reden und anschließend gemeinsam zu singen und zu beten. Den genauen Ablauf eines Synagogengottesdienstes zur Zeit Jesu kennen wir leider nicht. Die meisten jüdischen Gottesdienstordnungen und Berichte über Gottesdienste stammen erst aus späterer Zeit. Selbst für jüdische Forscher sind daher die Berichte des Neuen Testaments sehr wertvoll, denn sie gehören zu den frühesten Berichten über jüdische Synagogengottesdienste, die uns überhaupt erhalten sind. Aus ihnen wissen wir etwa, dass schon damals zusätzlich zur Toralesung ein Abschnitt aus den Prophetenbüchern vorgelesen wurde, die sogenannte *haftarah* (Abschlusslesung).[36] Außerdem ist es interessant, dass in keinem der hier beschriebenen Synagogengottesdienste von einer Übersetzung ins Aramäische *(targum)* berichtet wird, wie sie in späterer Zeit üblich wurde. Man kann also davon ausgehen, dass die meisten Besucher der Synagoge noch die hebräische Sprache sprachen und verstanden. Noch vor hundert Jahren sah man das in der deutschen Bibelforschung allerdings ganz anders: Man ging damals davon aus, dass die hebräische Sprache schon einige Hundert Jahre vor Christi Geburt ausgestorben war und die Übersetzung in den Synagogen daher schon zur Zeit Jesu üblich war, damit die Leute überhaupt etwas verstanden. In vielen Lehrbüchern und Lexika ist auch heute noch zu lesen, dass Jesus nur Aramäisch sprach und das Hebräische eine Art „Kirchenlatein“ war, das niemand mehr verstand. Die Sprachforschung des letzten Jahrhunderts hat jedoch gezeigt, dass das ein Irrtum ist. Außerdem hat die Archäologie in den letzten 100 Jahren viele archäologische Zeugnisse für den alltäglichen Gebrauch des Hebräischen zu Tage gefördert, darunter eine ganze Reihe von hebräischen Briefen, Verträgen, Urkunden, Münzen und Grabinschriften aus der Zeit Jesu. Hebräisch blieb also bis ins zweite Jahrhundert n. Chr. eine lebendige Umgangssprache und erst danach wurde eine regelmäßige Übersetzung ins Aramäische in den Synagogen eingeführt.

Missverständnis 16:
Die Juden sprachen zur Zeit Jesu kein Hebräisch mehr und konnten deshalb die Bibel nur verstehen, wenn sie ins Aramäische übersetzt wurde.

Nur von wenigen Synagogen aus der Zeit Jesu sind heute noch Überreste erhalten. Einige davon stehen in Orten, die auch im Neuen Testament erwähnt sind, etwa in Chorazin und Kapernaum. Andere wurden in Hochburgen des späteren jüdischen Widerstands gegen die Römer gefunden, etwa in Gamla in Galiläa und auf der Festung Masada am Toten Meer. Erst im Jahr 2009 wurde bei Bauarbeiten für ein Hotel in Migdal am Ufer des See Genezareth eine weitere Synagoge aus der Zeit Jesu entdeckt. Dies war vermutlich die Synagoge, die Maria von Magdala *(migdal)* besuchte, und auch Jesus wird hier auf seinen Wanderungen oft zu Gast gewesen sein. Auf einem großen Steinblock in der Mitte des Raumes war dort ein siebenarmiger Leuchter abgebildet, der an den Tempel in Jerusalem erinnerte: Die Synagoge war ein Ort Gottes und ein Ort des Gebets auch dort, wo es keinen Tempel gab. Und das ist sie bis heute für die jüdische Gemeinde geblieben.

Der Brauch, an jedem Samstag eine öffentliche Lesung der Tora zu halten, geht zurück bis in die Zeit Esras.[37] Dieser Brauch stellte eine einzigartige Möglichkeit dar, die breite Masse des Volkes, darunter auch Frauen und Kinder, in den Grundlagen der Geschichte, des Glaubens und des Gesetzes zu unterweisen. In der Synagoge seiner Heimatstadt Nazareth wird Jesus also schon als Kind viel über seinen Vater im Himmel gelernt haben. Es waren aber nicht nur die Versammlungen am Samstag, in denen die Kinder etwas lernten. Viele Synagogen dienten außerdem während der Woche als Schulhäuser (*bet sefer*, „Haus des Buches“ oder auch „Schreib- und Lesehaus“). Dafür wurden in vielen Orten Dorfschullehrer angestellt, die in den Synagogenhäusern wohnten und dort auch Unterricht hielten. Ein altes jüdisches Sprichwort lautet:

> Mit fünf Jahren soll ein Junge die Bibel lernen. Mit zehn Jahren die mündlichen Gebote. Mit dreizehn soll er die Gesetze einhalten. Mit fünfzehn soll er Talmud lernen. Mit achtzehn soll er heiraten, mit zwanzig einen Beruf ergreifen. Mit dreißig erreicht er seine volle Lebenskraft, mit vierzig Einsicht, mit fünfzig Weisheit und mit sechzig das Alter …[38]

Ob und wie weit wir aus diesem Sprichwort auf die Verhältnisse der Zeit Jesu schließen können, ist nicht ganz klar. Eine allgemeine Schulpflicht für Kinder forderte auf jeden Fall schon der jüdische Lehrer Simon ben Schetach (120-40 v. Chr.).[39] Jedoch konnte er seine Idee offenbar noch nicht überall durchsetzen. Eine flächendeckende Schulpflicht wurde deshalb, nach Aussage der jüdischen Quellen, erst von Josua ben Gamla im Jahr 65 n. Chr. eingeführt:

> Wenn er nicht gewesen wäre, dann wäre die Tora in Israel in Vergessenheit geraten. Ganz früher nämlich war es üblich, dass man die Tora nur von seinem Vater lernte. Aber wem es der Vater nicht beibrachte, der lernte die Tora nicht. Dann wurden wenigstens in Jerusalem Kinderlehrer angestellt, weil es ja schon in der Bibel heißt: „Aus Zion wird Weisung ausgehen“ (Jes. 2,3). Aber immer noch gingen nur die zur Schule, die von ihrem Vater hingebracht wurden. Deshalb ordnete man schließlich an, dass für jeden Bezirk Kinderlehrer angestellt werden sollten. Aber immer noch konnten Kinder erst ab einem Alter von 16 oder 17 Jahren zur Schule gehen. Deshalb ordnete schließlich Josua ben Gamla an, dass man in jeder Provinz und in jeder Stadt Kinderlehrer anstellen sollte und dass Kinder ab einem Alter von sechs oder sieben Jahren zur Schule gehen sollten.[40]

Die Schulklassen hatten, dem gleichen Bericht zufolge, eine Größe von nicht mehr als 25 Kindern, die Kosten für die Lehrer wurden von der Dorfgemeinschaft übernommen. Der Schulunterricht bestand vor allem im Auswendiglernen und Wiederholen. Aber auch Lesen und Schreiben stand auf dem Stundenplan. Von Rabbi Akiba (50-135 n. Chr.) wird berichtet, wie er das Alphabet lernte, indem ihm sein Lehrer die Buchstaben auf kleinen Tontäfelchen vorzeichnete.[41] Archäologische Ausgrabungen haben solche „Schreibübungen“ auf Tonscherben und Steintafeln aus verschiedensten Epochen zutage gefördert. Die Tatsache, dass Jesus nicht nur lesen, sondern auch schreiben konnte[42], obwohl sein Beruf beides nicht erforderte, zeigt, dass auch im kleinen Dorf Nazareth eine entsprechende Schulbildung üblich war.

Die Auswirkungen dieser breit angelegten Schulbildung, die durch Elternhaus, Synagoge und Schule vermittelt wurde, scheinen in der jüdischen Bevölkerung jedenfalls deutlich erkennbar gewesen zu sein. Der jüdische Historiker Josephus berichtet nicht ohne Stolz:

Bei uns hingegen mag man den ersten Besten über die Gesetze befragen und er wird sämtliche Bestimmungen derselben leichter hersagen als seinen eigenen Namen. Weil wir nämlich gleich vom Erwachen des Bewusstseins an die Gesetze auswendig lernen, sind sie in unsere Seelen sozusagen eingegraben.[43]

Bar Mitzwa

„Ab dem Alter von dreizehn Jahren soll er das Gesetz einhalten." So lautete das oben zitierte Sprichwort. In der jüdischen Tradition wird dieser wichtige Einschnitt im Leben eines jüdischen Jungen mit einer großen Familienfeier begangen, die mit der christlichen Konfirmation oder Firmung vergleichbar ist. Allerdings finden die Feiern der *Bar Mitzwa* meist nicht, wie bei uns, in einer großen Gruppe statt, sondern eher wie bei einer Tauffeier im Familienkreis. Im Mittelpunkt steht der einzelne Junge, der jetzt ein „Sohn des Gebotes" *(bar mitzwa)* wird. Er darf zum ersten Mal laut aus der Tora vorlesen und von da an diesen Dienst auch in der Synagoge versehen. Begleitet wird er vom Jubel und Applaus der Familie und nicht selten kann man beobachten, wie der Sohn, zusammen mit einer übergroßen Torarolle, tanzend auf den Schultern durch die Gemeinde getragen wird. In Gemeinden mit progressiver Prägung, in denen auch Frauen die Schriftlesung in der Synagoge übernehmen dürfen, gibt es seit neuester Zeit auch eine entsprechende Feier für Mädchen, *bat mitzwa* genannt.

Manche Ausleger gehen davon aus, dass dem Bericht vom zwölfjährigen Jesus im Tempel eine solche *Bar Mitzwa*-Feier zugrunde liegt.[44] Der Text selbst sagt davon allerdings nichts und wir können auch nicht sicher sein, ob der Brauch einer solchen Feier zur Zeit Jesu schon existierte. In der heutigen Form geht er vermutlich erst auf das Mittelalter zurück. Aber schon in den alten jüdischen Quellen lesen wir davon, dass das Alter von zwölf oder dreizehn Jahren für einen jüdischen Jungen eine wichtige Phase darstellte: Es war nicht nur der Übergang von der Kindheit zum Erwachsenenleben. Sondern jetzt begann auch die Verpflichtung, die Gebote einzuhalten und die jüdischen Feste mitzufeiern.[45] Die rechtliche Verantwortung der Eltern für die Kinder endete mit diesem Alter.[46] Und es gab einen Brauch, Kinder in diesem Alter zu den Ältesten und Priestern zu bringen, damit sie von ihnen gesegnet wurden.[47]

Auch wenn er also vermutlich keine *Bar Mitzwa*-Feier in der heutigen Form beschreibt, zeigt der Bericht des Lukas doch, dass Jesus am Ende dieser wichtigen Lebensphase zu einem jungen Mann herangewachsen war, der durch seine Kenntnis der Tora, seinen Verstand und seine gut gestellten Fragen für Aufsehen unter den Lehrern im Jerusalemer Tempel sorgte. Aber auch danach „nahm er noch zu" – und zwar nicht nur an Alter und an Ansehen, sondern auch an Weisheit. Ein kleiner Nebensatz, der darauf hinweist, dass Jesus nicht nur ein Lehrer, sondern auch ein Lernender war.

Missverständnis 17:
Jesus brauchte nicht zur Schule zu gehen, weil er als Sohn Gottes ohnehin schon alles wusste.

War Jesus verheiratet?

Folgt man dem oben zitierten jüdischen Sprichwort, dann wäre der nächste Schritt auf dem Lebensweg Jesu die Heirat gewesen. In der Tat ist die Gründung einer Familie im Judentum im Normalfall keine Beliebigkeit, sondern eine wichtige religiöse Vorschrift, denn es ist eines der ersten ausdrücklichen Gebote in der Bibel.[48]

> Kein Mann sollte das biblische Gebot missachten: „Seid fruchtbar und mehret euch“, außer, wenn er schon Kinder hat: Nach der Ansicht der Schule Schammais sollten es mindestens zwei Söhne sein; nach Ansicht der Schule Hillels genügen auch ein Sohn und eine Tochter.[49]

Die meisten jüdischen Lehrer waren deshalb schon früh verheiratet und hatten Kinder. Immer wieder kann man deshalb davon lesen, dass auch Jesus, als jüdischer Rabbi, ganz bestimmt verheiratet gewesen sein muss. Er wäre sonst von seinen Zuhörern nicht ernst genommen worden. Hinzu kommen Verweise auf „geheime Evangelien“ wie etwa das Philippusevangelium, das 1945 in der Wüste in Ägypten gefunden wurde. Darin finden sich die nur teilweise erhaltenen Zeilen:

> Die Weisheit ist die Mutter der Engel und die Begleiterin … Maria von Magdala … und er liebte sie mehr als alle Jünger und küsste sie oft auf ihren Mund.[50]

In Verschwörungsromanen wie Dan Browns *Da Vinci Code* oder Kriminaldokus wie die *Verschlusssache Jesus* finden sich daher ausgefeilte Theorien über das geheime Liebesleben Jesu: Jesus sei in Wirklichkeit mit Maria Magdalena verheiratet gewesen und habe nach seinem erfolgreich eingefädelten Scheintod ein langes und glückliches Leben mit vielen Kindern in Indien oder in Südfrankreich verbracht. Seine Nachfahren seien schließlich die Könige und Kaiser des europäischen Mittelalters geworden und bis heute seien sie in einem geheimen Orden miteinander verbunden, um die Weltherrschaft anzustreben. Ein Vorwurf übrigens, den man Juden schon immer ganz besonders gerne gemacht hat. Allerdings ist die Beweislage bei näherem Hinsehen dürftig: Das Evangelium des Philippus stammt erst aus dem 3. Jahrhundert n. Chr., und wer es einmal liest, der merkt schnell, dass es sich hier nicht um einen historisch zuverlässigen Bericht handelt, sondern um religiöse Fantasie. Der Text des Evangeliums ist übrigens schon lange nicht mehr „geheim", sondern, wie viele andere sogenannte „apokryphe Evangelien", seit vielen Jahrzehnten in der Wissenschaft bekannt und seit Langem frei zugänglich im Internet zu finden.[51]

Missverständnis 18:
Jesus hatte ein Verhältnis mit Maria Magdalena.

Erst kürzlich, im September 2012, geisterte wieder eine neue Sensationsmeldung durch die Presse: Angeblich sei in Ägypten ein alter Papyrus gefunden worden, in dem die Ehefrau Jesu erwähnt würde:

> Jesus sagte zu ihnen: Meine Frau …
> sie wird in der Lage sein,
> meine Jüngerin zu sein.[52]

Nur wenige Wochen später jedoch wurde die angekündigte Veröffentlichung des Textes vom Verlag zurückgezogen. Der Papyrus hatte sich als eine schlechte Fälschung entpuppt, die vermutlich erstens mit einem Pinsel geschrieben wurde (im Altertum schrieb man mit einem Schreibrohr) und außerdem einen auffälligen Schreibfehler enthielt, der sich so nur in einem modernen Internettext wiederfand, der dem Fälscher also vermutlich als Vorlage diente.

Die Hinweise auf sogenannte „geheime Evangelien" haben also kaum echten historischen Wert. Bedeutender ist die berechtigte Frage, ob ein jüdischer Rabbi glaubwürdig war, wenn er nicht verheiratet war. Denn ungewöhnlich war das in jedem Fall: Die meisten jüdischen Lehrer im vergleichbaren Alter waren verheiratet und hatten Familie. Dennoch gab es auch Ausnahmen. In den Schriftrollen vom Toten Meer, von denen wir später noch hören werden, werden zum Beispiel Lebensgemeinschaften von unverheirateten Männern beschrieben, die sich ganz dem Gebet und dem Torastudium widmeten. Solche Gruppen von Essenern gab es nicht nur in der abgelegenen Siedlung am Toten Meer, sondern auch in Jerusalem. Und – wie wir noch sehen werden – gab es jede Menge Ähnlichkeiten zwischen der Lebensweise der Essener und den ersten Christen, sodass es nicht ausgeschlossen ist, dass hier persönliche Kontakte bestanden. Die unverheirateten Geschwister Maria, Martha und Lazarus, von denen das Neue Testament berichtet, zeigen zum Beispiel, dass es auch im Umfeld von Jesus ehelos lebende Menschen gab. Vielleicht lebten sie aus religiöser Überzeugung so oder hatten sich die essenischen Lebensgemeinschaften zum Vorbild genommen.[53]

Missverständnis 19:
Als ordentlicher jüdischer Rabbi musste Jesus verheiratet sein.

Aber auch unter den pharisäisch geprägten jüdischen Lehren gab es Ausnahmen von der Regel. Der berühmte Lehrer Akiba etwa (ca. 50-135 n. Chr.) verbrachte erst eine geraume Zeit seines Lebens damit, Schüler um sich zu sammeln und sie zu lehren. Erst danach suchte er sich eine Frau und heiratete.[54]

Simon ben Azzai (2. Jh. n. Chr.) war ein Lehrer, der bekannt dafür war, dass er ganz energisch für die Ehe eintrat. Umso erstaunlicher war es, dass er selbst unverheiratet blieb. Als seine Schüler ihn darauf ansprachen, antwortete er: „Was soll ich machen? Ich bin so verliebt in die Tora. Sollen sich doch andere darum kümmern, dass die Welt bestehen bleibt."[55]

Auch wenn es also ungewöhnlich war, dass ein jüdischer Lehrer unverheiratet blieb: ausgeschlossen war es nicht. Wichtigere Aufgaben, vor allem die Beschäftigung mit Gebet, Tora und der Unterweisung von Jüngern, konnten ein guter Grund sein, eine Ehe aufzuschieben oder ganz unverheiratet zu bleiben. Da die Berichte des Neuen Testaments mit keinem Wort andeuten, dass Jesus verheiratet war oder eine Frau hinterließ, ist es wohl am plausibelsten, anzunehmen, dass er unverheiratet blieb. Allerdings hat er die Ehelosigkeit auch nie zum Ideal erhoben, wie es dann später in der christlichen Geschichte oft geschah.

Kapitel 3

Jesus und die jüdischen Lehrer

Darum gleicht jeder Schriftgelehrte,
der ein Jünger des Himmelreichs geworden ist, einem Hausvater,
der aus seinem Schatz Neues und Altes hervorholt.
(Matthäus 13,52)

Als ich vor einiger Zeit in einer christlichen Zeitschrift etwas über Jesus und seine Lehrer schrieb, erhielt ich einen erbosten Leserbrief: „Jesus brauchte keine Lehrer. Er war schließlich der Sohn Gottes und musste von niemandem belehrt werden."

Schon der Gedanke, dass Jesus als Kind noch etwas von seinen Eltern lernte oder sogar zur Schule ging, obwohl er der Sohn Gottes war, ist für viele Christen befremdlich. Sie wünschen sich einen Jesus, der all seine Gedanken und Lehren schon aus dem Himmel mit auf die Erde brachte oder sie hier auf Erden direkt durch eine himmlische Stimme empfing, ohne auf seine Eltern oder Lehrer zu hören. Noch schwieriger ist für solche Menschen die Vorstellung, dass Jesus von den großen und berühmten Lehrern seiner Zeit gelernt haben könnte, etwa von Hillel und Schammai, die er als Kind noch kennengelernt haben könnte.

Wer aber die Schriften des Neuen Testaments und die Schriften des frühen Judentums unvoreingenommen miteinander vergleicht, der wird sofort entdecken: Es gibt so viele Ähnlichkeiten in den Gedanken, der Sprache und den Themen, dass man entweder eine ganze Kette von außerordentlichen Zufällen annehmen muss oder aber davon ausgehen kann, dass Jesus die großen Lehrer seiner Zeit kannte, ihre Lehren studierte und sich mit ihnen bewusst auseinandersetzte.

Selbst wenn man also – aus Gründen des Glaubens – nicht annehmen möchte, dass Jesus von diesen Lehrern noch etwas lernen konnte, müsste man sich die große Nähe der Gedanken und Lehrmethoden doch wenigstens so erklären: Jesus hat ganz bewusst auf Lehrsätze und Formulierungen zurückgegriffen, die andere Lehrer schon vor ihm gebraucht hatten. Denn so wurde er von seinen Hörern verstanden und konnte an das anknüpfen, was ihnen vertraut war. Würde er heute leben, dann würde er vielleicht Goethe, Schiller, Sartre oder den Papst zitieren, um seine Botschaft zu verdeutlichen. Aber natürlich würde er ihnen auch widersprechen, wo immer es nötig wäre. Das hat er schließlich auch mit Hillel und Schammai gemacht.

Aber fangen wir vorne an: Wer waren eigentlich die großen Lehrer zur Zeit Jesu, woher wissen wir von ihnen und welchen Einfluss hatten sie im Volk? Nach jüdischer Überlieferung gab es eine lange Reihe von Lehrern, deren Lehrtradition sich bis auf Moses selbst zurückführen lässt:

> Moses empfing das Gesetz am Sinai. Moses gab es an Josua weiter, Josua an die Ältesten des Volkes. Die Ältesten gaben es an die Propheten weiter und die Propheten an die Männer der großen Ratsversammlung. Und diese lehrten drei Dinge: Seid bedächtig beim Richten! Nehmt viele Schüler an! Und achtet auf die Einhaltung des Gesetzes![1]

Mit diesen Sätzen beginnt einer der bekanntesten Texte des frühen Judentums, die sogenannten *Aussprüche der Väter*. Sie sind eine lose Sammlung von wichtigen Lehrsätzen und Lebensweisheiten jüdischer Lehrer, die zwischen 200 v. Chr. und 200 n. Chr. lebten. Die Botschaft der Einleitungssätze ist dabei klar: Was diese Lehrer weitergaben, das hatten sie sich nicht selbst ausgedacht, sondern sie hatten es selbst von ihren Lehrern empfangen und dann an andere weitergegeben. Dieser Gedanke des Empfangens und Weitergebens ist uns übrigens auch aus dem Neuen Testament gut bekannt, denn Paulus redet mit ganz ähnlichen Worten davon, wie er das Evangelium an die Korinther weitergab: „Denn ich habe vom Herrn empfangen, was ich an euch weitergegeben habe …“[2]

Der eingangs zitierte erste Vers aus den *Aussprüchen der Väter* beschreibt die Reihe der Überlieferung von Moses bis zu den „Männern der großen Ratsversammlung“, die nach dem babylonischen Exil in der Zeit Esras (ca. 450 v. Chr.) eingerichtet wurde. Zu den ältesten Lehrern, die namentlich bekannt sind, zählen Simon der Gerechte und Antigonos von Socho, die beide gegen Ende des dritten Jahrhunderts v. Chr. lebten. Beide waren berühmt für ihre Weisheit und ihre menschenfreundlichen Lehren. Simon wird nicht nur in der späteren Literatur der Rabbinen, sondern auch von Josephus und im Buch Jesus Sirach lobend erwähnt.[3] Von ihm ist der folgende Grundsatz überliefert, der die wichtigsten Werte des Judentums in drei Worten zusammenfasst: „Auf drei Dinge gründet sich die Welt: Auf die Tora, auf die Anbetung und auf Taten der Barmherzigkeit.“[4]

Im 2. Jahrhundert v. Chr. begann die Epoche der sogenannten „Lehrerpaare“ *(zugot)*: Immer zwei Lehrer galten zusammen als die führenden Gelehrten und auch als Leiter des Hohen Rates, jeweils in ihrer Generation:

- Jose ben Joezer und Jose ben Johanan (170-140 v. Chr),
- Josua ben Perachja und Nittai von Arbela (140-100 v. Chr.),
- Juda ben Tabbai und Simeon ben Schetach (100-60 v. Chr.),

- Schemaja und Abtalion (60-30 v. Chr.) und
- Hillel und Schammai (30 v. Chr. - 30 n. Chr.).

Hillel und Schammai waren also die führenden Lehrautoritäten zur Zeit Jesu. Ihre Gräber, am Hang von Berg Meron unweit des See Genezareth, sind bis heute eine wichtige Pilgerstätte für viele orthodoxe Juden. Hillel und Schammai waren zwei sehr unterschiedliche Charaktere: Während Hillel dazu neigte, in Gesetzesfragen eher weitherzig zu urteilen, hatte Schammai den Ruf, eher streng zu entscheiden. Ihre Nachfolger sammelten sich daher in zwei gegensätzlichen Schulen, dem „Haus Hillel" und dem „Haus Schammai". Dabei darf man natürlich nicht an echte Häuser denken, sondern eher an Denkrichtungen oder Traditionen. In der späteren jüdischen Gesetzesdiskussion werden gegensätzliche Ansichten oft auf Unterschiede zwischen dem „Haus Hillel" und dem „Haus Schammai" zurückgeführt.

Um den Unterschied zwischen beiden zu verdeutlichen, wird davon berichtet, wie sie auf die Frage eines interessierten Nichtjuden reagierten, der zum Judentum übertreten wollte:

> Es begab sich, dass ein Nichtjude zu Schammai kam und ihn bat: Wenn du es schaffst, mir die ganze Tora zu erklären, während ich auf einem Bein stehe, dann will ich ein Jude werden! Da jagte Schammai ihn aus dem Haus mit dem Zollstock, den er gerade in seiner Hand hielt. Da ging er zu Hillel und fragte ihn dasselbe. Hillel antwortete: „Was dir verhasst ist, das tue deinem Nächsten nicht an. Das ist die ganze Tora. Alles andere ergibt sich daraus. Geh hin und fang an zu lernen."[5]

Für diesen Ausspruch wurde Hillel berühmt, weil er in einzigartig schlichter Weise die ganze Tora zusammenfasst. Es wird aber auch deutlich, wie die Lehrmethode dieser Zeit funktioniert. Denn natürlich hatte Hillel noch mehr zu sagen als diesen einen Satz. Er macht aber deutlich, dass die ganze Tora sich aus einem wichtigen Grundsatz herleiten lässt. Alles andere, sagt er, ist wie ein Kommentar, der sich aus dem einen Satz ergibt. In ähnlicher Weise haben auch andere Lehrer die Tora in kurzen Merksätzen zusammengefasst.[6] Auch Jesus hat dies getan. Einer der Merksätze klingt sogar sehr ähnlich wie der von Hillel: „Alles nun, was ihr wollt, dass euch die Leute tun sollen, das tut ihnen auch! Das ist das Gesetz und die Propheten."[7]

Natürlich hatte auch Jesus mehr zu sagen als dies. Aber er konnte auch alles in diesem einen Satz zusammenfassen. Spitzfindige Ausleger entdecken hier natürlich einen fundamentalen Unterschied: Während man bei Hillel nur das Böse vermeiden soll, soll man bei Jesus das Gute tun. Daraus kann man – wenn man denn will – einen grundlegenden philosophischen Unterschied ableiten. Nämlich den, dass es im Judentum nur um Verbote geht und bei Jesus hingegen darum, aktiv das Gute zu tun. Und schon wieder hat man eine dunkle Folie als Hintergrund und einen strahlenden Jesus im Vordergrund. Aber um ehrlich zu sein: Wer die knappen Lehrsätze der jüdischen Lehrer mit solch mathematischer Spitzfindigkeit liest, der hat nicht verstanden, wie sie funktionieren. Und vor allen Dingen hat er die letzten beiden Sätze übersehen: „Alles andere ergibt sich daraus: Geh hin und fang an zu lernen!"

Missverständnis 20:
Den jüdischen Lehrern ging es nur um Verbote. Jesus aber ging es darum, über die Grenzen des Gebotes hinauszudenken.

In den *Aussprüchen der Väter* wird Hillel zudem auch mit einem ganz anderen Spruch zitiert, der gerade nicht nur die Einhaltung von Verboten beschreibt: „Liebe den Frieden und strebe nach Eintracht. Liebe die Menschen und führe sie zur Tora."[8]

Und viele andere ähnliche Worte könnte man von Hillel und seinen Zeitgenossen anführen. Nicht wenige von ihnen erinnern an das, was wir auch bei Jesus hören und sehen. Bekannt ist zudem auch das Wort vom „Staub der Füße" eines Rabbis, das von Jose ben Joezer (140 v. Chr.) stammt: „Dein Haus sei ein Versammlungsort weiser Männer. Bestäube dich mit dem Staub ihrer Füße und trinke durstig ihre Worte."[9]

Beliebt ist das Bild von dem Schüler, der so lange hinter seinem Rabbi herläuft, bis er vom Staub bedeckt wird, den seine Füße aufwirbeln. Jesus und seine Jünger werden gerne so dargestellt, sowohl in Filmen als auch auf Gemälden. Der Spruch des Jose ben Joezer beschreibt aber eine ganz andere Szene. Eine, die wir später auch bei Jesus sehen, als er von Maria, Martha und Lazarus in ihr Haus eingeladen wird: Dort ist es Maria, die sozusagen „im Staub seiner Füße sitzt und durstig seine Worte trinkt".[10]

Die *Aussprüche der Väter* sind eine kurze, aber eindrucksvolle Zusammenfassung jüdischer Lebensweisheit. Sie sind in vielen jüdischen Gebetbüchern abgedruckt und werden von der jüdischen Tradition als Lektüre für den Nachmittag des Sabbat vorgeschlagen. Jeder Christ, der an der jüdischen Welt Jesu interessiert ist, sollte wenigstens diesen kleinen Text einmal in seinem Leben gelesen haben. Wer ihn aufmerksam liest, wird hier viele überraschende Einsichten in jüdisches Denken und Leben erhalten, die sich von dem unterscheiden, was man in der Schule und in der Predigt über das Judentum gehört hat. Aber die *Aussprüche der Väter* sind ja nur der allerkleinste Teil einer großen Sammlung von Schriften, die uns das frühe Judentum hinterlassen hat. Neben diesen Aussprüchen ist uns noch eine ganze Bibliothek von Texten aus der Zeit Jesu und aus den ersten Jahrhunderten unserer Zeitrechnung erhalten, die wir kurz genauer betrachten wollen.

Hintergrund: Die Schriften der Rabbinen

Die wichtigsten Quellen, aus denen wir das Judentum zur Zeit Jesu kennen, sind die Schriften des sogenannten „rabbinischen Judentums“:

- Mischna: eine Zusammenstellung der wichtigsten Gesetze
- Midrasch: Sammlungen von Auslegungen zur Bibel
- Talmud: Kommentare und Fallbeispiele zur Mischna
- Tosefta: eine zweite, weniger offizielle Gesetzessammlung
- Targum: erklärende Bibelübersetzung ins Aramäische

Diese Schriften stammen allerdings alle aus einer deutlich späteren Zeit: Die Mischna wurde etwa um 200 n. Chr. zusammengestellt, die Tosefta etwa um 300 n. Chr. Die Sammlungen von Talmud und Midrasch entstanden dann etwa zwischen 300 und 800 n. Chr. Auch die Targume entstanden erst etwa ab dem 3. Jahrhundert. Man muss daher vorsichtig mit diesen Quellen umgehen: Nicht alles, was darin steht, kann unhinterfragt für die Zeit Jesu vorausgesetzt werden. Aber andererseits enthalten die Sammlungen auch viele Überlieferungen, die aus der Zeit Jesu oder aus noch früherer Zeit stammen. Trotz ihrer späten Entstehung aber spiegeln diese Texte die Art und Weise wider, wie die rabbinischen Lehrer, auch schon zur Zeit Jesu, dachten, glaubten und mit der Bibel umgingen. Die „Vorfahren“ der Rabbinen waren die Pharisäer, Schriftgelehrten und Gesetzeslehrer, die im Neuen Testament erwähnt werden. Ihr Erbe ist in den rabbinischen Schriften bewahrt worden. Wir können aus diesen Quellen daher, auch wenn sie erst spät aufgeschrieben wurden, vieles über die jüdische Welt zur Zeit Jesu lernen.

Eine ganze Bibliothek

Woher wissen wir eigentlich, was Juden zur Zeit Jesu dachten und wie sie lebten? Das herauszufinden, ist die Aufgabe von Historikern und Forschern des frühen Judentums. Der einzige Weg, dies zu erkunden, ist ein Blick in die historischen Quellen, die uns aus dieser Zeit erhalten sind. So, wie wir über Jesus nur etwas herausfinden können, wenn wir das Neue Testament lesen, so können wir über das Judentum nur etwas lernen, wenn wir die Schriften der jüdischen Lehrer lesen.

Mischna: Die amtliche Gesetzessammlung der Rabbinen

In der jüdischen Tradition zur Zeit Jesu unterschied man zwischen schriftlicher und mündlicher Tora. Die schriftliche Tora ist das, was wir heute als die fünf Bücher Mose in unserer Bibel haben. Nach jüdischem Glauben wurden alle Gesetze, die darin aufgeschrieben sind, schon Moses am Berg Sinai gegeben. Neben dieser schriftlichen Tora gab es aber auch eine mündliche Tora. Auch sie wurde Moses von Gott am Sinai gegeben, aber Moses schrieb sie nicht auf, sondern gab sie mündlich an seine Nachfolger weiter. Diese mündlichen Gebote wurden von Generation zu Generation als „Überlieferung der Väter" weitergegeben. Noch zur Zeit Jesu existierten sie ausschließlich in mündlicher Form. Doch nach der Zerstörung des zweiten Tempels durch die Römer im Jahr 70 n. Chr. drohte dieser Schatz der Tradition verloren zu gehen: Das jüdische Volk wurde in viele Länder zerstreut und man musste dafür sorgen, dass die Überlieferungen der Väter auch für kommende Generationen erhalten blieben. Rabbi Juda, genannt „der Fürst", soll deshalb alle mündlich überlieferten Gesetze gesammelt, geordnet und um das Jahr 200 n. Chr. herum erstmals schriftlich herausgegeben haben. Diese Gesetzessammlung nennt man Mischna („Wiederholung").

Im Neuen Testament begegnen uns viele jüdische Bräuche und Gesetze, die nicht unmittelbar aus den fünf Büchern Mose stammen, die aber in der Mischna zu finden sind. Daran kann man sehen, dass viele Weisungen der Mischna, auch wenn sie erst später aufgeschrieben wurden, schon zur Zeit Jesu den Alltag prägten:[11]

- die Passafeier mit Brot, Kelch, Dankgebet und Gesang,
- das Händewaschen vor dem Essen *(netilat jadajim)*,
- die Segenssprüche *(berachot)* vor dem Essen,
- die Quasten *(ziziot)* an den Ecken der Kleidung,
- die Gebetsriemen *(tefillin)* auf Arm und Stirn,
- die Verzehntung *(ma'aser)* von Minze, Dill und Kümmel,
- die Tauchbäder *(tevilah)* beim Eintritt in die Gemeinde,

  und vieles mehr.

Ausleger der Bibel sind sich uneinig darüber, ob Jesus diese mündlichen Überlieferungen prinzipiell ablehnte oder ob er sich daran hielt. Wir werden uns dieser Frage in einem späteren Kapitel genauer widmen.

Midrasch: Die Bibel mit den Augen der Rabbinen lesen

Etwa zur selben Zeit wie die Mischna entstanden auch die ersten „Midraschim" (Mehrzahl von *midrasch*, „Auslegung"). Anders als in der Mischna handelt es sich hier nicht um eine Sammlung von zusätzlichen Geboten oder Bestimmungen, sondern um Auslegungen zu den fünf Büchern Mose. In den Midraschim sind die Bibelauslegungen und Ansichten verschiedener Lehrer des frühen Judentums zusammengetragen. Bibelvers für Bibelvers tragen sie zu jedem Text der Tora gesammelte Aussprüche und Kommentare verschiedener Lehrer aus unterschiedlichen Zeiten zusammen. Typisch für die Midraschim ist, dass es nicht nur eine richtige Auslegung gibt, sondern dass unterschiedliche Meinungen und Auslegungsvorschläge nebeneinander stehen. Der Leser kann sich so sein eigenes Urteil darüber bilden, welche dieser Auslegungen ihm als die plausibelste erscheint. So bilden die Midraschim bis heute eine gute Grundlage für gemeinsames Bibelstudium und angeregte Diskussionen. Ein Beispiel für die Vielfalt der Auslegungen sind etwa die Meinungen zu der Frage, was denn wohl mit den „anderen Göttern" des ersten Gebots gemeint sein könnte:

> Es steht geschrieben: Du sollst keine anderen (hebr. *acharim*) Götter neben mir haben! Was bedeutet das? Es gibt doch eigentlich gar keine anderen Götter. Also ist vielleicht gemeint: „Was andere *(acharim)* Gott nennen, sollst du nicht verehren!" Eine andere Auslegung sagt: Diese Götter sind rückständig *(acharim)*. Denn sie halten das Gute zurück. Eine andere Auslegung sagt: Diese Götter verhalten sich wie Fremde *(acharim)* gegenüber denen, die sie anbeten. Eine andere Auslegung sagt: Sie machen jemand anders *(acharim)* aus uns. Rabbi Eliezer sagt: Warum andere *(acharim)*? Weil die Leute sich jeden Tag wieder andere Götter machen.[12]

In späteren Midraschim werden nicht nur die Gesetze, sondern auch die Erzählungen des Alten Testaments ausgelegt und wir finden darin viele zusätzliche Geschichten aus dem Leben von Abraham, Isaak, Moses und anderen Gestalten des Alten Testaments, die sich so in der Bibel nicht finden. So erfahren wir zum Beispiel etwas über die Kindheit Abrahams und seine Bekehrung zu Gott. Oder auch über die Gespräche zwischen Abraham und Isaak auf ihrem Weg zum Berg Moria, von denen in der Bibel nichts geschrieben steht. Im Bibeltext steht hier lediglich: „Und die beiden gingen miteinander."[13]

Aber im Midrasch erfahren wir, was die beiden dort auf dem Weg miteinander sprachen. Außerdem erfahren wir, dass sie auf dem Weg – so wie Jesus – dreimal von Satan versucht wurden:

> Als sie aber zusammen auf dem Weg waren, erschien der Satan vor Abraham in Gestalt eines alten, weisen Mannes und sprach: Bist du denn verrückt, dass du deinem einzigen Sohn so etwas antun willst? Da hat Gott dir nun im hohen Alter noch einen Sohn gegeben und nun willst du ihn umbringen? Er hat doch nichts Böses getan. Verstehst du nicht, dass so etwas nicht von Gott kommen kann? Abraham aber wusste, dass es der Satan war, der ihn vom Weg Gottes abbringen wollte. Deshalb wies er ihn zurück und der Satan verließ ihn.[14]

Der Satan erscheint daraufhin in ähnlicher Weise noch dem Isaak und schließlich den beiden zusammen. Aber jedes Mal wird er von ihnen zurückgewiesen. Das mag für uns ein ungewöhnlicher und viel zu fantasievoller Umgang mit den Bibeltexten sein. Für die Ausleger der Zeit Jesu handelte es sich hier aber nicht einfach um Erfindungen, sondern um alte Überlieferungen, die genauso alt waren wie die Bibeltexte selbst. Aber sie wurden eben lange Zeit nur mündlich von Generation zu Generation weitergegeben und erst am Ende auch schriftlich festgehalten. Das muss man natürlich nicht glauben. Aber auch wenn man es nicht möchte, kann man aus diesen alten jüdischen Bibelauslegungen noch vieles lernen: Zum einen erhalten wir Anregungen für unser eigenes Verständnis der Bibel, zum anderen bekommen wir aber auch einen lebendigen Einblick in die Gedankenwelt des frühen Judentums. Nicht jede Auslegung der jüdischen Rabbinen ist unbedingt richtiger oder besser als spätere christliche Auslegungen. Aber die Midraschim geben uns in jedem Fall einen einzigartigen Einblick, wie man zur Zeit Jesu die Bibel las und verstand.

Talmud: Einblicke ins Lehrhaus der Rabbinen

Die vielen Ansichten, Lehren und Weisheiten aus Bibel, Mischna und Midrasch wurden von den jüdischen Rabbinen schließlich in einer umfangreichen Gesetzessammlung zusammengestellt, dem Talmud („Belehrung"). Der Talmud ist im Grunde eine kommentierte Ausgabe der Mischna. Er legt die einzelnen Gesetze der Mischna zugrunde und ergänzt sie durch Kommentare, Fallbeispiele, Fragen und Diskussionen der Rabbinen. Hier fließt dann auch Material aus der Bibel und aus den Midraschim ein, sodass sich im Talmud zu allen Gesetzesfragen des Judentums umfangreiches Material zum Studium findet. Es gibt zwei unterschiedliche Ausgaben des Talmuds: Eine frühere, die im Land Israel, und eine spätere, die in Babylonien entstanden ist, wo sich in den ersten Jahrhunderten unserer Zeitrechnung ein wichtiges Zentrum der jüdischen Gelehrsamkeit entwickelt hatte. Der babylonische Talmud wurde im Lauf der Zeit das wichtigste Dokument und bildet bis heute die zentrale Grundlage jüdischer Gesetzeskunde. Die deutsche Ausgabe des Talmud umfasst zwölf dicke Bände und belegt in einem Bücherregal mehr als einen Meter Platz.

Anders als in unseren Gesetzbüchern stehen aber auch im Talmud wieder ganz verschiedene, oft auch gegensätzliche Meinungen, nebeneinander: Man bekommt sozusagen Einblick in das Lehrhaus der Rabbinen und kann ihre Diskussionen zu verschiedenen Themen mitverfolgen. Und weil der Talmud über einen Zeitraum von mehreren Hundert Jahren entstand (etwa 300-800 n. Chr.), diskutieren hier nicht nur Zeitgenossen miteinander, sondern auch verschiedene Generationen von Lehrern mit den jeweiligen Ansichten ihrer Vorfahren.

Missverständnis 21:
Jede Aussage eines jüdischen Rabbis spiegelt die Meinung aller Juden wider.

Hier liegt übrigens auch eine Gefahr für viele Missverständnisse von Christen, die Aussprüche einzelner Rabbinen zitieren, ohne wirklich verstanden zu haben, wie Mischna, Midrasch und Talmud aufgebaut sind: Nicht selten wird der Ausspruch eines Rabbis zitiert, um den Predigthörern zu erklären, „was Juden damals dachten". Aber dabei übersieht man, dass es sich oft nur um die Stimme eines einzelnen Lehrers handelt, die vielleicht sogar nur deshalb zitiert wird, weil sie besonders ungewöhnlich oder besonders extrem war. Weiter oben (S. 48) haben wir bereits von den beiden Rabbis gehört, die sich über die Schulbildung von Frauen unterhielten. Der eine verbietet sie, für den anderen ist sie eine religiöse Pflicht. Man sollte also nicht den Fehler machen, die eine oder die andere Meinung als Beleg für die „jüdische Sicht zur Stellung der Frau" anzuführen. Ebenso wenig würde man behaupten, dass eine Predigt des Papstes oder ein Buch von Rob Bell immer die Meinung aller Christen widerspiegelt.

Jüdische Lehrer jenseits des Mainstreams

In der Mischna, im Midrasch und im Talmud finden wir also die gesammelten Überlieferungen der jüdischen Rabbinen, angefangen von der Zeit Jesu bis hinein ins frühe Mittelalter. Diese Schriften sind für das spätere Judentum verbindlich geworden, so wie das Neue Testament für die Christen. Die Literatur der Rabbinen spiegelt aber natürlich nur einen Teil des Judentums zur Zeit Jesu wieder. Es ist, so kann man mit einiger Sicherheit sagen, der „Mainstream". Vertreten wurde er zur Zeit Jesu vor allem durch die Volksbewegung der Pharisäer, die sich bei der Bevölkerung großer Beliebtheit erfreute. Neben den Pharisäern gab es aber auch noch andere Gruppen, von denen wir im Neuen Testament weniger erfahren. Nur am Rande etwa lernen wir etwas über die Sadduzäer, die vor allem in Jerusalem rund um den Tempel großen Einfluss hatten und aus deren Reihen die Hohepriester ausgewählt wurden. Von den Sadduzäern sind uns allerdings kaum Schriften erhalten, sodass wir über ihre Lehren und ihr Leben nur wenig wissen.[15]

Jüdische Schriften aus der griechischen Welt

Weitere Informationen erhalten wir aus anderen Quellen. Manche dieser Quellen stehen der Zeit Jesu sogar näher als die rabbinischen Schriften. Etwa die vielen griechischen Texte, die in der Zeit zwischen Altem und Neuem Testament entstanden sind. Darunter befinden sich umfangreiche Texte wie das „Buch Henoch“ oder das „Buch der Jubiläen“, in denen die Abläufe und Hintergründe der Weltgeschichte in ähnlicher Weise beschrieben werden wie im neutestamentlichen Buch der Offenbarung. Solche Schriften nennt man im Fachjargon „Pseudepigraphen“, was auf deutsch so viel heißt wie „anonyme Schriften, die unter dem Namen berühmter biblischer Personen veröffentlicht wurden“. Da gibt es etwa vermeintliche Testamente von Moses, Abraham und Adam, aber auch Berichte von himmlischen Entdeckungsreisen des Jesaja und des Baruch. Diese Schriften gewähren uns Einblicke in eine andere Art von Judentum. Sie waren weniger am konkreten Gesetzesgehorsam im Alltag interessiert, dafür aber umso mehr an himmlischen Realitäten, Engeln und Dämonen – und vor allem an den Ereignissen der Endzeit. Die meisten dieser Schriften sind heute im Internet frei verfügbar.[16] Des Weiteren haben wir noch die Schriften des jüdischen Philosophen Philo und des Historikers Josephus. Philo von Alexandria lebte etwa zur gleichen Zeit wie Jesus. Er verband die Lehren des Judentums mit den Lehren von Plato und Aristoteles, um sie seiner nichtjüdischen Umwelt nahezubringen. Von ihm sind uns viele wertvolle Beschreibungen des jüdischen Alltags und Glaubens erhalten. Seine Ansichten unterscheiden sich allerdings oft von denen der traditionellen jüdischen Lehrer in Israel. Josephus Flavius lebte etwa eine Generation nach Jesus. Er kämpfte als jüdischer Anführer im Krieg gegen die Römer, geriet jedoch in Kriegsgefangenschaft und verbrachte dann nach Kriegsende seinen Lebensabend als Schriftsteller in Rom. Er ist unsere genaueste Quelle für die Geschichte, Geographie und Politik zur Zeit Jesu. Allerdings schreibt er seine Berichte etwa 20 Jahre nach der Zerstörung des Tempels – und das in Rom. Seine Lebenswelt ist, ebenso wie die von Philo, nicht mehr die Alltagswelt eines durchschnittlichen Juden im Land Israel. Insgesamt kann man also sagen: Die griechischen Schriften aus dem Judentum der Zeit Jesu sind zwar eine wertvolle Informationsquelle für uns, doch handelt es sich um Einzelstimmen mit einer jeweils besonderen Färbung. Im Gegensatz zu den rabbinischen Schriften spiegeln sie nicht die alltägliche Normalität des jüdischen Alltags in Israel wider, sondern öffnen nur bestimmte Fenster auf einzelne Aspekte dieses Alltags.

Eine jüdische Bibliothek aus dem ersten Jahrhundert

Eine letzte, auf ihre Art ebenfalls einzigartige Informationsquelle über das Judentum der Zeit Jesu ist die erst im letzten Jahrhundert entdeckte Bibliothek der Essener. Im Neuen Testament werden die Essener zwar nicht ausdrücklich erwähnt, aber schon Josephus und Philo berichten uns, dass diese neben den Pharisäern und den Sadduzäern die dritte wichtige Gruppe im Judentum darstellten. Weltweiten Ruhm aber erlangten sie erst, als im Jahr 1947 eine ganze Bibliothek von essenischen Schriften in den Höhlen von Qumran am Toten Meer entdeckt wurde. Dieser Fund war von einzigartiger Bedeutung für die Erforschung des Judentums zur Zeit Jesu. Denn zum ersten Mal hatte man hier jüdische Bücher und Schriften, die nicht erst aus späteren Jahrhunderten stammten, sondern die tatsächlich zur Zeit Jesu selbst entstanden waren.

Hintergrund: Die Schriftfunde von Qumran

Die Texte vom Toten Meer unterscheiden sich in zweifacher Hinsicht von den Texten des rabbinischen Judentums. Zum einen stammen sie aus einer deutlich früheren Zeit und sind damit echte Zeitzeugen aus der Zeit Jesu. Unter den Funden befand sich unter anderem ein Originalbrief des „Lehrers der Gerechtigkeit", des Begründers der Gemeinschaft von Qumran, aus dem 2. Jahrhundert v. Chr., in dem er seine Beweggründe für die Trennung von der Führung in Jerusalem darlegt. Die meisten anderen Texte stammen ebenfalls aus der Zeit zwischen 200 und 50 v. Chr., einige aber auch aus späterer Zeit, zum Teil bis 70 n. Chr. In anderen Höhlen in der Nähe fand man sogar noch Briefe des jüdischen Widerstandskämpfers Bar Kochba (ca. 135 n. Chr.) und eine Reihe von persönlichen Habseligkeiten, Dokumenten und Verträgen anderer Personen, die hier im Krieg versteckt wurden.

Der zweite Unterschied zwischen den Schriften von Qumran und den Schriften des rabbinischen Judentums ist aber ihr Inhalt. Anders als bei Mischna und Talmud handelt es sich hier nicht um Texte, die für das spätere Judentum verbindlich wurden. Sie spiegeln auch nicht den jüdischen Mainstream zur Zeit Jesu wider, sondern stellen eine jüdische Gruppe dar, die in vielen Fragen des Lebens, Glaubens und der Gesetzesauslegung anders dachte als die Mehrheit des Volkes. Wir können daher in den Schriftfunden von Qumran zwar viele interessante Detailinformationen und Parallelen zum Neuen Testament entdecken, einen Einblick in das normale jüdische Alltagsleben geben sie uns aber leider nicht. Diese finden wir dann erst später in den Schriften des rabbinischen Judentums.

Als die Schriftrollen von Qumran in den 1950er-Jahren erstmals der breiteren Öffentlichkeit bekannt wurden, entdeckte man sofort viele überraschende Parallelen zwischen den Essenern und den ersten Christen. So hatte etwa Johannes der Täufer ganz in der Nähe von Qumran seine Wirkungsstätte gehabt und auch die Essener waren für ihre häufigen Tauchbäder bekannt gewesen. So lebten nicht nur die Essener in Gütergemeinschaft, sondern auch die ersten Christen. Sie erwarteten wie die ersten Christen das nahe Ende der Welt. Sie nannten sich „Söhne des Lichts" und unterschieden sich so von den „Söhnen der Finsternis". Beide Bezeichnungen finden wir auch bei Jesus und Paulus. Das erste Versammlungshaus der Urgemeinde, in dem Jesus auch das letzte Abendmahl gefeiert hatte, lag in einem Viertel von Jerusalem, in dem viele Essener lebten. Und so gab es vermutlich durchaus enge Beziehungen zwischen den ersten Christen und den essenischen Gruppen. Aber insgesamt steht Jesus in seiner Botschaft, seiner Art zu reden und zu lehren den Lehrern des rabbinischen Judentums viel näher als den Essenern.

Insgesamt haben wir heute also eine ganze Anzahl von sehr unterschiedlichen Informationsquellen über den Alltag und den Glauben von Juden zur Zeit Jesu. Das fängt an mit dem Alten Testament, der jüdischen Bibel. Sie war für viele Juden das wichtigste Buch. Aber wir dürfen auch nicht vergessen, dass es eigentlich aus einer viel früheren Zeit stammt. Und nicht alles, was im Alten Testament steht, spiegelt deshalb auch die Zeit Jesu wider. Die sogenannten „Pseudepigraphen", aber auch die Schriften aus Qumran öffnen uns jeweils Fenster in verschiedene Gruppierungen des Judentums und ihre Lehren, und mit Philo und Josephus sind uns interessante jüdische Einzelstimmen erhalten. Die deutlichsten Parallelen zu dem, was wir im Neuen Testament lesen, finden wir dann allerdings in den Schriften des rabbinischen Judentums: in Mischna, Talmud und Midrasch. Das ist auf den ersten Blick verwunderlich, weil gerade diese Schriften nicht zur Zeit Jesu selbst entstanden sind, sondern zum Teil erst sehr viel später. Doch betrachtet man ihre Entstehungsgeschichte etwas genauer, begreift man die Nähe zum Neuen Testament: Denn die Lehren, die hier gesammelt wurden, gehen auf die pharisäischen Lehrer zurück, die zur Zeit Jesu die prägende und bestimmende jüdische Gruppierung war.[17] Hier begegnet uns also, anders als in den anderen Schriften, die Stimme der breiten Bevölkerung, auch wenn sie erst spät schriftlich festgehalten wurde. Hier begegnet uns der Alltag, der in einem normalen jüdischen Dorf herrschte. Und hier begegnen uns die Ansichten der großen Lehrer, die für das Judentum bis heute prägend sind. Und deshalb sind gerade diese Schriften unser erster Anhaltspunkt, wenn wir die jüdische Welt Jesu besser kennenlernen wollen.

Die jüdischen Lehrer und ihre Gleichnisse

Ein deutliches Beispiel für diese einzigartige Nähe zwischen Jesus und den rabbinischen Lehrern sind etwa die Gleichnisse: Sie finden sich nur im Neuen Testament und in der Literatur des rabbinischen Judentums, aber weder in den Texten von Qumran noch in irgendwelchen anderen alten jüdischen Texten aus dieser Zeit.

Jesus liebte es, seine Botschaft in Gleichnissen zu erzählen. Etwa ein Drittel seiner überlieferten Worte sind Gleichnisse. Und auch das hatte er mit den jüdischen Lehrern seiner Zeit gemeinsam. Das Gleichnis *(maschal)* gehörte zu den wichtigsten Lehrmethoden der Rabbinen. Die bildhafte Sprache der Gleichnisse machte es möglich, den Menschen auch schwierige Sachverhalte – und vor allem das letztlich unbegreifliche Wesen des unsichtbaren Gottes – begreiflich zu machen und in die Alltagswelt der Menschen zu holen.

> Rabbi Chanina sagte: Es gleicht einem tiefen Brunnen, voll mit frischem, süßen Wasser. Niemand konnte aus ihm trinken, weil er zu tief war. Aber da kam jemand und knüpfte einen Strick an den anderen, ein Seil an das andere. So schöpfte er Wasser aus dem Brunnen und trank es. Und andere ka-

> men ebenfalls und tranken. So tat es auch König Salomo: Von Wort zu Wort, von Gleichnis zu Gleichnis machte er das Geheimnis der Tora greifbar. … Mithilfe von Gleichnissen erhielt Salomo Zugang zu den Worten der Tora. Deshalb lehrten die Rabbinen: Verachte das Gleichnis nicht, denn mit seiner Hilfe kann jedermann Zugang zu den Worten der Tora finden.[18]

In der Literatur der Rabbinen findet sich eine große Anzahl solcher Gleichnisse: Eine neuere Zusammenstellung zählt insgesamt über 800 Gleichnisse, im Vergleich zu den etwa 80 im Neuen Testament. Viele dieser Gleichnisse handeln von ganz ähnlichen Themen wie die Gleichnisse Jesu. Da geht es um Könige und ihre Knechte, um Schuldner und Gläubiger, um Hochzeitsfeiern, um Arbeiter im Weinberg, um verlorene Schafe und um Bauern, die ihre Saat ausstreuen. Oft erinnern sie sogar im Wortlaut an die Gleichnisse, die auch Jesus erzählte:

> Rabbi Simeon ben Eleazar erzählte ein Gleichnis: Womit kann man es vergleichen? Mit einem König, der Arbeiter einstellte. Die ersten arbeiteten den ganzen Tag und erhielten einen Dinar. Andere arbeiteten nur eine Stunde, und doch erhielten sie auch einen Dinar. Wen von ihnen liebte der König mehr? Etwa denjenigen, der nur eine Stunde arbeitete und dafür dennoch einen Dinar erhielt? Nein! Auch Moses, unser Lehrer, diente Israel 120 Jahre, Samuel jedoch nur 52 Jahre. Dennoch sind beide gleich vor dem Allmächtigen. Deswegen werden sie in der Schrift nebeneinander genannt.[19] Und sie sind gemeint, wenn die Schrift sagt (Prediger 5,12): Süß ist der Schlaf des Arbeiters, gleich ob er viel oder wenig gearbeitet hat.[20]

Natürlich sind die Lehren, die die Rabbinen aus ihren Gleichnissen ziehen, oft ganz andere, auch wenn die Geschichten sich ähneln. Man sollte aber nicht den Fehler machen, immer gleich nach dem Haar in der Suppe zu suchen. In manchen Bibelkommentaren wird etwa das folgende Gleichnis zitiert als ein Beweis dafür, dass im Judentum, anders als im Gleichnis von Jesus, die Leistung des Arbeiters zählt und nicht die Großzügigkeit des Arbeitgebers:

> Womit kann man Rabbi Bun bar Chaya vergleichen? Mit einem König, der viele Arbeiter einstellte. Einer von ihnen war besonders geschickt. Was tat der König also? Er nahm ihn zur Seite und ging mit ihm auf den Feldern spazieren. Am Abend kamen die Arbeiter, um ihren Lohn zu erhalten. Und auch der, mit dem er spazieren gegangen war, erhielt den vollen Lohn eines Tages. Da beschwerten sich die anderen Arbeiter: Wir haben den ganzen Tag gearbeitet und der König gibt ihm den gleichen Lohn wie uns? Da antwortete der König: Er hat in zwei Stunden mehr getan als ihr am ganzen Tag! So hat auch Rabbi Bun ben Chaya nur 28 Jahre gearbeitet, aber er hat dabei mehr getan als ein großer Gelehrter in hundert Jahren hätte tun können.[21]

Schnell liest man dieses Gleichnis durch die Brille des Klischees von der jüdischen „Werkgerechtigkeit". Schaut man sich jedoch den Kontext an, in dem das Gleichnis erzählt wird, merkt man, dass das Klischee täuscht: Das Gleichnis wurde bei einem traurigen Anlass erzählt, nämlich bei der Beerdigung von Rabbi Bun bar Chaya, der schon mit 28 Jahren verstarb. Es sollte keine trockene Lehre über Werkgerechtigkeit sein, sondern die Familie und Freunde trösten und ihnen deutlich machen: Es ist gerade nicht die Menge der Arbeit, die zählt, sondern die Qualität der Lebenszeit und die Beziehung zu Gott. Hier wäre sich Jesus mit dem Erzähler des Gleichnisses also sicher einig gewesen.

In anderen Fällen gehen die Gleichnisse, die Jesus erzählt, sogar weniger gut aus als die entsprechenden Gleichnisse der Rabbinen. Im Gleichnis von den beiden Schuldnern etwa, das Jesus erzählt, landet der Schuldner, der seine Schulden nicht bezahlen kann, am Ende im Kerker bei den Folterern.[22] Ganz anders verläuft ein Gleichnis, das wir im Midrasch finden. Es könnte fast ein Bildwort dafür sein, was Gott in Jesus für uns tat:

> Womit kann man es vergleichen? Mit einem König, dem jemand einen großen Geldbetrag schuldete. Er wurde zum König gerufen, um Abrechnung zu machen. Aber er konnte nicht zahlen. Da ließ ihn der König noch einmal rufen. Aber er konnte wieder nicht zahlen. Und auch beim dritten Mal konnte er nicht zahlen. Was tat der König? In der Nacht verkleidete er sich als Bürger und ging in die Stadt zum Haus des armen Mannes. Er warf ihm heimlich einen Beutel mit Gold durch sein Fenster und verschwand wieder. Der Mann fand am nächsten Morgen den Beutel und freute sich. Als er wieder zum König gerufen wurde, um Abrechnung zu machen, bezahlte er seine Schuld. So bekam der König sein Geld und der Mann war frei von seinen Schulden.[23]

Der Platz reicht leider nicht, um hier noch weitere Gleichnisse der Rabbinen zu zitieren. Aber bereits diese wenigen Beispiele verdeutlichen, wie eng Jesus mit der Welt der jüdischen Lehrer verbunden war. Dabei geht es nicht darum, ob der eine beim anderen seine Ideen „geklaut“ hat. Auch, wenn die einzelnen Gleichnisse sich oft sehr ähnlich sind, dürfen wir nicht davon ausgehen, dass Jesus ganz bewusst Gleichnisse zitiert und verändert, die wir in der rabbinischen Literatur finden. Andererseits können wir auch nicht davon ausgehen, dass die Rabbinen, deren Gleichnisse ja alle erst viel später aufgeschrieben wurden, die Kunst des Gleichnisses erst von Jesus gelernt hätten. Vielmehr schöpften beide, Jesus und die jüdischen

Lehrer, aus einer gemeinsamen alten Tradition jüdischer Gleichniserzählung, die schon in der Bibel beginnt und dann sicher schon in vorchristlicher Zeit eine Blüte erlebte. Jesus wird solche Gleichnisse schon als kleiner Junge in der Schule gelernt haben. Und er hat sich entschieden, sie zum wichtigsten Werkzeug seiner eigenen Verkündigung zu machen.

Zum Weiterlesen

Eine grundlegende, aber auch wissenschaftlich anspruchsvolle Einführung in die jüdischen Gleichnisse hat der jüdische Professor David Flusser geschrieben.[24] In der gleichen Reihe erschienen seitdem viele weitere Bände anderer Autoren, in denen rabbinische Gleichnisse zusammengestellt wurden.[25]

Außerdem empfehlenswert ist das *Kompendium der Gleichnisse Jesu* von Reuben Zimmermann, eine systematische Sammlung aller neutestamentlichen Gleichnisse, zu denen dann jeweils auch vergleichbare jüdische Texte genannt werden, allerdings alles auf hohem wissenschaftlichem Niveau.[26]

Eine kürzere, leicht verständliche und unterhaltsam zu lesende Darstellung kommt von der Schweizer Autorin Susanne Schmidt-Grether.[27] In englischer Sprache seien zudem zwei Bücher von Brad Young empfohlen, die auf eine gute und leicht verständliche Weise in die Welt der Gleichnisse einführen.[28]

Im Jahr 2012 erschien erstmals eine ausführliche und übersichtliche Textsammlung mit über 400 rabbinischen Gleichnissen in englischer Übersetzung.[29] Eine vergleichbare Sammlung in deutscher Sprache gibt es leider noch nicht.

Das Joch des Reiches Gottes auf sich nehmen

Jesus lädt seine Zuhörer ein, zu ihm zu kommen und sein Joch zu tragen:

> Kommt her zu mir, alle, die ihr mühselig und beladen seid; ich will euch erquicken. Nehmt auf euch mein Joch und lernt von mir; denn ich bin sanftmütig und von Herzen demütig; so werdet ihr Ruhe finden für eure Seelen. Denn mein Joch ist sanft, und meine Last ist leicht.[30]

In vielen christlichen Auslegungen wird diese Einladung Jesu so verstanden, dass man ein anderes Joch ablegen und stattdessen das Joch von Jesus tragen soll. Was aber ist dieses andere, schwere Joch? Natürlich das Joch des Judentums, das schwer und kaum erträglich ist. Oder das Joch des Gesetzes, das den Juden auf den Schultern lastet und sie unterdrückt. Oder das Joch anderer Rabbis.

Aber von all dem ist in der Einladung von Jesus gar nicht die Rede. Es ist überhaupt nicht von einem anderen Joch die Rede, das schlechter oder schwerer ist und das man ablegen soll. Das ist also vielleicht auch gar nicht der Punkt, um den es Jesus geht. Was also ist gemeint mit dem Joch, das man auf sich nehmen soll? Sucht man in der Literatur der jüdischen Rabbinen nach dem Wort „Joch", so wird man schnell fündig: Das wichtigste Joch, das ein Mensch auf sich nehmen kann, ist das Joch des Reiches Gottes. In der Sprache der Rabbinen wird es „Königsherrschaft der Himmel" (hebr. *malkut schamajjim*) genannt. Luther hat es mit „Himmelreich" übersetzt und damit dem verbreiteten Missverständnis Vorschub geleistet, als ginge es hier um eine jenseitige himmlische Welt, eine Art „Land hinter dem Regenbogen". Aber im jüdischen Verständnis ist etwas anderes gemeint: Der „Himmel" ist keine Ortsangabe, sondern eine Personenbezeichnung: gemeint ist Gott selbst. Und das „Reich" ist ebenfalls keine Ortsangabe, sondern eine Tätigkeit: Die Ausübung und Anerkennung der Regierung.

Missverständnis 22:
Das „Himmelreich“ ist (nur) im Himmel, das Reich Gottes (nur) auf der Erde.

Luthers „Himmelreich“ ist also eigentlich die Herrschaft Gottes. Lukas und Markus ersetzen den jüdischen Begriff durch eine Formulierung, die für Nichtjuden besser zu verstehen ist: Das „Reich Gottes“ oder die „Herrschaft Gottes“. Gemeint ist aber mit beidem das Gleiche: Gottes Regierung ist im Himmel schon immer eine Realität. Aber auf der Erde wird sie (noch) nicht überall und von allen anerkannt. Nur wer die Herrschaft Gottes anerkennt und ihr Joch „auf sich nimmt“, der akzeptiert die Herrschaft des Himmels auch auf der Erde. Auf diese Weise kommt zwar nicht der Himmel auf die Erde (das wäre ein Bild, das der Bibel fremd ist), aber die Herrschaft des Himmels erstreckt sich dann auch auf die Erde. Jesus hat dies ausgedrückt in der bekannten Bitte des Vaterunsers: „Deine Herrschaft komme, und dein Wille geschehe, wie (schon jetzt) im Himmel, so (ab jetzt) auch auf der Erde.“[31]

Das Joch der himmlischen Königsherrschaft ist für die Lehrer des Judentums ein zentrales Anliegen. Es ist sogar noch wichtiger als das Joch der Gebote, das man natürlich auch auf sich nehmen soll:

> Rabbi Josua ben Korcha sagte: Warum liest man (in der Bibel und beim täglichen Gebet) zuerst die Passage „Höre, Israel, der Herr ist unser Gott, der Herr allein!“[32], und dann erst die Passage „Wenn ihr auf meine Gebote hört …“?[33] Damit man zuerst das Joch der himmlischen Königsherrschaft auf sich nimmt und danach erst das Joch der einzelnen Gebote.[34]

Wie nimmt man aber das Joch der himmlischen Königsherrschaft auf sich? Indem man die Herrschaft des Königs über sein Leben akzeptiert. In der jüdischen Tradition geschieht das am Anfang des Lebens mit der Beschneidung und dann jeden Tag neu zu Beginn und am Ende des Tages durch das Aussprechen des zentralen Glaubensbekenntnisses: „Höre, Israel" *(schma Israel)*. Damit wird Gottes Königsherrschaft auf der Erde und im Leben eines Menschen anerkannt. Und wenn das geschehen ist, dann nimmt man anschließend auch das „Joch der einzelnen Gebote" auf sich. Man verpflichtet sich also, nach dem Willen des Königs zu leben, dessen Herrschaft man akzeptiert hat. Das Joch der himmlischen Königsherrschaft bedeutete aber zugleich auch eine Befreiung, nämlich vom Joch der Sklaverei anderer Herrscher:

> Gott sagt: Im ersten Monat sollt ihr das Passafest feiern! Das kann man vergleichen mit einem König, der seinen Sohn aus der Gefangenschaft befreit und dann sagt: Feiert ab jetzt jedes Jahr ein Fest, um den Tag zu feiern, an dem mein Sohn von der Finsternis ins Licht, vom eisernen Joch zum Leben, von der Sklaverei in die Freiheit und von Gefangenschaft zur Erlösung fand! … So fand Israel von einem Joch aus Eisen zum Joch der Tora.[35]

Das „Joch der himmlischen Königsherrschaft abzuschütteln" war eine Umschreibung für den Abfall vom Glauben, es bedeutete so viel wie Gottes Bund mit Abraham zu widerrufen, sich von Gott abzuwenden und die Beschneidung rückgängig zu machen.[36] Wer das Joch der Königsherrschaft abschüttelte, der ordnete sich damit freiwillig wieder dem Joch anderer, zerstörerischer Mächte unter:

> Rabbi Halafta aus Kfar Hananja sagte: Wer das Joch der himmlischen Königsherrschaft auf sich nimmt, der wird frei vom Joch irdischer Herrscher und irdischer Belange. Aber wer das Joch der himmlischen Königsherrschaft abwirft, der gerät unter das Joch irdischer Herrscher und irdischer Belange.[37]

Für Jesus war die Botschaft von der Königsherrschaft Gottes ebenso zentral wie für die Lehrer seiner Zeit. Seine erste Predigt handelte vom Kommen dieser Königsherrschaft und gleich danach forderte er die Umkehr, die Veränderung des Lebens.[38] Denn wer einen König als König anerkennt, der sollte auch nach seinem Willen leben. Hier war sich Jesus mit den Lehrern seiner Zeit einig. Manche Bibelausleger vermuten allerdings, dass Jesus sich mit seiner Einladung, das „leichte Joch" auf sich zu nehmen, ganz bewusst von anderen Lehrern abgrenzen wollte, die ein anderes, schwereres Joch anboten:

> Unterschiedliche Rabbis hatten unterschiedliche Regelwerke, und zwar richtig unterschiedliche Listen dessen, was sie verboten und was sie erlaubten. Diese Regeln und Listen des Rabbis, die Auslegung dieses Rabbis, wie man die Tora in die Tat umzusetzen hatte, wurden als das „Joch" des Rabbis bezeichnet. Wer einem bestimmten Rabbi folgte, tat das, weil er der Meinung war, dass dessen Interpretation dem Willen Gottes am nächsten kam. Und wer einem Rabbi folgte, trug dessen Joch. … Die meisten Rabbis übernahmen und lehrten das Joch eines angesehenen Rabbis vor ihnen. Wenn man also eine Synagoge besuchte und der Rabbi (Gesetzeslehrer) dort predigte, hörte man womöglich, dass dieser Rabbi im Namen des Rabbi Soundso predigte. War man also mit dem Joch des Rabbi Soundso vertraut, wusste man, was man von diesem Rabbi zu erwarten hatte. Dann und wann kam ein Rabbi, der ein neues Joch lehrte. Das war selten und ungewöhnlich. Das muss man sich mal vorstellen: Ein Rabbi behauptet, sein Verständnis der Heiligen Schrift sei näher an Gottes Absichten als alles, was die Rabbis vor ihm meinten. Eine neue Sichtweise der Heiligen Schrift.[39]

Dieser „andere Rabbi", von dem hier die Rede ist, ist natürlich Jesus. Aber ist das wirklich das, was Jesus mit seinem Bild vom „Joch" sagen wollte? Dass er eine neue Sichtweise der Heiligen Schrift lehrt, die sich von der Sichtweise aller anderen Rabbis unterscheidet? Diese Idee ist zwar weit verbreitet, aber ich glaube, sie ist dennoch ein Missverständnis.

Missverständnis 23:
Jesus wollte die Menschen vom Joch des Judentums, vom Joch des Gesetzes oder vom Joch anderer Rabbis befreien und bot ihnen ein anderes, leichteres Joch an.

Vielleicht habe ich nicht intensiv genug gesucht, aber ich habe in der gesamten Literatur der Rabbinen keinen Beleg dafür gefunden, dass irgendjemand damals vom „Joch eines Rabbis“ gesprochen hat. Es gibt überall nur das schon erwähnte „Joch der himmlischen Königsherrschaft“, das oft mit dem „Joch der Tora“[40] gleichgesetzt und an einer Stelle auch ganz schlicht „Gottes Joch“[41] genannt wird. Es bedeutet, dass man ganz grundsätzlich die Herrschaft Gottes anerkennt. Daneben gibt es das „Joch der Gebote“, das besagt, dass man Gottes Weisungen folgen will. Und schließlich gibt es noch das „Joch der Umkehr“ oder das „Joch der Bekehrung“[42], wenn ein Sünder zurückkehrt zu Gott. Diesen stehen als negative Alternativen das schon genannte „Joch irdischer Herrscher“, das „Joch irdischer Belange“ und das „Joch von Menschen“ gegenüber, unter die man gerät, wenn man Gottes Joch abschüttelt.[43]

Wenn Jesus also von „seinem Joch“ redet, dann grenzt er sich damit nicht von anderen Lehrauffassungen oder anderen Lehrern ab. Er sagt auch nicht, dass er eine neue Lehre oder eine neue Auslegung bringt, die „leichter“ ist als andere. Schon ein oberflächlicher Zuhörer der Bergpredigt hätte verstanden, dass Jesus die Gebote Gottes nicht entschärfen wollte, sondern eher noch radikaler auslegte als andere. Nein, darum ging es nicht. Es gibt nur zwei Möglichkeiten, was Jesus hier meinen konnte: Entweder wollte er seine Zuhörer auffordern, das „Joch der himmlischen Königsherrschaft", also das „Joch der Tora", abzuwerfen und sich stattdessen einem anderen, menschlichen Joch zu unterwerfen. Das aber halte ich für sehr unwahrscheinlich. Oder er redet hier von dem einen, dem guten und leichten Joch, von dem auch die anderen jüdischen Lehrer seiner Zeit redeten: Nämlich vom Joch der himmlischen Königsherrschaft. Dieses nämlich ist, nach der Lehre der Rabbinen, ein „leichtes Joch", das die Freiheit bringt, im Gegensatz zum „eisernen Joch" irdischer Herrscher und Sklaventreiber.

Das Überraschende an der Einladung von Jesus war dann aber nicht ein Aufruf, das bisherige Joch anderer Rabbis abzuwerfen und stattdessen ein neues und leichteres, nämlich seines, aufzunehmen. Das eigentlich Überraschende war vielmehr, dass er das bekannte „Joch der Königsherrschaft" einfach als „mein Joch" bezeichnete. Hier ging es also nicht um eine neue Lehre, sondern um seine Person: Jesus selbst beanspruchte mit dieser Einladung nicht mehr und nicht weniger, als selbst der Herrscher des „himmlischen Königreichs" zu sein. Der König im nahegekommenen Reich Gottes. Sein Joch war identisch mit dem Joch des himmlischen Königs.

Die Mitte der Tora

Eine Frage, die die jüdischen Lehrer ebenfalls stark beschäftigte, war die Frage nach der Mitte der Tora. Wie konnte man das, was in diesem „Grundgesetz" des Volkes Israel niedergelegt war, in wenigen Worten zusammenfassen? Die Tora bestand ja nicht nur aus Gesetzen und Vorschriften, sondern auch aus einer Geschichte, die sich wie ein roter Faden vom Anfang der Welt über Abraham, Moses, David und Jesaja bis in die Zukunft hineinzog. Und sie enthielt viele Verheißungen und Versprechen Gottes, die zur Zeit Jesu noch unerfüllt waren. Die Frage nach einer griffigen Zusammenfassung oder auch nach dem geheimen Kern der Tora beschäftigte die jüdischen

Lehrer. Im Neuen Testament begegnet uns die Frage mehrmals als die Frage nach dem „höchsten Gebot". Weiter vorn haben wir schon den berühmten Ausspruch von Rabbi Hillel gehört, der die ganze Tora in einem Satz zusammenfasste, während sein Zuhörer auf einem Bein stand: „Was dir verhasst ist, das tue deinem Nächsten nicht an. Das ist die ganze Tora. Alles andere ergibt sich daraus. Geh hin und fang an zu lernen."[44]

Rabbi Akiba, der eine Generation später lebte, sagte: „Liebe deinen Nächsten wie dich selbst. Das ist das höchste Gebot der Tora (hebr. *klal gadol ba-torah*)."[45]

Diese Meinung finden wir auch im Neuen Testament bei Paulus und bei Jakobus, die sich sonst bekanntlich ganz und gar nicht immer einig waren.[46] Jesus hingegen gibt, wenn er nach dem höchsten Gebot gefragt wird, verschiedene Antworten. Einmal nennt er eine Regel, die an die „Tora auf einem Bein" des Hillel erinnert.[47] Ein anderes Mal antwortet er ähnlich wie Akiba, Paulus und Jakobus, stellt aber das „Höre, Israel" noch vor das Gebot der Nächstenliebe:

> Und einer von ihnen, ein Schriftgelehrter, prüfte ihn und fragte: Lehrer, welches ist das höchste Gebot im Gesetz? Jesus aber antwortete ihm: „Du sollst den Herrn, deinen Gott, lieben von ganzem Herzen, von ganzer Seele und von ganzem Gemüt." Dies ist das höchste und größte Gebot. Das andere aber ist dem gleich: „Du sollst deinen Nächsten lieben wie dich selbst" (3. Mose 19,18). In diesen beiden Geboten hängt das ganze Gesetz und die Propheten.[48]

Manche christliche Bibelleser verstehen die Frage nach dem „höchsten Gebot" so, als gehe es um ein Gebot, das höher steht als alle anderen und das deshalb im Zweifelsfall die anderen Gesetze aushebelt. In ethischen Fragen wird deshalb oft das Gebot der Nächstenliebe gegen andere Gebote des Gesetzes ausgespielt. Mit anderen Worten: Alles, was man aus Liebe tut, ist erlaubt. Denn Liebe ist ja das höchste Gebot. Und umgekehrt: Alles, was mir lieblos erscheint, ist bestimmt nicht Gottes Wille. Wenn zum Beispiel zwei Menschen sich lieben, obwohl sie mit anderen Partnern verheiratet sind, dann muss doch die Liebe zwischen ihnen höher stehen als die Verbote der Ehescheidung oder des Ehebruchs. Nur die Liebe zählt? Wer die Frage nach dem „höchsten Gebot" so auslegt, der hat Jesus und die jüdischen Lehrer (wieder einmal) gründlich missverstanden.

Missverständnis 24:
Jesus sprach vom „höchsten Gebot" und machte damit alle anderen Gebote überflüssig.

Bei der jüdischen Frage nach dem „höchsten Gebot" geht es nicht darum, ein Gebot gegen die anderen auszuspielen. Es geht vielmehr darum, ein Gebot zu finden, in dem alle anderen zusammengefasst werden. Durch das „höchste Gebot" werden die anderen Gebote also nicht überflüssig oder zweitrangig, sondern bestätigt: Gerade weil Nächstenliebe so wichtig ist, sind in der Bibel Ehebruch und Ehescheidung keine beliebigen Optionen. Das „höchste Gebot" ist nicht der „kategorische Imperativ", nach dem Immanuel Kant suchte. Und es ist auch nicht das Gesetz allgemeiner Freiheit, Gleichheit und Brüderlichkeit, das in der französischen Revolution an die Stelle einer biblisch begründeten Ethik treten sollte. Das höchste Gebot ist eine Zusammenfassung der Tora, keine Reduktion auf das Minimum. Dieser Gedanke wird in einem anderen Text aus dem Talmud deutlich, in dem verschiedene Zusammenfassungen der Tora aus der Bibel abgeleitet werden:

> Rabbi Simlai sagte: 613 Gebote wurden Moses gegeben, darunter 365 negative Verbote, eins für jeden Tag des Jahres, und 248 positive Vorschriften, eins für jedes Körperteil des

Menschen. ... David aber kam und fasste sie alle in elf Gebote zusammen (es wird Ps. 15 zitiert). Als Nächstes kam Jesaja und fasste sie in sechs Geboten zusammen (es wird Jes. 33,15 zitiert). Micha kam und fasste die Tora in drei Geboten zusammen: „Es ist dir gesagt, Mensch, was gut ist und was der HERR von dir fordert, nämlich Gottes Wort halten und Liebe üben und demütig sein vor deinem Gott."[49] Jesaja kam noch einmal und fasste die Tora in zwei Geboten zusammen: „So spricht der HERR: Wahret das Recht und übt Gerechtigkeit."[50] Schließlich kam Amos und fasste alles in einem Gebot zusammen: „Suchet mich, und ihr werdet leben!"[51] Rabbi Nachman sagte: Könnte man diesen Satz nicht auch so verstehen: „Suchet mich, indem ihr die ganze Tora haltet, dann werdet ihr leben"? Habakuk aber fasste alles in einem Grundsatz zusammen: „Der Gerechte wird aus Glauben leben."[52]

Der oft von Christen empfundene Gegensatz zwischen Gesetz und Glaube ist also dem Judentum unbekannt. Vielmehr kann man die Tora in dem Wort „Nächstenliebe" ebenso zusammenfassen wie in dem Wort „Glauben". Das alles sind keine christlichen Erfindungen und es ist auch nicht die revolutionäre Lehre des Rabbi Jesus. Es sind biblische Grundüberzeugungen, die Jesus mit vielen seiner jüdischen Zeitgenossen teilt. Welche Rolle die Tora im Leben Jesu spielte, darum soll es im nächsten Kapitel noch einmal ausführlich gehen.

Das ewige Leben

Die Frage nach dem höchsten Gebot wird an anderen Stellen des Neuen Testaments noch einmal anders formuliert: „Meister, was muss ich tun, damit ich das ewige Leben habe?"[53]

Die Antwort Jesu fällt auch hier für Christen überraschend aus, für Juden aber ganz erwartungsgemäß: „Willst du zum Leben eingehen, so halte die Gebote."

Jesus gibt die Standardantwort eines jüdischen Lehrers. Wir hätten hier etwas anderes erwartet. Zum Beispiel hätte Jesus sagen können: „Gar nichts musst du tun, Gott hat schon alles für dich getan!“ Oder: „Glaube an mich, dann wirst du nicht verloren gehen, sondern das ewige Leben haben.“ Und wenn es das damals schon gegeben hätte, hätte er dazu sogar ein Schild mit der Angabe des Bibelverses Johannes 3,16 hochhalten können. Er hätte auch sagen können: „Nimm mich als deinen persönlichen Herrn und Retter in dein Leben auf!“ Aber all das sagt er nicht. Er sagt: „Willst du zum Leben eingehen, dann halte die Gebote.“

Die Frage nach dem ewigen Leben bewegte auch die jüdischen Lehrer zur Zeit Jesu. Der Ausdruck „ewiges Leben“ *(chajje olam)* erscheint in der jüdischen Bibel, unserem Alten Testament, nur einmal und bezeichnet dort das Leben nach der Auferstehung. In der rabbinischen Literatur erscheint der Ausdruck dann auch in der Form „das Leben in der kommenden Welt“ *(chajje olam ha-bah)*. Im Hebräischen werden Ewigkeit, Welt, Raum und Zeitalter mit demselben Wort ausgedrückt: *olam*. Und im jüdischen Glauben der Zeit Jesu unterschied man zwischen zwei Welten beziehungsweise Zeiträumen oder Zeitaltern: Zwischen dieser Welt *(olam ha-seh)* und der kommenden Welt *(olam ha-bah)*, diesem Zeitalter und dem kommenden Zeitalter. Auch im Neuen Testament werden diese Bezeichnungen immer wieder gebraucht.[54]

Das Leben in der kommenden Welt beginnt also nach dem Tod und mit der Auferstehung. Aber offensichtlich hat das Leben in dieser Welt auch Auswirkungen auf das Leben in der kommenden Welt. Deshalb bewegte viele Menschen die Frage: Was muss (oder kann) ich in diesem Leben schon tun, um das Leben in der kommenden Welt zu erhalten? Gibt es Bedingungen oder Voraussetzungen? Oder ist alles Geschenk und es ist ganz egal, was ich in diesem Leben tue und wie ich mich verhalte? Wer bei Jesus Antworten auf diese Fragen sucht, der findet eine verwirrende Vielfalt von unterschiedlichen Antworten: Manche Leute verweist Jesus auf die Gebote[55], andere auf den Glauben.[56] Manche bekommen das Leben in der kommenden Welt geschenkt, ohne dass sie Erkennbares dafür geleistet haben.[57] Andere bekommen es als Belohnung, weil sie Gutes getan oder den Armen und Kranken gedient haben.[58] Wieder andere werden vom Leben in der kommenden Welt ausgeschlossen, weil sie nicht das Richtige getan haben.[59]

Auch hier ist sich Jesus mit den jüdischen Lehrern seiner Zeit erstaunlich einig. Denn auch bei ihnen fällt es schwer, eine einheitliche Antwort zu finden, wie man das Leben in der kommenden Welt erhält. Christliche Ausleger haben zwar in der Vergangenheit oft versucht, die jüdische „Leistungsreligion" gegen die christliche „Gnadenreligion" auszuspielen, oder die jüdische „Werkgerechtigkeit" gegen die christliche „Glaubensgerechtigkeit". Wir haben aber schon gesehen, dass das zumindest im Blick auf Jesus nicht so eindeutig ist. Und im Blick auf die jüdischen Lehrer zeigt sich das Gleiche.

Missverständnis 25:
(Siehe auch S. 43): Das Judentum war eine Religion der frommen Leistung, man musste sich den Himmel durch gute Werke verdienen. Bei Jesus aber gibt es alles umsonst.

Wie also konnte man nach Meinung der jüdischen Lehrer das Leben in der kommenden Welt erlangen? Wir kennen sie inzwischen hoffentlich gut genug, um zu wissen: Verschiedene Lehrer hatten hier verschiedene Meinungen und ihre verschiedenen Meinungen stehen in den jüdischen Schriften nebeneinander, ohne dogmatisch begradigt zu werden. Der wichtigste Grundsatz zu dieser Frage ist in der Mischna so zusammengefasst: „Ganz Israel hat einen Anteil an der kommenden Welt."[60]

Aber gleich im nächsten Satz beginnen dann die Diskussionen und die Rabbis tauschen sich darüber aus, ob dieser Grundsatz wirklich ohne Ausnahme gilt:

> Diese aber werden keinen Anteil an der kommenden Welt haben: Wer leugnet, dass die Lehre von der Auferstehung aus der Tora kommt. Wer behauptet, die Tora käme nicht von Gott. Und die Epikuräer, die nur an das Leben im Diesseits glauben. Rabbi Akiba sagt: Jemand, der die Bücher von Irrlehrern liest, und jemand, der Zaubersprüche flüstert. Abba Saul sagt: Wer den Namen Gottes ausspricht.

Diese Diskussion setzt sich in ähnlicher Weise über mehrere Seiten fort. Andererseits geht es aber auch um die Frage, ob auch Nichtisraeliten am Leben der kommenden Welt teilhaben:

> Rabbi Eliezer pflegte zu sagen: Kein Nichtjude *(goj)* wird einen Anteil an der kommenden Welt haben. Denn es steht ja geschrieben: „Die Nichtjuden, die Gott vergessen, fahren hinunter in die Unterwelt."[61] … Aber Rabbi Josua antwortete ihm: „Die Nichtjuden, die Gott vergessen …" Das bedeutet doch, dass es auch andere Nichtjuden gibt. Nämlich solche, die gerecht sind. Und die werden auch einen Anteil an der kommenden Welt haben.[62]

In der jüdischen Tradition gibt es deshalb bis heute die Vorstellung von den „Gerechten unter den Völkern", die unter anderem durch den Film „Schindlers Liste" bekannt wurde. In der Holocaustgedenkstätte in Jerusalem etwa gibt es einen ganzen Garten von Bäumen, die solchen „Gerechten" gewidmet sind. Die wichtigste und häufigste Antwort auf die Frage nach dem ewigen Leben ist aber die, die auch Jesus gibt: Halte die Gebote!

> Es gibt in der Tora kein Wort, das umsonst ist: Aus jedem Wort erhältst du, wenn du es erforschst, Lohn schon in dieser Welt und dann auch einen Schatz für die kommende Welt. Wer die Gebote hält, der genießt ihre Früchte schon in dieser Welt und sie bereiten ihm lange Tage in der kommenden Welt.[63]

> Diese Gebote sind leicht. Wenn die Israeliten sie tun, führen sie zum Leben in der kommenden Welt.[64]

Dass das Gesetz der Weg zum Leben ist, das konnte man schon in der Bibel lesen.[65] Aber dennoch ist das Halten der Tora auch im Judentum keine Leistung, mit der man sich den Himmel verdienen kann. Man soll vielmehr aus Vertrauen, aus Dankbarkeit und aus Liebe zu Gott handeln, auch das machen die jüdischen Lehrer deutlich:

> Antigonos von Socho sagte: Seid nicht wie Diener, die ihrem Herrn mit der Absicht dienen, Lohn zu empfangen. Sondern seid wie Diener, die ihrem Herrn mit der Absicht dienen, keinen Lohn zu empfangen. Tut alles aus Ehrfurcht vor Gott im Himmel![66]

> Rabbi Zadok sagte: Mache die Worte der Tora nicht zu deiner Krone, um dich mit ihnen zu rühmen, und auch nicht zu deinem Spaten, um dich von ihnen zu nähren! Denn schon Rabbi Hillel sagte: Wer sich eine Krone aufsetzt, hat seinen Lohn dahin. Und wer aus den Worten der Tora für sich selbst einen Nutzen zieht, der hat sein Leben aus der Welt genommen.[67]

> Vielleicht sagst du: Ich lerne die Tora, weil ich reich werden will. Oder weil ich dann Rabbi genannt werde. Oder weil ich dafür Lohn in der kommenden Welt erhalte. Die Schrift lehrt

> aber: „Du sollst den Herrn, deinen Gott, lieben! Daher sollt ihr alles, was ihr tut, aus Liebe zu Gott tun!“[68]

Der Lohn soll also nicht im Zentrum stehen. Aber dass es einen himmlischen Lohn gibt, das steht, wie auch bei Jesus[69], außer Frage:

> Rabbi Juda sagte: Halte alle Gebote, egal ob sie dir wichtig oder unwichtig erscheinen. Denn du weißt ja nicht, welchen Lohn du dafür bekommst. Rechne dir aus, wie viel du verlierst, wenn du ein Gebot erfüllst. Und dann vergleiche es mit dem Lohn, den du dafür erhältst! Ebenso rechne dir aus, wie viel du gewinnst, wenn du ein Gebot brichst, und vergleiche es mit dem Verlust, den du dadurch erleidest! Wenn du drei Dinge im Auge behältst, dann wirst du keine Gebote übertreten: Sei dir bewusst, wer über dir ist: Ein Auge, das dich sieht. Ein Ohr, das hört. Und ein Buch, in das deine Taten aufgeschrieben werden.[70]

Man kann also weder Jesus noch die jüdischen Lehrer hier in ein bestimmtes System pressen: Beide machen deutlich, dass Gottes Gebote den Weg zum Leben weisen. Beide sind sich einig, dass es einen himmlischen Lohn gibt für die, die sich an Gottes Worte halten: Schon in diesem Leben und dann auch durch das Leben in der kommenden Welt. Beide sind sich aber auch einig, dass wir nicht nur wegen des Lohnes Gottes Willen tun sollen, sondern aus Liebe, aus Glauben und aus Dankbarkeit. Und bei beiden ist klar: Es ist nicht unsere Leistung, sondern Gottes Gnade, durch die wir erwählt und gerettet sind.

Zum Weiterlesen: Gesetzesreligion oder Gnadenreligion?

In der Forschung des 20. Jahrhunderts gibt es zwei sehr gegensätzliche Tendenzen, das Judentum der Zeit Jesu in ein theologisches System einzuordnen: In Deutschland war die Forschung lange Zeit geprägt durch ein Standardwerk von Ferdinand Wilhelm Weber aus dem Jahr 1880:[71] Weber beschrieb das Judentum vor allem als eine Religion der Werkgerechtigkeit, die durch Lohn- und Verdienstdenken sowie durch eine penible Gesetzlichkeit geprägt war. Breite Wirksamkeit erhielt dieses Buch vor allem durch einen Bibelkommentar aus jüdischen Quellen, der in den 1920er-Jahren von Paul Billerbeck herausgegeben wurde.[72] Dieser Kommentar ist bis heute für die meisten Pfarrer und Theologen der wichtigste Zugang zu den Schriften des frühen Judentums. Allerdings enthält er eben nicht nur Originaltexte, sondern dazu auch die persönlichen Deutungen Billerbecks, die sehr von der Sichtweise Webers geprägt waren. Viele Leser, die sich nicht die Mühe machten, die jüdischen Texte in ihrem ursprünglichen Zusammenhang zu lesen, lernten auf diese Weise eher die Welt Billerbecks als die Welt des frühen Judentums kennen.

Andere Forscher, wie etwa George Foot Moore aus Harvard, aber auch jüdische Gelehrte wie Moses Montefiore und Solomon Schechter haben deshalb schon früh dieser einseitigen Darstellung des Judentums widersprochen. In neuerer Zeit war es dann vor allem Ed Parish Sanders, Professor in Oxford, der dem traditionellen Bild des Judentums im Jahr 1977 ein ganz neues Bild entgegensetzte:[73] Seiner Meinung nach war für das Judentum nicht das Gesetz, sondern Gottes Gnade und sein Bund mit Israel die bestimmende Größe. Als Jude bekam man das ewige Leben nicht, weil man gute Werke tat oder sich an das Gesetz hielt, sondern, weil Gott sein Volk Israel erwählt hatte und weil er seine Gnade umsonst schenkt. Das Gesetz dagegen sei nur ein äußeres Erkennungszeichen, durch das ein Jude nach außen hin als Mitglied des Bundes erkennbar werde. Nach Sanders' Ansicht waren die Pharisäer und ihre Gesetze, wie sie uns im Neuen Testament und in der späteren rabbinischen Literatur begegnen, nur eine kleine, extreme religiöse Randgruppe ohne Bedeutung in der breiten Bevölkerung. Erst nach der Zerstörung des Tempels seien ihre Lehren durch Mischna, Talmud und Midrasch für das Judentum bestimmend geworden.

Sanders' Buch machte in den 1980er-Jahren viel von sich reden, es bildete die Grundlage für wichtige neue Strömungen der Theologie, die unter den Überschriften „Neue Paulusperspektive" und „Dritte Suche nach dem historischen Jesus" bekannt wurden. Allerdings hat die weitere Forschung gezeigt, dass auch diese Darstellung des Judentums auf ihre Weise wiederum sehr einseitig war. Wie in den bisherigen Kapiteln dieses Buches schon deutlich wurde, liegt die Wahrheit vermutlich in der Mitte: Die freie Gnade Gottes und das Gesetz als Weg zum Leben sind zwei entgegengesetzte Pole, die bei den jüdischen Lehrern, wie auch bei Jesus, in einer kreativen Spannung zueinander stehen. Man sollte sie weder zur einen Seite noch zur anderen auflösen. Vor allem aber waren die Pharisäer zur Zeit Jesu alles andere als eine Randgruppe: Sie waren vielmehr die treibende Kraft der Volksfrömmigkeit und hatten einen breiten Rückhalt in der Bevölkerung. Ihre Gesetze und Überlieferungen, die später in der rabbinischen Literatur aufgeschrieben wurden, bildeten schon in der Zeit Jesu die verbreitete Grundlage für den jüdischen Glauben und das jüdische Alltagsleben.[74]

Jesus und seine jüdischen Gegner

Viele Leser werden sich an dieser Stelle fragen: Wenn Jesus und die jüdischen Lehrer sich in so vielen grundsätzlichen Fragen so einig waren, warum gab es dann eigentlich so viele Konflikte zwischen ihm und den Pharisäern? Immerhin fasst Jesus die Pharisäer ja nicht gerade mit Samthandschuhen an:

> Weh euch, Schriftgelehrte und Pharisäer, ihr Heuchler, die ihr das Himmelreich zuschließt vor den Menschen! Ihr geht nicht hinein und die hineinwollen, lasst ihr nicht hineingehen. Weh euch, Schriftgelehrte und Pharisäer, ihr Heuchler, die ihr Land und Meer durchzieht, damit ihr einen Nichtjuden zum Glauben bekehren könnt. Und wenn er's dann geworden ist, macht ihr aus ihm ein Kind der Hölle, doppelt so schlimm wie ihr![75]

Was also war so schlimm an den Pharisäern, dass Jesus sie mit so harten Worten strafte? Die erste Antwort auf diese Frage ist sicher eine grundsätzliche: Man streitet immer mit den Menschen am heftigsten, denen man am nächsten steht. Konflikte in der Familie gehen meist tiefer als Konflikte mit Fremden. Und auch in der christlichen Welt kennen wir dieses Phänomen: Manche Autoren und Lehrer der „evangelikalen" christlichen Szene gehen mit ihren engeren Glaubensbrüdern wesentlich härter und öfter ins Gericht als mit den Großkirchen. Es ist also kein Wunder, dass Jesus ausgerechnet mit den Pharisäern am häufigsten aneinandergerät: Sie standen ihm von allen jüdischen Gruppen am nächsten.

Übrigens waren die Pharisäer auch beim Rest der jüdischen Bevölkerung sehr beliebt. Das christliche Klischee stellt sie gerne als knauserige Spaßbremsen dar, die den Leuten mit ihrer Kleinlichkeit und Engstirnigkeit auf die Nerven gingen und von denen man sich lieber fernhielt. Manchmal liest man sogar, dass sie den Namen

„Pharisäer" trugen, weil sie sich „vom Volk absonderten" (von hebräisch *parasch* = abtrennen).

Missverständnis 26:
Die Pharisäer hießen Pharisäer, weil sie sich vom Volk absonderten.

Aber es ist sehr unwahrscheinlich, dass diese Bedeutung dem Namen „Pharisäer" zugrunde liegt. Man weiß zwar heute nicht mehr genau, woher der Name stammt, aber er kann sich auf alle möglichen Arten der „Abgrenzung" beziehen. Vielleicht war einfach gemeint, dass die Pharisäer in manchen Fragen des Gesetzes eine „besondere" Ansicht hatten. Oder dass sie sich von der Lehre der Sadduzäer „abgrenzten". Vielleicht war auch gemeint, dass sie sich von den Einflüssen der griechisch-römischen Kultur abgrenzten. Vom Volk jedenfalls sonderten sich die Pharisäer gerade nicht ab. Im Gegenteil: Aus den jüdischen Quellen erfahren wir, dass sie von allen jüdischen Gruppen bei der Bevölkerung die beliebteste war. So berichtet der jüdische Historiker Josephus:

> Die Pharisäer gaben den Leuten viele Gesetze aus den Überlieferungen ihrer Väter weiter, die nicht in den Schriften des Moses stehen. Aus diesem Grund lehnen die Sadduzäer sie ab und behaupten, dass nur solche Gebote verbindlich seien, die auch in den Büchern Moses stehen. Die mündlichen Überlieferungen der Väter aber müsse man nicht beachten. Über diese Fragen gibt es zwischen den beiden Gruppen viele Diskussionen und große Unterschiede. Aber die Sadduzäer können nur wenige Leute, vor allem die Reichen, für sich gewinnen. Die Mehrheit des Volkes ist auf der Seite der Pharisäer.[76]

Die Pharisäer waren also bei der Bevölkerung nicht nur sehr beliebt, sondern es war gerade ihre Gesetzesauslegung, die großen Anklang beim Volk fand. Und das ist auch die zweite wichtige Beobachtung: Diese Achtung für die Lehren der Pharisäer teilte auch Jesus. Was Jesus an den Pharisäern kritisierte, waren nicht ihre Lehren und auch nicht ihre Gesetze. Im Gegenteil: Diese lobt Jesus – nur wenige Sätze vor seiner Strafrede an die Pharisäer – als vorbildlich: „Auf dem Stuhl des Mose sitzen die Schriftgelehrten und Pharisäer. Alles nun, was sie euch sagen, das tut und haltet!"

Missverständnis 27:
Jesus kritisierte die Lehren der Pharisäer.

Was Jesus an den Pharisäern kritisierte, war nicht das, was sie lehrten. In den Lehren stimmte Jesus ja weithin mit ihnen überein, obwohl es im Detail der Gesetzesauslegung auch Meinungsverschiedenheiten gab. (Man sollte hier also lieber sagen: „Jesus kritisierte manche Lehren mancher Pharisäer", aber dazu im nächsten Kapitel mehr.) Was Jesus dagegen hier an den Pharisäern auszusetzen hat, ist etwas ganz anderes: Nämlich, dass sie oft nicht leben, was sie lehren: „Aber nach ihren Werken sollt ihr nicht handeln. Denn sie sagen es zwar, aber tun es nicht."

Hier würden die meisten jüdischen Lehrer – und auch die meisten Pharisäer – ihm vermutlich zustimmen: Wer selbst nur leere Worte macht, aber nicht danach lebt, der ist ein „blinder Blindenführer", ein „Schauspieler" und gefährlicher als eine „giftige Schlange". Und all diese Bilder verwendet Jesus für die Pharisäer. Auch in dieser Frage war sich Jesus übrigens mit vielen anderen jüdischen Lehrern einig. Das wird etwa an einem Gleichnis deutlich, das an das Gleichnis Jesu von den zwei Hausbauern erinnert:

> Rabbi Eleazar ben Azariah sagte: Jeder, dessen Wissen größer ist als seine Taten, gleicht einem Baum mit vielen Zweigen aber wenig Wurzeln. Wenn der Wind bläst, stürzt er um. Aber derjenige, dessen Taten größer sind als sein Wissen, gleicht einem Baum, der wenig Zweige, aber starke Wurzeln hat. Auch wenn alle Winde der Welt kommen und gegen ihn anstürmen, können sie ihn nicht von seinem Platz bewegen.[77]

Das Auseinanderfallen von Worten und Taten gehört zu den schlimmsten Gefahren eines religiösen Lebens. Wer sich also einen solchen Pharisäer als Vorbild nimmt, aus dem wird, so sagt es Jesus, „ein Kind der Hölle". Harte Worte. Aber das ist nicht der einzige Vorwurf, den Jesus den Pharisäern macht. Er stellt auch ihre Motivation infrage, da, wo sie sich nur deshalb an Gottes Gebote halten, um von Menschen gesehen zu werden oder einen guten Eindruck zu machen. Das erinnert an die schon oben zitierten Warnungen jüdischer Lehrer: „Rabbi Zadok sagte: Mache die Worte der Tora nicht zu deiner Krone, um dich mit ihnen zu rühmen! … Denn schon Rabbi Hillel sagte: Wer sich eine Krone aufsetzt, hat seinen Lohn dahin."[78]

Ein dritter Vorwurf, den Jesus den Pharisäern macht, ist ihre Tendenz, über andere zu richten, die nicht ihren eigenen hohen Ansprüchen genügen. Und auch hier hätte er sicher andere jüdische Lehrer auf seiner Seite, etwa Hillel und Rabbi Ishmael:

> Hillel sagte: Sei dir selbst gegenüber kritisch bis zu deinem letzten Atemzug. Und richte nicht deinen Nächsten, ehe du selbst nicht in seine Lage gekommen bist.[79]

> Rabbi Ishmael sagte: Wer stolz ist im Amt der Rechtslehre, der ist töricht, gottlos und aufgeblasen. Deshalb urteile nicht allein, denn es gibt nur einen, der allein richten kann.[80]

Es wird also deutlich: Das, was Jesus den Pharisäern vorwirft, werfen die jüdischen Lehrer auch ihren eigenen Leuten vor. Jesus legt den Finger auf typische Wunden und Schwachstellen eines Menschen, der es religiös ernst meint, aber seinen eigenen Ansprüchen nicht gerecht wird. Bleibt nur die Frage: Meint er wirklich pauschal „alle“ Pharisäer? Ist man also schon deshalb ein Heuchler oder Angeber, weil man ein Pharisäer ist? Oder wird man nur leichter zum Angeber oder Heuchler, wenn man ein Pharisäer ist? Ich halte Letzteres für wahrscheinlicher.

Missverständnis 28:
Alle Pharisäer waren Heuchler und Angeber. Und überhaupt waren alle Pharisäer gleich.

Jesus kritisiert an den Pharisäern, was er auch heute an den Christen kritisieren würde. Damals wie heute gab es gerade unter den besonders Frommen und den besonders Radikalen am ehesten solche, die sich über andere erheben, und solche, die nur den äußeren Schein wahren. Und die Pharisäer von damals wussten das ebenso gut wie die Christen von heute, die in der Lage sind, sich selbst kritisch zu sehen. Mit einem Augenzwinkern machten sich die Pharisäer sogar selbst über die unterschiedlichen „Typen“ lustig, die es in ihren Reihen gab:

> Es gibt sieben Sorten von Pharisäern: Der „Schulter-Pharisäer“ trägt seine guten Taten auf den Schultern herum, um sie zu zeigen. Der „Hinhalte-Pharisäer“ sagt: Warte noch kurz, ich muss erst noch schnell ein Gebot erfüllen. Der „Rechen-Pharisäer“ sündigt erst und erfüllt dann ein Gebot, um es wieder auszugleichen. Der „Sparsamkeits-Pharisäer“ sagt: Ich habe doch so wenig, womit soll ich denn noch ein Gebot er-

füllen? Der „Ausgleichs-Pharisäer" sagt: Nenne mir doch erst eine Sünde, die ich begangen habe. Dann tue ich auch eine gute Tat, um sie auszugleichen. Aber dann gibt es auch den Pharisäer, der aus Ehrfurcht vor Gott handelt, so wie Hiob. Und schließlich den Pharisäer, der aus Liebe zu Gott handelt, wie Abraham. Dieser ist Gott der Liebste.[81]

Eine Eigenschaft, die Jesus den Pharisäern übrigens nicht zum Vorwurf macht, ist ihre Sorgfalt im Blick auf die allerkleinsten Gebote. Sehr oft erlebe ich es, wie Christen die folgenden Worte Jesu als Beispiel für eine vermeintliche „Kleinlichkeit" und „Engstirnigkeit" der Pharisäer anführen:

> Weh euch, Schriftgelehrte und Pharisäer, ihr Heuchler, die ihr den Zehnten gebt von Minze, Dill und Kümmel und lasst das Wichtigste im Gesetz beiseite, nämlich das Recht, die Barmherzigkeit und den Glauben! Doch dies sollte man tun und jenes nicht lassen.[82]

Die übliche Auslegung sagt hier: Seht doch, wie unsinnig Jesus es findet, selbst kleine Küchenkräuter zu verzehnten! Darauf kommt es doch gar nicht an. Hauptsache wir sind barmherzig. Aber bei näherem Hinsehen steht gerade das nicht im Text. Denn der letzte Satz ist entscheidend, auch wenn er vielen Christen nicht gefällt: Man soll das eine tun und das andere nicht lassen! Jesus war also offensichtlich sogar der zehnte Teil von Minze, Dill und Kümmel wichtig.

Missverständnis 29:
Jesus kritisiert die Kleinlichkeit der Pharisäer.

Der Fehler, den er kritisiert, ist nicht die „Kleinlichkeit" der Pharisäer. Der Kritikpunkt von Jesus ist, dass manche Pharisäer es nur mit manchen Teilen des Gesetzes so genau nahmen, aber andere, wichtigere Teile großzügig übersahen. Für alle Pharisäer kann zwar auch dieser Kritikpunkt kaum gelten, denn wir haben schon gesehen, dass gerade für die großen Lehrer des Judentums, deren Aussprüche wir in den „Sprüchen der Väter" finden, die Barmherzigkeit ein ganz zentrales Anliegen war. So hatte schon Simon ben Schetach (120-40 v. Chr.) gelehrt: „Auf drei Dinge gründet sich die Welt: Auf die Tora, auf die Anbetung und auf Taten der Barmherzigkeit."[83]

Unter Christen ist es üblich, Gesetzesgehorsam gegen Barmherzigkeit auszuspielen, Einzelgebote gegen das Prinzip der Nächstenliebe. Für das jüdische Denken ist jedoch beides kein Gegensatz. Im Gegenteil: Beides zusammenzuhalten, darauf kommt es im Judentum an. Und auch bei Jesus.

Jesus will die Christen retten, so lautet der Titel eines bekannten Buches des amerikanischen Pastors Rob Bell. Matthäus hätte seinem Evangelium vielleicht einen ähnlichen Untertitel geben können: „Jesus will die Pharisäer retten!" Nicht deshalb, weil die Pharisäer besonders schlimme Leute waren, sondern weil Jesus wusste, dass alle Menschen Rettung brauchen. Sogar Pharisäer, von denen man es am wenigsten vermuten würde. Und weil vielleicht gerade die Pharisäer – wie die Christen heute – in der Gefahr standen zu glauben, dass sie keine Rettung mehr brauchten. Und auch deshalb, weil vermutlich viele Pharisäer sein Buch lasen. War Jesus deswegen ein Feind oder Gegner der Pharisäer? Nein, ebenso wenig wie er heute ein Feind der Christen ist. Was heißt das aber für unsere Predigten oder unsere Hauskreise? Wir sollten bescheidener und selbstkritischer sein, wenn wir über die Pharisäer reden. Wir sollten sie ebenso wenig über einen Kamm scheren, wie wir es heute mit anderen Christen tun würden. Statt „die Pharisäer" sollten wir vielleicht einfach sagen „viele Pharisäer" oder manchmal auch nur „einige von den Pharisäern". Und wir sollten alle Geschichten, in denen Pharisäer vorkommen, so lesen und verstehen, dass wir selbst von ihnen berührt werden. Nicht die bösen anderen sind gemeint, wenn Jesus von den 'Pharisäern redet – weder die „bösen Frommen“ von damals, noch die „bösen Juden“, noch die „bösen Frommen“ von heute. Sondern wir selbst, die wir es aufrichtig ernst meinen mit dem Glauben, die wir aber so selten wirklich nach dem leben, was wir eigentlich wollen.

Kapitel 4

Jesus und das jüdische Gesetz

Alles nun, was sie euch sagen, das tut und haltet.
(Matthäus 23,3)

Jesus stand als Lehrer in der Tradition der großen Lehrer seiner Zeit. Wir haben bis hierher gesehen, dass Jesus in einer Familie aufwuchs, die sich an das jüdische Gesetz hielt. Und dass er über die Bedeutung des Gesetzes das Gleiche sagte wie viele andere Lehrer auch. Wenn man ihn nach dem Weg zum ewigen Leben fragte, verwies er auf die Gebote der Tora. Dennoch sind viele Christen der festen Überzeugung, dass Jesus sich nicht an die jüdischen Gesetze hielt. Manche glauben sogar, dass er kam, um die Menschen vom Gesetz zu befreien. Nicht wenige Christen sehen sogar den Kern des Evangeliums – der guten Botschaft – in der Freiheit vom Gesetz.

Das ist eigenartig. Besonders angesichts dessen, was wir bisher über Jesus und seine jüdische Welt gelernt haben. Woher kommt also dieser Gedanke von der „Freiheit vom Gesetz"? Es lohnt sich, dieser Frage anhand einiger konkreter Beispiele nachzugehen und zu fragen: Wie ist Jesus eigentlich mit dem jüdischen Gesetz im konkreten Einzelfall umgegangen? Verschiedene Antworten auf diese Frage sind schon vorgeschlagen worden:

- Die Befreiungstheorie: Das Gesetz ist böse und war von Anfang an nicht von Gott. Jesus kam, um die Menschen vom Gesetz zu befreien.
- Die Korruptionstheorie: Das Gesetz war zwar ursprünglich von Gott gut gemeint, wurde aber von den Juden missverstanden, verfälscht und korrumpiert. Jesus kam, um den ursprünglichen Sinn des Gesetzes wiederherzustellen.
- Die Phasentheorie: Das Gesetz hatte für eine bestimmte Zeit eine Bedeutung in Gottes Plan, diese endete aber mit dem Kommen Jesu.
- Die Stellvertretertheorie: Weil Jesus das Gesetz vollständig eingehalten hat, brauchen wir es nicht mehr zu halten.
- Die Herzenstheorie: Für die Juden war das Gesetz nur eine äußerliche Vorschrift, die man einhalten musste. Jesus aber kam es auf die Herzenshaltung an.
- Die Prinzipientheorie: Ein Gesetz mit einzelnen Regeln ist eine primitive Vorstufe der Ethik. Jesus kam, um die einzelnen Gebote durch ein höheres ethisches Prinzip zu ersetzen.
- Die Pharisäertheorie: Jesus hat zwar die Tora anerkannt, aber die mündlichen Auslegungen der Pharisäer abgelehnt!

Und dann gibt es noch eine Ansicht, die von vielen jüdischen Autoren in letzter Zeit aber zunehmend auch von christlichen Gelehrten, vertreten wird: Nämlich die Ansicht, dass Jesus sich, wie andere jüdische Lehrer seiner Zeit auch, an das jüdische Gesetz hielt und nie vorhatte, es zu brechen, aufzuheben oder seinen Inhalt zu verändern.

Aber dass Jesus natürlich, wie andere Lehrer auch, in vielen Fragen der Gesetzesauslegung anderer Meinung war als manche seiner Zeitgenossen. Und dass er sich als Lehrer an der Diskussion über die richtige Auslegung des Gesetzes beteiligte, ohne damit das Gesetz als solches – oder die mündliche Auslegung als solche – infrage zu stellen.

Der Platz reicht in diesem Buch nicht aus, um jede dieser verschiedenen Antworten ausführlicher vorzustellen. Darüber sind bereits andere Bücher geschrieben worden. Sinnvoller ist es, sich die Bibeltexte genauer anzusehen, um die es hier geht. Der Text, der am häufigsten und meistens als allererster zitiert wird, ist der berühmte Ausspruch Jesu in der Bergpredigt:

> Ihr sollt nicht meinen, dass ich gekommen bin, das Gesetz oder die Propheten aufzulösen; ich bin nicht gekommen aufzulösen, sondern zu erfüllen. Denn wahrlich, ich sage euch: Bis Himmel und Erde vergehen, wird nicht vergehen der kleinste Buchstabe noch ein Tüpfelchen vom Gesetz, bis es alles geschieht. Wer nun eines von diesen kleinsten Geboten auflöst und lehrt die Leute so, der wird der Kleinste heißen im Himmelreich; wer es aber tut und lehrt, der wird groß heißen im Himmelreich. Denn ich sage euch: Wenn eure Gerechtigkeit nicht besser ist als die der Schriftgelehrten und Pharisäer, so werdet ihr nicht in das Himmelreich kommen.[1]

Auf den ersten Blick sollte hier klar sein, was Jesus sagen will: Ich bin nicht gekommen, um das Gesetz aufzulösen. Man muss schon viel Mut aufbringen, um in diesen Text das Gegenteil hineinzulesen. Das ist aber schon früh geschehen: So gab es bereits im 2. Jahrhundert Christen, die davon überzeugt waren, dass die Tora, also das ganze alttestamentliche Gesetz, nicht von Gott gegeben wurde, sondern von einem bösen Engel oder einer Art „Untergott“, der sich gegenüber Moses nur als Gott ausgegeben hat. Der christliche Lehrer Markion wollte deshalb das ganze Alte Testament nicht als Teil der christlichen Bibel anerkennen und sogar noch in der Neuzeit haben führende deutsche Theologen vorgeschlagen, das Alte Testament wieder aus der Bibel zu entfernen (siehe dazu Kapitel 5: Jesus und die jüdische Bibel). Die meisten Christen aber würden diesen Weg heute nicht mehr gehen. Sie suchen den Schlüssel zu diesem Jesuswort vielmehr in der zweiten Hälfte: Jesus kam, das Gesetz zu „erfüllen". Was heißt das? Auch hier gibt es verschiedene Antworten.

Missverständnis 30:
Das jüdische Gesetz wurde dadurch überflüssig, dass Jesus es vollständig eingehalten hat.

Die „Stellvertretertheorie" besagt: Jesus hat sich an das Gesetz gehalten und alle seine Forderungen erfüllt. Damit ist das Gesetz überflüssig oder bedeutungslos geworden. Auf den ersten Blick leuchtet diese Auslegung vielen Christen ein, aber auf den zweiten Blick kommen doch Fragen: Dieses Verständnis von „Erfüllung" passt zwar im Blick auf Geburtstagswünsche, auf Schuldforderungen oder auf Punkte einer To-do-Liste. Wenn einer sie erfüllt, dann sind sie erfüllt und haben sich erledigt. Auf Gesetze passt diese Vorstellung aber nicht: Wenn ich an einer Kreuzung eine Vorfahrtsregel einhalte, dann wird sie ja dadurch nicht automatisch für alle anderen unwirksam. Auch eine Geschwindigkeitsbegrenzung wird nicht dadurch aufgehoben, dass einer sie stellvertretend einhält. Wenn die Tora aber nicht nur ein Aufgabenkatalog Gottes ist, den man abarbeiten muss, sondern Gottes gute Weisung zum Leben, dann ergibt diese Art von „Erfüllung" überhaupt keinen Sinn. Im Gegenteil: Wenn Jesus diese Gesetze eingehalten hat, dann doch nur, um zu zeigen, dass sie gut und richtig sind.

Missverständnis 31:
Das jüdische Gesetz war von vornherein nur für einen bestimmten Zeitraum gedacht. Mit dem Kommen Jesu ist ein neuer Zeitraum angebrochen, in dem das Gesetz keine Rolle mehr spielt.

Die „Phasentheorie" versteht das Wort „erfüllen" daher anders: Mit Jesus ist ein bestimmter Zeitabschnitt erfüllt oder vollendet, in dem die Tora ihre Gültigkeit hatte. Dahinter steht entweder die Vorstellung, dass die Tora so etwas wie Gottes „Plan A" war, der leider schief ging, weil das Volk Israel sich nicht an die Tora hielt. Deshalb hat sie jetzt ausgedient und muss durch einen „Plan B" ersetzt werden, nämlich durch Jesus. Insofern „erfüllt" sich durch Jesus die Zeit der Tora. Diese Sicht der Dinge ist in Deutschland vor allem bei Christen verbreitet, die aus freikirchlicher Tradition stammen. Eine andere Version des „Phasenmodells" ist dagegen eher durch die lutherische Tradition geprägt. Nach dieser Auslegung hatte die Tora vor allem eine negative Funktion: Sie sollte den Menschen zeigen, dass sie Sünder sind, und damit ihren religiösen Stolz brechen. Diese Funktion der Tora hat sich dementsprechend „erfüllt", als Jesus kam und den Sündern die Erlösung brachte. Von diesem Zeitpunkt an hat die Tora jedoch ihre Funktion verloren, sie hatte ihre Aufgabe „erfüllt". In beiden Versionen dieser Theorie war die Tora gut und richtig, solange bis Jesus kam. Mit dem Kommen von Jesus aber hat sich ihre Aufgabe „erledigt". Beide Versionen dieser Theorie haben jedoch mit Vers 19 zu kämpfen, dem zufolge auch das allerkleinste Gebot der Tora nicht aufgelöst werden soll. Wie ist dieser Vers gemeint, wenn Jesus die Tora doch als Ganze für erledigt hält?

Hier finden die übrigen Erklärungsmodelle zwar verschiedene, aber doch in sich ähnliche Antworten: Demnach bedeutet „erfüllen", dass Jesus den eigentlichen Sinn der Tora zum Vorschein bringt und erfüllt. Dieser „eigentliche Sinn" steht dann entweder im Gegensatz zum „Wortlaut" der Tora oder aber zumindest im Gegensatz zur gängigen jüdischen Auslegung.

Missverständnis 32:
Der eigentliche Sinn des Gesetzes steht im Kontrast zum Buchstaben oder Wortlaut des Gesetzes!

Missverständnis 33:
Der eigentliche Sinn des Gesetzes steht im Kontrast zur jüdischen Auslegung des Gesetzes. Die jüdische Auslegung hat das Gesetz entweder missverstanden oder aber mit zu vielen zusätzlichen Überlieferungen überladen.

Diese beiden Erklärungsmodelle erscheinen vielen Christen sympathischer. Denn ihnen ist gemeinsam, dass sie das Gesetz als solches ernst nehmen und auch davon ausgehen, dass das „eigentliche" Gesetz gut und richtig ist und seine Gültigkeit behält. So muss man sich nicht offen gegen die Bibel stellen, sondern „nur" gegen ihren buchstäblichen Wortlaut oder gegen eine falsche und korrupte Auslegung.

Aber was ist dann dieser „eigentliche Sinn"? Bereits im letzten Kapitel haben wir gesehen, dass die „Prinzipientheorie" ein neuzeitliches Missverständnis ist. Wenn Jesus vom „höchsten Gebot" redet, dann meint er damit nicht ein Grundprinzip, mit dem man einzelne Gebote des Gesetzes aus den Angeln heben kann. Dieser Gedanke war der jüdischen Welt Jesu fremd. Wenn jüdische Lehrer nach dem „höchsten Gebot" fragten, dann wollten sie damit die Vielzahl der Einzelgebote nicht reduzieren oder ersetzen, sondern sie in einem Wort zusammenfassen und damit bestätigen.

Aber auch die „Herzenstheorie" bringt uns hier nicht weiter: Sicher ist es richtig, dass Jesus Wert darauf legte, dass Gesetze nicht nur aus Gehorsam getan werden, sondern aus Liebe zu Gott; dass nicht nur das äußere Verhalten, sondern auch die innere Einstellung dabei stimmt. Und dass man das Gesetz nicht aus Zwang, sondern aus Freiheit heraus tut. Aber das alles war für die meisten jüdischen Zuhörer von Jesus nichts Neues. Das haben auch schon andere Lehrer vor und nach Jesus gelehrt. Und deshalb war es vermutlich nicht das, was Jesus meinte, wenn er von der „Erfüllung" des Gesetzes sprach. Und schon gar nicht wollte er die innere Haltung an die Stelle der äußeren Praxis setzen. Das kann also auch nicht der „Sinn" im Gegensatz zum „Wortlaut" sein.

Es bleiben also noch die beiden Möglichkeiten, dass Jesus entweder die jüdische Gesetzespraxis als solche für korrupt hielt oder aber nur die mündliche Überlieferung im Gegensatz zur schriftlichen Tradition ablehnte. Oder aber es ist in der Tat so, dass er sich an das jüdische Gesetz hielt und mit seinem Wort von der „Erfüllung" etwas ganz anderes meinte. Ein Blick auf einige Einzelfragen der Gesetzesauslegung kann hier mehr Klarheit bringen:

Die Frage nach dem Sabbat

Die Frage nach dem Sabbat spielt in vielen Streitgesprächen Jesu mit seinen Gegnern eine Rolle. Für viele Christen ist sie daher ein Paradebeispiel für den Unterschied zwischen Judentum und Christentum. Juden müssen unter engen Gesetzen wie dem Sabbatgebot leiden, aber Jesus kam, um sie daraus zu befreien. Und damit nicht genug: Noch häufiger benutzen Christen ihr Wissen über das Sabbatgebot, um die vermeintliche Absurdität und Heuchelei des Judentums aufzuzeigen. Besonders beliebt und verbreitet in christlichen Predigten ist die Anekdote vom „Wassersack auf dem Esel", wie sie sich etwa in einem bekannten Bibellexikon findet:

> Zugleich aber tüftelten die Schriftgelehrten raffinierte Möglichkeiten aus, einzelne Gebote zu umgehen. Man kaufte etwa, ohne gleich zu bezahlen und die Bezahlung zu erwähnen. Man legte einen Wassersack auf den Sattel eines Esels, um so am Sabbat eine Reise „auf dem Wasser“ tun zu können, die nicht verboten war.[2]

Ich habe mir seit einigen Jahren das Ziel gesetzt, herauszufinden, woher diese Information mit dem Esel eigentlich kommt und ob sie sich wirklich in irgendwelchen alten Quellen findet. Ich habe schon einigen Jahrgängen meiner Studierenden Belohnungen versprochen, wenn sie hier fündig werden. Jedoch bisher ohne Ergebnis. Wenn also jemand diese Zeilen liest und mir helfen kann, dann bin ich ihm für immer dankbar. Möglicherweise gab es ja tatsächlich irgendwo in der Antike einen Menschen, von dem solches berichtet wurde. Inzwischen glaube ich nicht mehr daran. Ich bin aber dankbar für anderslautende sachdienliche Hinweise. Dennoch: Selbst wenn es jemals einen Rabbi gegeben hat, der auf diese Weise das Sabbatgebot umging – dann wäre immer noch nicht geklärt, ob andere Lehrer das auch guthießen. Oft werden solche Extremfälle auch nur als Negativbeispiele im Talmud erwähnt. Ein völliges Missverständnis wäre es in jedem Fall, einen solchen Einzelfall (wenn es ihn denn gab) als „typisch“ für den Umgang der Juden mit dem Sabbat anzuführen. Leider geschieht das aber recht oft.

Missverständnis 34:
Juden versuchten mit fantasievollen Tricks das Sabbatgebot, wo immer sie konnten, zu umgehen.

Wie aber stand Jesus eigentlich wirklich zum Sabbat? Es hilft sicher, einige Bibeltexte zu betrachten, in denen es um den Sabbat geht.

Der bekannteste Streitfall, und zugleich einer der ersten, ist wohl die Heilung einer gelähmten Hand in der Synagoge:

> Und er ging von dort weiter und kam in ihre Synagoge. Und siehe, da war ein Mensch, der hatte eine verdorrte Hand. Und sie fragten ihn und sprachen: Ist's erlaubt, am Sabbat zu heilen?, damit sie ihn verklagen könnten. Aber er sprach zu ihnen: Wer ist unter euch, der sein einziges Schaf, wenn es ihm am Sabbat in eine Grube fällt, nicht ergreift und ihm heraushilft? Wie viel mehr ist nun ein Mensch als ein Schaf! Darum darf man am Sabbat Gutes tun. Da sprach er zu dem Menschen: Strecke deine Hand aus! Und er streckte sie aus; und sie wurde ihm wieder gesund wie die andere.[3]

Für viele Ausleger, vor allem Vertreter der „Befreiungstheorie", der „Phasentheorie" und der „Korruptionstheorie" ist klar: Jesus setzt sich hier ganz grundsätzlich über das Sabbatgebot hinweg. Und er möchte damit deutlich machen, dass der Mensch wichtiger ist als das Gesetz. So schreibt etwa der Theologe Ernst Käsemann 1954:

> Er ist zwar Jude gewesen und setzt spätjüdische Frömmigkeit voraus. Aber er zerbricht gleichzeitig mit seinem Anspruch diese Sphäre. … Dieses dialektische Verhältnis zum Gesetz, das nach dem Gotteswillen fragt und darüber den Buchstaben des Gesetzes zerbricht, spiegelt sich in der Stellungnahme zum Sabbatgebot und den Reinheitsvorschriften. … Jesus hat mit einer unerhörten Souveränität am Wortlaut der Tora und der Autorität des Mose vorübergehen können. Diese Souveränität erschüttert die Grundlagen des Spätjudentums und verursacht darum entscheidend dessen Tod.[4]

Ganz ähnlich klingt es in einem aktuelleren Jesusbuch von Michael Frost und Alan Hirsch:

> Es gibt viele Beispiele dafür, dass Jesus dem Sabbat in seinem Leben und Dienst wenig Bedeutung beimisst. Eines davon finden wir hier … Die Pharisäer waren sich dessen sehr bewusst, dass eine ehrliche Antwort auf Jesu Frage, ob es denn erlaubt sei, am Sabbat zu heilen, sie vor diesem Mann doch sehr beschämen würde – also zogen sie es vor zu schweigen. Jesus dagegen ist einfach ein Mann der Tat. Er ist ein Mann, der es liebt, etwas zu tun, und seinen Entscheidungen treu bleibt. Ob es jetzt Sabbat ist oder nicht – dieser Mann braucht seine heilenden Hände. Für Jesus kommt es nicht in Frage, durch theologische Höflichkeit gelähmt, nichts zu tun. Ist es nicht seltsam, dass die Religion, die nach Jesu Namen genannt ist, genauso Sabbat-zentriert ist wie Jesu Feinde zu seiner Zeit?[5]

Liest man diesen Bericht von der Heilung am Sabbat jedoch vor dem Hintergrund der jüdischen Welt Jesu, dann ergibt sich ein ganz anderes Bild: Gleich mehrere Fragen drängen sich beim verbreiteten Bild vom „Sabbatbrecher" Jesus auf. Die erste Frage wäre: Woher wissen wir eigentlich, dass es am Sabbat nach jüdischem Gesetz verboten war, Menschen zu helfen oder sie zu heilen? Hier scheinen sich viele Bibelleser besser in der Bibel auszukennen als die jüdischen Lehrer. Im Alten Testament jedenfalls gibt es keinen Hinweis auf ein Heilungsverbot. Und auch unter den 39 Tätigkeiten, die nach späterer rabbinischer Überlieferung am Sabbat verboten sind, findet sich „Heilen" nicht. Kurzum: Es gibt kein jüdisches Gebot, das das Heilen am Sabbat verbietet. Diskussionen gab es lediglich darüber, ob bestimmte medizinische Behandlungen erlaubt sind, wenn dafür eine der 39 verbotenen Tätigkeiten erforderlich ist. Von solchen Diskussionen lesen wir aber in unserem Bibeltext nichts. Und einen Menschen durch ein Wort oder eine Berührung zu heilen, das war jedenfalls keine verbotene medizinische Behandlung.

Hintergrund: Der Sabbat im Judentum

Die Anfänge des biblischen Sabbatgebots finden sich schon auf den ersten Seiten der Bibel: Hier ist es Gott selbst, der am siebten Tag von seiner Arbeit ruht, weil die Schöpfung zum Abschluss gekommen ist. Genau genommen kommt sie aber erst durch die Ruhe zum Abschluss, ohne sie bliebe die Welt unvollkommen. Der Sabbat ist deshalb in der jüdischen Tradition immer schon ein Ausblick auf die vollkommene „kommende Welt“ *(olam haba)*. Diesen Gedanken finden wir übrigens im Neuen Testament auch.[6]

Die eigentlichen Gesetze zum Sabbat sind dann später im zweiten Buch Mose aufgeschrieben.[7] Dabei bleibt es aber in der Bibel bei einem ganz allgemeinen Gebot, den Sabbat zu „heiligen“ und an ihm „keine Arbeit zu tun“. Was das genau heißt, das blieb den späteren Auslegern überlassen. In der mündlichen Tradition hat sich daher mit der Zeit eine Liste von 39 verbotenen Tätigkeiten herausgebildet, die sich dann auch in der Mischna findet. Zu diesen Arbeiten gehört zum Beispiel das Pflügen, Säen und Ernten, Kochen, Waschen, Weben, Schreiben, Bauen, Feuer machen und Lasten tragen. Im Einzelnen ergeben sich auch hier natürlich viele Fragen der Auslegung: So wird das Verbot, Feuer zu machen, in der heutigen Zeit auch auf neue Tätigkeiten wie zum Beispiel elektrisches Licht oder Automotoren angewendet. Man kann sich vorstellen, dass es deshalb auch zur Zeit Jesu schon viele Diskussionen darüber gab, was genau eine „verbotene Tätigkeit“ ist und was nicht. Diese Diskussionen stellen aber nie den Sabbat an sich infrage.

Ganz grundsätzlich gilt jedoch für den Sabbat: „Der Sabbat ist für euch da und nicht ihr für den Sabbat.“[8] Dieser Grundsatz, den viele Christen für eine charakteristische Lehre von Jesus halten, findet sich auch bei dem jüdischen Lehrer Simon ben Menasia, der im zweiten Jahrhundert n. Chr. lebte. Er gründet sich jedoch eigentlich auf eine Aussage der Bibel selbst, in der es heißt: „Der Sabbat soll *für euch* heilig sein."[9]

Aus diesem Grund hat zum Beispiel ein Menschenleben am Sabbat immer Vorrang und jede verbotene Arbeit darf getan werden, um ein Leben zu retten. Das ist bis heute ein wichtiger Grundsatz, ohne den kein jüdisches Krankenhaus und keine andere lebenswichtige Institution funktionieren könnte.

Insgesamt aber ist mir während meiner Zeit in Israel noch etwas anderes aufgefallen, nämlich ein charakteristischer Unterschied in der Weise, wie Christen und Juden über den Sabbat reden. Die meisten Christen, die ich traf, haben stets nur danach gefragt, was am Sabbat alles verboten ist. Und dann haben sie die armen Juden bedauert, dass sie so leiden müssen unter diesen Verboten. Interessanterweise habe ich mit Juden kaum je über Verbote gesprochen, wenn es um den Sabbat ging. Hier ging es meistens darum, mit wem man den freien Tag verbringt, wie man ihn zur Entspannung oder zu etwas Schönem nutzt und wie dankbar man ist für diesen „Vorgeschmack des Himmels" mitten im Alltag. Ein eigenartiger Unterschied in der Wahrnehmung, von dem wir Christen aber sicher viel lernen können.

Eine andere wichtige Beobachtung ist aber die Begründung, die Jesus für seine Heilung gibt. Das Fallbeispiel vom Schaf, das in die Grube fällt, war nämlich kein beliebiges Beispiel. Es war so etwas wie ein Standard-Schulbeispiel für die Sabbatfrage. Und es gab unterschiedliche Meinungen zu der Frage, ob man ein Schaf am Sabbat aus einer Grube heben durfte: In Qumran etwa war es streng verboten: „Wenn ein Tier in eine Zisterne oder Grube fällt, darf man es am Sabbat nicht herausholen."[10]

Missverständnis 35:
Nach jüdischem Gesetz war eine Heilung am Sabbat verboten.

Anders jedoch war es bei den Pharisäern: Hier stand es außer Frage, dass man dem Schaf helfen durfte. Aber – und darum ging es in der Diskussion der Rabbinen – man sollte möglichst nach Wegen suchen, wie man dem Schaf so helfen könnte, dass man dabei keine der verbotenen Tätigkeiten ausführte. Es ging sozusagen um die Extramühe, sich Gedanken zu machen über einen Weg der Hilfe, mit dem man nicht unnötig den Sabbat verletzte. So schlug ein Rabbi vor: „Wenn ein Tier in eine Grube fällt, dann sollte man Kissen und Decken herbeibringen und sie in die Grube hineinwerfen. So kann das Tier von selbst herausklettern.“[11]

Ein anderer Rabbi schlug vor, man könnte dem Tier Nahrung bringen und so für sein Wohlbefinden sorgen, um es dann am nächsten Tag herauszuholen. Das Fazit der Diskussion: Helfen ja, aber wenn möglich, ohne dabei eine verbotene Arbeit zu tun. Sollte das jedoch nicht möglich sein, dann wäre es trotzdem erlaubt, das Schaf zu retten. Denn nach jüdischem Gesetz war es auch verboten, Tiere leiden zu lassen. Bei der Diskussion um das Schaf in der Grube geht es also nicht darum, *ob* man am Sabbat helfen darf, sondern darum, *wie* man helfen kann.

Das eigentlich Interessante ist aber, dass Jesus diese Diskussion überhaupt aufgreift. Er hätte ja auch einfach sagen können: „Das Sabbatgebot ist mir egal. Ich bin frei vom Gesetz!“ oder: „Mir ist der Mensch wichtiger als das Sabbatgebot.“ Aber gerade das tut er nicht. Im Gegenteil: Seine Begründung zeigt, dass er das Sabbatgebot achtet. Er will seinen Zuhörern erklären, dass eine Heilung am Sabbat nicht verboten ist und dass der Sabbat dadurch nicht gebrochen wird. Im Gegenteil: Dass ein Mensch geheilt wird, ist gerade ein Ausdruck dessen, was der Sabbat ausdrückt: Die Vollendung und Vollkommenheit der Schöpfung. Wenn wir die Sabbatheilungen Jesu so verstehen, dann merken wir plötzlich, dass sich ihre Bedeutung wandelt: Nicht um den Kampf gegen falsche Religion geht es. Auch nicht um die Freiheit vom Gesetz. Sondern um Gottes Zuwendung zum Menschen. Der Sabbat erhält seinen Sinn, weil Menschen geholfen wird.

> **Missverständnis 36:**
> Jesus hat extra am Sabbat geheilt, um religiöse Regeln zu brechen und seine Freiheit zu demonstrieren.

Übrigens führt Jesus bei anderen Gelegenheiten noch andere Gründe an, warum es erlaubt ist, am Sabbat zu heilen. Immer wieder greift er dabei auf Argumente zurück, die auch von den jüdischen Lehrern seiner Zeit verwendet wurden. Zum Beispiel das Prinzip der Lebensrettung *(pikkuach nefesch)*, das besagt:

> Die Gesetze des Sabbat treten außer Kraft, wenn ein Leben in Gefahr ist. ... Man darf ja sogar in Notwehr jemand anders das Leben nehmen, um das eigene zu retten. Wieviel mehr ist es also am Sabbat erlaubt, Leben zu bewahren![12]

Eine bekannte Regel Hillels besagt, dass die Sabbatgebote durch wichtigere Gebote „verdrängt" werden können. Hillel hatte es eingeführt, damit auch an einem Sabbat die Passalämmer geschlachtet werden konnten.[13] Später wandte Rabbi Eliezer diesen Grundsatz dann auch auf die Beschneidung am Sabbat an: „Das Gebot der Beschneidung ist wichtiger als das Gebot des Sabbats. Wenn aber der Sabbat schon wegen eines so kleinen Körperteils ausgesetzt wird, wie viel mehr dann um eines ganzen Menschen willen."[14]

Genau dieses Argument macht sich auch Jesus zu eigen, um eine Heilung am Sabbat zu rechtfertigen:

> Mose hat euch doch die Beschneidung gegeben – nicht dass sie von Mose kommt, sondern von den Vätern –, und ihr beschneidet den Menschen auch am Sabbat. Wenn nun ein Mensch am Sabbat die Beschneidung empfängt, damit nicht das Gesetz des Mose gebrochen werde, was zürnt ihr dann mir, weil ich am Sabbat den ganzen Menschen gesund gemacht habe?[15]

In einem anderen Streit am Sabbat geht es nicht um eine Heilung, sondern um das Ausreißen von Ähren.[16] Hier ist die Lage etwas komplizierter als bei den Heilungen. In der Tat gab es einen Streit darüber, ob das „Zerreiben" von Ähren zwischen den Fingern schon eine verbotene Sabbatarbeit war („ernten") oder nicht. Manche Lehrer erlaubten es, andere verboten es. Die Pharisäer in unserem Text gehörten offenbar zur strengeren Richtung. Interessant ist jedoch, dass Jesus in seiner Antwort gar nicht auf diese Frage eingeht. Er erklärt den Pharisäern anhand eines Bibeltextes, warum das, was die Jünger tun, nicht verboten, sondern erlaubt ist: Die Priester im Tempel dürfen am Sabbat auch arbeiten. Und David durfte sogar das Brot essen, das sonst nur Priester essen duften. Mit anderen Worten: Für David und für den Tempel gelten besondere Regeln und für sie ist erlaubt, was normalerweise verboten ist. Und nun kommt die Begründung von Jesus: Ich bin mehr als David und der Tempel zusammen! Deshalb haben meine Jünger gegen kein Gebot verstoßen. Verurteilt also nicht die Unschuldigen!

Wir wissen nicht, ob die Pharisäer diese Begründung akzeptierten. Das ist aber für das Verständnis des Textes auch gar nicht wichtig. Wichtig ist die Beobachtung – hier wie auch bei allen Heilungen am Sabbat –, dass Jesus selbst nie behauptet, den Sabbat gebrochen oder missachtet zu haben. Er hätte in all diesen Fällen ja auch einfach sagen können: „Vergesst das Sabbatgebot! Es macht euch nur unfrei." Oder: „Der Sabbat ist mir doch egal!" Eben das tut er aber nicht. Stattdessen liefert er in jedem einzelnen Fall eine ausführliche, manchmal recht komplizierte Begründung aus der Schrift oder der jüdischen Rechtspraxis, um zu beweisen, dass er den Sabbat *nicht* gebrochen hat. Darauf wollte er also eigentlich hinaus: „Seht her, ich halte mich an den Sabbat. Und ich kann dennoch Gutes tun! Ihr dagegen vermeidet das Gute oft unnötig und beruft euch dabei zu Unrecht auf das Sabbatgebot!"

Ohne Zweifel: Seine Gegner warfen Jesus immer wieder vor, dass er den Sabbat breche.[17] Und am Ende der Streitgespräche über den Sabbat berieten sie sich häufig darüber, wie sie Jesus „loswerden" könnten (zu dieser Übersetzung gleich noch mehr). Für diese feindselige Reaktion gibt es verschiedene Erklärungen: Entweder akzeptierten sie die Begründungen Jesu nicht und berieten sich deshalb, wie sie ihn aufgrund von Sabbatverletzung bestrafen könnten. Das ist möglich. Wahrscheinlicher ist aber eine andere Erklärung: Sie sahen ein, dass sie Jesus eben gerade keinen Sabbatbruch vorwerfen konnten, weil er sich streng an das Gesetz hielt und das auch immer gut begründen konnte. Deshalb berieten sie darüber, wie sie ihn sonst aus dem Weg schaffen konnten, wenn sie ihm schon keinen Gesetzesbruch nachweisen konnten. Denn was sie eigentlich an Jesus störte, war sein ungeheurer Anspruch, dass in seinen Heilungen Gott selbst am Werk war. Und die Tatsache, dass er selbst mehr zu sein behauptete als David und der Tempel zusammen.

In der Mischna ist übrigens ein ganz ähnlicher Fall überliefert: Ein jüdischer Lehrer namens Honi (1. Jh. v. Chr.) war bekannt als ein Mann des Gebets, der Wunder tun konnte und Heilungen vollbrachte. Eines Tages, als es eine längere Trockenheit gab, kamen die Leute zu Honi und baten ihn, Gott um Regen zu bitten. Er betete, aber es kam kein Regen. Da zeichnete er um sich herum einen Kreis auf den Boden, stellte sich hinein und sagte zu Gott: „Ich verlasse diesen Kreis nicht eher, als bis du Regen schickst." Da fielen ein paar Tropfen Regen vom Himmel. Honi aber war damit noch nicht zufrieden. Er betete noch einmal: „Lieber Gott, ich meinte nicht nur ein paar Tropfen, sondern richtigen Regen." Daraufhin brach ein schweres Unwetter los. Aber Honi war immer noch nicht zufrieden. Er sagte: „So einen Regen meinte ich auch nicht. Ich meinte einen guten, satten, segensreichen Regen im richtigen Maß." Da begann es normal zu regnen. Seitdem trug Honi den Beinamen „der Kreiszieher" und man verehrte ihn für seine besondere Nähe zu Gott. Sein Grab ist übrigens heute noch in Galiläa zu sehen. Aber Simon ben Schetach, der zur Zeit Honis der Vorsitzende im Hohen Rat war, war über das anmaßende Verhalten von Honi verärgert. Er ließ den Wundertäter zu sich rufen und sagte zu ihm: „Wärest du nicht Honi, dann würde ich dich exkommunizieren. Aber was soll ich mit dir tun? Denn offenbar kannst du so dreist zu Gott sein wie ein kleines Kind zu seinem Vater und er tut immer was du sagst!"[18]

Die gleiche Ratlosigkeit sehen wir bei den Pharisäern, die sich über den „Fall Jesus" unterhalten. Der Bericht von Lukas erinnert fast bis in den Wortlaut hinein an die Episode von Honi: „Sie aber wurden ganz von Sinnen und beredeten sich miteinander, was sie Jesus tun wollten."[19]

Bei Matthäus und Markus ist es schärfer formuliert – Luther übersetzt: „Sie berieten sich, wie sie ihn umbrächten."[20] Diese Übersetzung ist aber vielleicht etwas übertrieben, denn das Wort, das hier verwendet wird, ist nicht „töten", sondern bedeutet eher „loswerden" im weitesten Sinn. Die ratlosen Gegner würden also gern etwas gegen Jesus unternehmen, aber sie müssen am Ende einsehen, dass sie ihm nichts vorwerfen können. Denn er hat den Sabbat nie verletzt. Und letzten Endes wurde er ja auch nicht wegen Sabbatbruch, sondern wegen Gotteslästerung zum Tod verurteilt. Jesus wollte nie den Sabbat brechen und selbst seine Feinde, die ihm das oft nachsagten, merkten nach ihren Gesprächen mit Jesus, dass ihre Vorwürfe nicht stichhaltig waren. Und das ist der deutlichste Beweis dafür, dass Jesus den Sabbat wirklich nie gebrochen hat.

Warum ist das eigentlich wichtig? Weil es darum geht, die tatsächliche Botschaft richtig zu verstehen, die in diesen Berichten von Heilungen am Sabbat steckt: Sie besteht nicht darin, dass hier ein Gesetz gebrochen wurde oder dass der Mensch wichtiger ist als das Gesetz. Die eigentliche Botschaft ist, dass Gott in Jesus Heilung und Rettung zu den Menschen bringt. Und zwar ausgerechnet am Sabbat, weil dieser Tag für die Vollkommenheit der Schöpfung und für den Vorgeschmack auf Gottes kommende Welt steht. Neuzeitliche Auslegungen, die in den Sabbatheilungen vor allem einen Kampf gegen Gesetzlichkeit und Religiosität sehen, verschieben also den Kern der Botschaft: Dabei steht nicht mehr Jesus, sondern die vermeintliche „Freiheit vom Gesetz" im Mittelpunkt. Die Heilung wird dadurch zu einer unwichtigen Nebensache und viele moderne Ausleger wollen daran ja ohnehin nicht mehr glauben. So stellt man stattdessen vor allem heraus, dass Jesus gegen den Sabbat war. Und dass er deswegen heute gegen religiöse Regeln ganz allgemein ist.

Die Frage der Reinheitsgebote

Ganz ähnlich wie mit den Sabbatgeboten geht es auch vielen Christen mit den jüdischen Reinheitsgeboten: Es scheint ein ungeschriebenes Gesetz zu sein, dass sich Jesus über die Reinheitsgebote hinwegsetzte und sie grundsätzlich infrage stellte. Noch mehr als die Sabbatgebote werden die jüdischen Reinheitsgebote oft ganz grundsätzlich als Ausdruck von Diskriminierung, Ausgrenzung und Menschenfeindlichkeit gesehen, von denen Jesus die Menschen befreite. Der amerikanische Theologe Miroslav Volf etwa wählt als drastischen Vergleich für die Reinheitsgebote der Bibel die „Blut-und-Boden-Theologie" der Nationalsozialisten:

> Denken sie an die tödliche Logik der „Politik der Reinheit". Das Blut muss rein sein: Nur deutsches Blut soll durch deutsche Adern fließen, frei von aller nichtarischen Kontamina-

> tion. Das Territorium muss rein sein: Serbischer Boden darf nur Serben gehören, rein von allen nichtserbischen Eindringlingen. … Der „Wille zur Reinheit" enthält ein ganzes Programm zur Ordnung unserer sozialen Welten – von den inneren Welten des Selbst zu den äußeren unserer Familien, Nachbarschaften und Nationen. Es ist ein gefährliches Programm, regiert von einer Logik, die reduziert, ausscheidet und abtrennt.[21]

Jesus kam – nach dieser Auslegung –, um diese Ideologie der Reinheit zu überwinden und stattdessen die Reinheitsgebote selbst als falsch und sündig zu entlarven:

> Keine Speise, sagt Jesus, ist unrein. Die Trennung von reinem und unreinem Essen schafft falsche Grenzen, die Menschen unnötig trennen. Der Blutfluss aus dem Körper einer Frau ist nicht unrein; die Reinheitsvorschriften für Frauen sind falsche Grenzen, die sie marginalisieren.
>
> Nun, da (Jesus) soziale Schranken überschritt, die Ausgestoßene ausschlossen, waren diese Grenzen nun selbst böse, sündig und nicht im Willen Gottes. Indem er den Ausgestoßenen in seine Arme schließt, unterstrich Jesus die Sündhaftigkeit der Menschen und Systeme, die sie ausgeschlossen hatten.[22]

Nun ist Miroslav Volf ohne Zweifel ein Theologe, der sich auf dem Gebiet der Versöhnung und Überwindung falscher Ausgrenzung verdient gemacht hat wie kaum ein anderer Autor unserer Zeit. Seine Erfahrungen aus verschiedensten ethnischen, religiösen und politischen Konfliktfeldern haben ihn zu einem echten Mann des Friedens und einem wichtigen Impulsgeber für versöhnliches Leben gemacht. Um so tragischer – und unnötiger – ist es, dass er, wie viele andere Christen auch, diese Botschaft der Versöhnung ausgerechnet mit einer Abgrenzung vom Judentum begründet, das vermeintlich ausgrenzend und unversöhnlich war. Es ist im Grunde gleich ein dreifaches Missverständnis, das aber sehr oft dort auftaucht, wo Christen über die jüdischen Reinheitsgebote reden.

Missverständnis 37:
Die jüdischen Reinheitsgebote führten dazu, dass Menschen ausgegrenzt und marginalisiert wurden.

Missverständnis 38:
Unreinheit hat etwas mit Sünde zu tun.

Missverständnis 39:
Jesus hält sich nicht an die jüdischen Reinheitsgebote und erklärt sie für falsch.

Besonders das zweite Missverständnis, die Gleichsetzung von Unreinheit und Sünde, ist bei Christen weit verbreitet. Auch hier spricht Volf aus, was viele Christen denken:

> In Palästina zur Zeit Jesu waren Sünder nicht einfach „die Bösen", also Menschen die religiös bankrott waren, sondern auch gesellschaftliche Außenseiter, Menschen etwa, die einem Gewerbe nachgingen, das man verachtete, oder Heiden und Samaritaner, jene, die das Gesetz nicht so hielten, wie es die Interpretation einer besonderen religiösen Bewegung vorgab. Ein „Gerechter" musste sich von all diesen fernhalten; ihre Gegenwart verunreinigte, weil sie unrein waren."[23]

Alle diese Missverständnisse wurzeln jedoch darin, dass die meisten Christen nicht wirklich vertraut sind mit dem Sinn und der Praxis der jüdischen Reinheitsvorschriften (siehe S. 129ff.: „Reinheitsgebote im Judentum"). Zugegebenermaßen sind diese auch sehr komplex und es kostet einige Mühe, sie zu verstehen. Diese Mühe machen wir uns als Christen nur selten. Wir gehen stattdessen einfach von dem aus, was wir in unserer Umgangssprache als „rein" oder „unrein" bezeichnen, und mischen dabei moralische, hygienische, soziale und religiöse Bedeutungen dieses Wortes durcheinander: Was unrein ist, das muss auch irgendwie falsch, sündig, schlecht, eklig und daher abstoßend sein. All das ist aber der jüdischen Vorstellung von Unreinheit fremd. Und es spielt, bei genauerem Hinsehen, auch in den Bibeltexten, die von Jesus und den Unreinen erzählen, keine Rolle. Im Gegenteil: Nirgendwo im Neuen Testament ist die Rede davon, dass Jesus die jüdischen Reinheitsgebote missachtet oder infrage stellt. Die einzige Stelle, die hier ernsthaft infrage kommt, ist die Diskussion über das Händewaschen vor dem Essen. Diese werden wir uns daher später noch genauer ansehen. Die meisten Ausleger aber, die Jesus als Bekämpfer der Reinheitsgebote sehen, beziehen sich auf ganz andere Bibeltexte, etwa auf den Bericht von der Heilung einer blutflüssigen Frau:

> Und siehe, eine Frau, die seit zwölf Jahren den Blutfluss hatte, trat von hinten an ihn heran und berührte den Saum seines Gewandes. Denn sie sprach bei sich selbst: Könnte ich nur sein Gewand berühren, so würde ich gesund. Da wandte sich Jesus um und sah sie und sprach: Sei getrost, meine Tochter, dein Glaube hat dir geholfen. Und die Frau wurde gesund zu derselben Stunde.[24]

Die meisten Predigten zu dieser Geschichte schildern sehr lang und breit, wie diese Frau unter den jüdischen Reinheitsgeboten zu leiden hatte: Sie durfte nicht in den Tempel und wurde von ihren Verwandten ausgestoßen. In manchen Auslegungen ist sogar zu lesen, dass sie ganz allein leben musste und niemand sie berühren durfte. Die Frage ist nur: Woher haben die Ausleger all diese Vorstellungen? Sie stehen nicht im Bibeltext und sie stehen auch in keiner uns bekannten jüdischen Gesetzesauslegung. Im Text selbst geht es weder um die soziale Ausgrenzung dieser Frau noch um Reinheitsgebote: Es geht um eine Heilung. Wie auch schon beim Sabbat hat jedoch die moderne Bibelauslegung, die mit Heilungen und Wundern nicht viel anfangen konnte, hier die eigentliche Aussage verschoben und diese Geschichte zu einem Beispielfall für den Kampf gegen religiöse Systeme und Reinheitsgebote gemacht.

Missverständnis 40:
Bei der Begegnung mit der „blutflüssigen Frau" geht es nicht um Heilung, sondern um soziale Ausgrenzung.

Wer sich jedoch die Mühe macht, sich ein wenig mehr mit den jüdischen Reinheitsgeboten zu beschäftigen, der erkennt schnell, dass hier wieder einmal das christliche Klischee über die jüdische Realität gesiegt hat: In der Geschichte wird nämlich nichts davon gesagt, dass die Frau von anderen ausgegrenzt wurde. Das ist, vor dem Hintergrund jüdischer Kultur, auch sehr unwahrscheinlich. Im Judentum hat gerade die Fürsorge für Kranke einen hohen Wert und deshalb ist anzunehmen, dass es viele Menschen gab, die sich um diese Frau gekümmert haben. Es gab ja auch keinen Grund, ihr aus dem Weg zu gehen: Das jüdische Gesetz verbietet weder die Gemeinschaft mit unreinen Personen noch ihre Berührung. Ohnehin war der größte Teil der jüdischen Bevölkerung die meiste Zeit ihres Lebens unrein. Warum sollte man da eine Frau ausgrenzen, nur weil sie ebenfalls unrein war?

Missverständnis 41:
Als jüdischer Rabbi hätte Jesus die blutflüssige Frau nicht berühren oder mit ihr reden dürfen.

Jesus setzt sich also über kein jüdisches Reinheitsgebot und auch sonst kein jüdisches Gebot hinweg, als er die Frau berührt. Christliche Ausleger führen hier gerne als zusätzliche Information an, dass jüdische Männer keine fremden jüdischen Frauen berühren durften und insbesondere jüdische Lehrer nicht mit anderen jüdischen Frauen reden durften. Aber die jüdische Literatur ist voller Berichte von Begegnungen und Gesprächen zwischen Rabbis und Frauen.[25] Mir ist deshalb nicht ganz klar, woher diese Idee kommt.[26] Für Jesus war es weder verboten noch besonders ungewöhnlich, diese Frau zu berühren. Der eigentliche Punkt in dieser Geschichte ist ja auch nicht die Berührung, sondern die Heilung! Erst in der modernen Bibelauslegung, in der die Heilung an sich zweifelhaft wurde, verschob sich der Schwerpunkt immer mehr auf das „Wunder der Berührung", mit dem Jesus angeblich jüdische Gebote verletzte und soziale Ausgrenzung überwand.

Missverständnis 42:
Im Judentum ist die Unreinheit ansteckend, bei Jesus aber die Reinheit.

Ein weiteres Missverständnis: Immer öfter kann man in letzter Zeit davon hören und lesen, dass Jesus hier die Logik der jüdischen Reinheitsgebote umkehren will. Während im Judentum die Unreinheit ansteckend war, ist bei Jesus die Reinheit ansteckend, sodass nicht etwa Jesus durch die Berührung mit der Frau unrein wird, sondern die Frau trotz ihres Blutflusses rein wird.[27]

Aber auch hier zeigt ein Blick in den Bibeltext, dass weder das eine noch das andere gesagt wird. Weder wird erwähnt, dass Jesus sich nicht verunreinigt hat – das hätte man aber betonen müssen, wenn es Teil der Botschaft war. Denn jeder normale Leser würde sonst selbstverständlich davon ausgehen, dass Jesus sich, wie jeder andere Mensch auch, durch die Berührung verunreinigt hat. Das wäre ja auch weder schlimm noch verboten – nicht einmal für einen Rabbi oder einen Messias.

Missverständnis 43:
Für Juden war eine Frau mit Blutfluss unrein, aber für Jesus war diese Frau trotz ihres Blutflusses rein.

Es wird aber auch nicht gesagt, dass die Frau (trotz ihres Blutflusses) nach der Berührung mit Jesus rein wurde. Sondern es heißt: Sie wurde *gesund.* Das bedeutet, ihr Blutfluss hörte auf. Jetzt konnte sie also den vorgeschriebenen Zeitraum abwarten, ein Reinigungsbad nehmen und dann, wenn sie wollte, in den Tempel gehen. Das wäre der normale Lauf der Dinge und jeder jüdische Leser dieses Textes würde ihn so verstehen: Es geht hier nicht um eine „Reinheit trotz Blutfluss“, die in der Tat dem jüdischen Gesetz widersprechen würde. Sondern es geht um eine „Reinheit aufgrund von Heilung“. Dies aber widerspricht keinem jüdischen Gesetz. Sie ist, wie auch die Heilung am Sabbat, einfach ein Zeichen der heilbringenden Zuwendung Gottes. Gott muss nicht seine eigenen Gesetze brechen, um Menschen zu heilen. Warum sollte er auch?

Hintergrund: Reinheitsgebote im Judentum

Die Reinheitsgebote spielen schon in der Bibel und dann später auch in der jüdischen Tradition eine wichtige Rolle. Der Platz reicht an dieser Stelle nicht aus, sie ausführlich zu betrachten oder zu erklären. Deshalb beschränke ich mich darauf, einige Grundsätze zu benennen, die besonders für christliche Leser wichtig sind, um Missverständnisse zu vermeiden:

Der erste Grundsatz: Die Reinheitsgebote sind keine speziell „jüdischen Gebote", sondern biblische Gebote. Viele Ausleger, die die Reinheitsgebote mit einem rückständigen religiösen Weltbild des Judentums erklären wollen, müssen sich hier entscheiden: Entweder sie wollen die Bibel ernst nehmen, dann kann man auch die Reinheitsgebote nicht einfach als „jüdischen Aberglauben" abtun. Oder man muss Jesus ganz grundsätzlich gegen die Bibel ausspielen. Denn wenn Jesus wirklich gegen die Reinheitsgebote war, dann stellte er sich an dieser Stelle ja nicht nur gegen eine falsche *Auslegung* der Bibel, sondern gegen klar formulierte biblische Gebote. Allerdings gibt es kein einziges Wort von Jesus, mit dem er andeutet, dass er die biblischen Gebote als solche infrage stellt.

Der zweite Grundsatz: Es gibt in der Bibel und dann auch in der jüdischen Tradition drei sehr unterschiedliche Bereiche von „Unreinheit". Christliche Ausleger werfen diese oft in einen Topf, aber das führt zu einer ganzen Reihe von Missverständnissen. Grundsätzlich muss man zwischen drei Sorten von Unreinheit unterscheiden. Der Einfachheit halber nenne ich sie einmal so: Essensunreinheit, Tempelunreinheit und moralische Unreinheit. Auch wenn dafür das gleiche Wort verwendet wird, haben die drei so gut wie nichts miteinander zu tun. Was also ist damit gemeint?

„Essensunreinheit" bezieht sich auf Tiere, die ein Jude nicht essen darf.[28] Dieses Verbot gilt immer und überall und für jeden

Juden. Unreine Tiere sind immer unrein, man darf sie nie essen. Aber: Man wird nicht selbst unrein, wenn man sie isst. „Essensunreinheit“ ist also nicht „ansteckend“, aber verboten.

„Tempelunreinheit“ funktioniert dagegen völlig anders. Sie bezieht sich auf Menschen, die unter bestimmten Bedingungen für eine bestimmte Zeit lang nicht am Gottesdienst im Tempel teilnehmen dürfen. Ganz grob kann man sagen, dass „Tempelunreinheit“ durch drei Ursachen entsteht: durch Berührung von Toten, durch Aussatz und durch verschiedene Körperflüssigkeiten.[29] Wichtig ist hier: Es ist überhaupt nicht verboten, unrein zu sein oder sich zu verunreinigen. Es ist sogar im Alltag für die meisten Menschen der Normalfall, unrein zu sein. „Tempelreinheit“ benötigte man nur, wenn man in Jerusalem am Gottesdienst teilnehmen wollte. Wollte man das tun, dann musste man sich vorher reinigen, indem man bestimmte Zeiträume abwartete und bestimmte Reinigungsbäder vornahm. „Tempelunreinheit“ ist also etwas völlig anderes als „Essensunreinheit“: Im Gegensatz zur „Essensunreinheit“ ist „Tempelunreinheit“ nicht verboten, aber dafür „ansteckend“: Sie kann durch direkte Berührung oder durch Flüssigkeiten von einem Menschen auf einen anderen übergehen. Vermeiden musste man aber den Kontakt deshalb nicht, denn es war ja für niemanden verboten, sich zu verunreinigen. Unreinheit ist keine Sünde.

„Moralische Unreinheit“, die dritte Sorte von Unreinheit, gibt es eigentlich im jüdischen Gesetz gar nicht. Aber in der Bibel wird die Sprache der Reinheit und Unreinheit auch im übertragenen Sinne gebraucht: Menschen können zum Beispiel „unreine Gedanken“ haben oder sich durch Sünde „verunreinigen“. Ganze Völker können „unrein“ sein, weil sie andere Götter anbeten. Aber auch das Volk Israel kann als Ganzes „unrein“ sein, weil es sich nicht an Gottes Gebote hält. Im Neuen Testament gibt es „unreine Geister“ und „unreines Verhalten“. Aber all das hat mit den biblischen Reinheitsgeboten nichts zu tun. Es ist nur eine übertragene, bildliche Redeweise. In den Augen des Gesetzes ist niemand unrein, nur weil er sündigt oder weil er ein Ausländer ist oder weil er Schweinefleisch isst oder weil er von einem Dämonen besessen ist. An so einer Person kann man sich nicht im Sinne des Gesetzes „verunreinigen", man muss ihr deshalb auch nicht aus dem Weg gehen, sie ausgrenzen oder meiden. „Moralische Unreinheit" ist, im Gegensatz zur „Tempelunreinheit", zwar Sünde, aber sie ist weder von außen erkennbar noch übertragbar noch hat sie irgendwelche technischen Auswirkungen. Ein Mensch mit unreinen Gedanken kann ganz selbstverständlich am Gottesdienst im Tempel teilnehmen. Denn wer könnte von sich sagen, dass er keine hat?

Der dritte Grundsatz: „Tempelreinheit" benötigt man nur in Jerusalem – es sei denn, man lebt nach der pharisäischen Tradition. Die Pharisäer traten dafür ein, die „Tempelreinheit" auch auf den Alltag, besonders aber auf Nahrungsmittel und Tischgemeinschaften, auszudehnen. Ihr Grundsatz war: „Wir sind alle ein Volk von Priestern", also lebten sie auch nach Regeln, die eigentlich nur für Priester im Tempel galten. Und ihre Tischgemeinschaften waren kleine „Gottesdienste". Deshalb war es ihnen wichtig, auch im Alltag, fern von Jerusalem, die Gebote der „Tempelreinheit" einzuhalten. Wer so leben wollte, der musste auch im Alltag versuchen, Verunreinigung zu vermeiden, oder aber häufiger ein Tauchbad zur Reinigung nehmen. Neuere archäologische Funde in Galiläa haben gezeigt, dass auch hier, weitab von Jerusalem, viele Menschen diese pharisäischen Reinheitsvorschriften einhielten. An dieser Stelle also gingen die Pharisäer, und mit ihnen viele Juden aus der breiten Bevölkerungsmasse, über die biblischen Vorschriften hinaus. Hier gab es dementsprechend auch Bedarf für Auslegung und Diskussion. Und das sorgte für Konflikte zwischen verschiedenen Lehrern, so wie auch zwischen den Pharisäern und Jesus.

Es gibt noch viele andere Berichte von Jesus, in denen christliche Ausleger eine Missachtung der jüdischen Reinheitsvorschriften entdecken. Zum Beispiel dort, wo er Aussätzige heilt. Ähnlich wie bei der blutflüssigen Frau vermutet man hier, dass Jesus als jüdischer Rabbi diese Aussätzigen nicht hätte anrühren dürfen. Wie bei der Frau erzählt man dabei ausführlich von ihrer sozialen Ausgrenzung. Hier stehen meist Horrorszenarien vor Augen, wie sie etwa in dem bekannten Kinofilm „Ben Hur" gezeichnet werden: Da leben die Aussätzigen in Leprakolonien vor den Toren der Stadt. Sie haben keine Häuser, sondern nur Höhlen. Man darf ihnen nicht zu nahe kommen, weil man sich sonst mit ihrer Krankheit ansteckt. Man kann sie nicht einmal ansehen. Selbst Lebensmittel können nur an langen Seilen zu ihnen herabgelassen werden. John Eldredge beschreibt es in seinem Buch *Der ungezähmte Messias* so:

> Wir müssen in Betracht ziehen, wie man sich im Judentum damals diesen Kranken gegenüber verhielt. Aussätzige mussten „unrein, unrein!" rufen, wenn sie durch ein Dorf zogen, damit niemand sie aus Versehen berührte. … Ausgestoßen und geächtet. Wer in jener Zeit in Israel einem Aussätzigen auf einen Steinwurf nahe kam, setzte seinen guten Ruf aufs Spiel. Das also ist die Gefahr, der sich Jesus aussetzt. Der Mann nähert sich ihm – kommt aber nicht zu nah. Wie reagiert Jesus? Er streckt seine Hand aus und berührt ihn. Das ist so schön, dass man es nicht in Worte fassen kann. … Denn gerade das braucht der Mann. Lange Zeit hat ihn niemand berührt. Auf menschliche Berührung verzichten zu müssen ist viel schlimmer als nicht genug Brot zu haben.[30]

Solche Darstellungen berühren zwar das Herz, aber historisch gesehen sind sie leider in vielerlei Hinsicht falsch: Zum Einen hat der biblische „Aussatz" (griechisch: *leprosis*) nichts mit dem zu tun, was wir heute

„Lepra“ nennen. Es ist eine sehr spezielle, übrigens nicht ansteckende, Hautkrankheit, die nach biblischem Gebot eine rein religiöse Bedeutung hat und „Tempelunreinheit“ verursacht. Und in der Tat sind die biblischen Anweisungen für solche Aussätzige sehr streng:

> Wer nun aussätzig ist, soll zerrissene Kleider tragen und das Haar lose und den Bart verhüllt und soll rufen: Unrein, unrein! Und solange die Stelle an ihm ist, soll er unrein sein, allein wohnen, und seine Wohnung soll außerhalb des Lagers sein.[31]

Schon im ersten Kapitel habe ich aber kurz erwähnt, dass man diese Vorschriften aus der Zeit der Wüstenwanderung natürlich nicht einfach auf die Zeit Jesu übertragen darf: In der Zeit der Wüstenwanderung mussten Aussätzige außerhalb des Lagers wohnen, weil sie im Lager der Stiftshütte zu nahe kamen. Man musste ihnen deshalb aber weder aus dem Weg gehen noch ihre Gesellschaft meiden. Es sprach nichts dagegen, sie zum Beispiel in ihren Zelten außerhalb des Lagers zu besuchen und dort mit ihnen zu essen. Aussätzige mussten jedoch äußerlich erkennbar sein und auch durch Rufe auf sich aufmerksam machen, damit jemand, der sie unabsichtlich oder absichtlich berührte, wusste: Ich bin jetzt auch unrein und muss ein Tauchbad nehmen, bevor ich das nächste Mal zur Stiftshütte gehe. Das war alles. Um mehr ging es nicht.

Die meisten dieser Regeln waren aber in der Zeit Jesu – und vor allem außerhalb von Jerusalem – nicht mehr relevant. Denn dort gab es ja keine Gefahr, dass ein Aussätziger oder jemand, der aus Versehen einen Aussätzigen berührte, anschließend dem Tempel zu nahe kommen konnte. Die jüdischen Gesetze für Aussätzige waren deshalb zur Zeit Jesu wesentlich differenzierter und vor allem daraufhin ausgelegt, Aussätzigen ein möglichst normales Leben in den Dörfern und Städten zu ermöglichen. Von einer kollektiven Ausgrenzung von Aussätzigen kann auf keinen Fall die Rede sein: Aussätzige konnten, wie schon im Eingangskapitel erwähnt, an jedem Ort wohnen. Nur nicht innerhalb der Stadtmauern von Jerusalem, denn dort stand ja der Tempel.[32] Sie konnten aber selbstverständlich am Gottesdienst in der Synagoge teilnehmen.[33] Sie konnten, wie andere Menschen auch, auf den Markt zum Einkaufen gehen[34] und sie mussten dabei vermutlich auch nicht mehr „Unrein, unrein!" rufen, wie noch in der Zeit der Wüstenwanderung.[35] Aussätzige konnten sogar heiraten und Familien gründen.[36] Das jüdische Gesetz half ihnen dabei, all diese alltäglichen Vorgänge so zu gestalten, dass die Reinheitsvorschriften trotzdem eingehalten werden konnten. Es ging also, im Kern dieser Gesetze, um Inklusion und nicht um Exklusion der Aussätzigen.

Natürlich kann man, bei aller Liebe, nicht heutige Maßstäbe von Inklusion und Integration an die jüdischen Gesetze des ersten Jahrhunderts anlegen. Und die Quellen berichten in der Tat davon, dass manche Leute einen großen Bogen um Aussätzige machten, eben weil sie sich nicht verunreinigen wollten oder weil sie sich vor der Krankheit ekelten.[37] Von einem Rabbi im 3. Jahrhundert wird sogar berichtet, dass er mit Steinen nach Aussätzigen warf, wenn sie in seine Nähe kamen.[38] Es kam also sicher in der Realität oft vor, dass Aussätzige ausgegrenzt, misshandelt oder gemieden wurden. Trotzdem muss man sich davor hüten, die Tatsache falsch zu deuten. Denn eine solche Diskriminierung war ja nicht im jüdischen Gesetz vorgeschrieben, sondern beruhte auf der Bequemlichkeit, der Ängstlichkeit und den Vorurteilen von Einzelnen. Sie widersprach damit sogar ausdrücklich dem jüdischen Gesetz, das die Liebe zum Nächsten und insbesondere die Fürsorge für Kranke als zentralen Grundsatz hatte. Hier hat Jesus also lediglich praktisch vorgelebt, dass es auch anders geht als in diesen Negativbeispielen: Man konnte sich Aussätzigen zuwenden, mit ihnen essen, ihre Häuser besuchen und sie anfassen – das alles war nicht verboten. Man musste es nur tun. Und viele haben das offenbar vermieden. Jesus setzt also in der Tat ein Zeichen gegen soziale Ausgrenzung. Allerdings erwähnen die neutestamentlichen Texte gerade diesen Aspekt nicht – er steht also offenbar nicht im Mittelpunkt. Reinheitsgebote verletzt Jesus dabei aber nicht.

Missverständnis 44:
Bei den Juden galten Aussätzige als unrein, aber für Jesus sind auch Aussätzige rein.

Betrachtet man den Umgang von Jesus mit Aussätzigen, dann stellt man fest: Er bewegt sich völlig im Rahmen dessen, was das jüdische Gesetz damals erlaubte. Er sagt auch nirgendwo etwas Kritisches über die Gesetze zum Aussatz an sich. Auch in diesem Fall geht es, ähnlich wie bei der blutflüssigen Frau, nicht um „Reinheit trotz Aussatz", sondern um „Reinheit durch Heilung". Das ist etwas völlig anderes: Ein Mensch, der von seinem Aussatz geheilt war, war ja auch nach jüdischem Gesetz nicht mehr unrein. Er musste sich nur dem Priester zeigen, seine Heilung bestätigen lassen, ein Tauchbad nehmen und dann konnte er, wie alle anderen auch, wieder am Gottesdienst im Tempel teilnehmen. Interessant ist, dass Jesus genau darauf großen Wert legte, dass diese Vorschriften eingehalten wurden. Gleich mehrmals schickte er die geheilten Aussätzigen zum Priester und trug ihnen auf, die zur Reinigung nötigen Opfer zu bringen.[39] Ist das der Jesus, der sich, wie viele Ausleger meinen, souverän über die Reinheitsgebote hinwegsetzte oder sie für ungültig erklärte? Für den die Trennung zwischen rein und unrein nicht mehr existierte?

Missverständnis 45:
Für Jesus waren äußerliche Reinigungsriten und Zeremonien unwichtig. Nur das Innere zählt bei Gott.

Die Erklärung, dass Jesus hier nur aus pädagogischer Rücksicht scheinbar auf die jüdischen Regeln eingeht, beantwortet diese Frage nicht zufriedenstellend: Denn wenn der Bruch mit dem Gesetz für Jesus wirklich so programmatisch war, dann hätte er das sehr viel deutlicher sagen und zeigen müssen. Und dann hätte er gerade diese Regeln, die die Priester, Opfer und Reinigungszeremonien betreffen, ignorieren oder sogar öffentlich kritisieren müssen. Das aber hat er gerade nicht getan.

Jesus und die „Ausgestoßenen"

Das verbreitete Bild von Jesus, dem Durchbrecher der jüdischen Gesetzlichkeit, hat aber noch eine weitere Variante. Auch diese ist in christlichen Predigten sehr beliebt. Hierbei geht es um den Umgang Jesu mit den „Ausgestoßenen". Es gab nämlich – nach dieser Vorstellung – in der jüdischen Welt ziemlich viele Menschen, die bei den Juden „verhasst", „ausgestoßen" oder „gemieden" waren, und von denen sich „jeder fromme Jude fernhalten musste". Dazu zählten nicht nur die Aussätzigen, sondern zum Beispiel auch die Samaritaner, die Zöllner, die Heiden und die Prostituierten. Manche Ausleger meinen sogar, dass man sich von allen Sündern fernhalten musste. Oder auch von allen Frauen. Mit anderen Worten: Ein Jude musste sich so ziemlich von allen Menschen fernhalten, die es in seiner Umgebung gab. Glaubt man diesen Bildern, dann war das Judentum eine sehr exklusive Gesellschaft, in der nur die Perfekten und Religiösen einen Platz hatten. Alle anderen wurden verachtet, gemieden und ausgestoßen. Dieser Vorwurf gegenüber dem Judentum ist übrigens nicht neu. Schon unter den alten Römern kursierte das Sprichwort, dass der „Hass gegen alle Menschen" (lat. *odium humani generis*) ein besonderes Kennzeichen des jüdischen Glaubens war: „Die Juden verhalten sich sehr loyal gegenüber ihresgleichen und sind immer bereit, Mitleid zu zeigen. Aber allen anderen gegenüber fühlen sie nur Hass und Feindschaft."[40]

Seit ich angefangen habe, in christlichen Predigten und Büchern einmal besonders auf das Wort „verhasst" zu achten, wird mir bewusst, dass dieser alte Vorwurf in den Köpfen bis heute lebendig ist. Aber war das eigentlich wirklich so? Auch hier lohnt sich ein genaueres Blick in die jüdischen Quellen. Fangen wir mit den Zöllnern an.

Missverständnis 46:
Zöllner waren im Judentum verhasst und ausgestoßen.

Im Neuen Testament spielen verschiedene Zöllner eine prominente Rolle: Da ist der Zöllner Levi beziehungsweise Matthäus, der von Jesus zum Jünger berufen wird.[41] Dann der Oberzöllner Zachäus, der auf einen Baum steigt, um Jesus zu sehen.[42] Und schließlich noch viele namenlose Zöllner, mit denen Jesus isst und trinkt. Glaubt man den vielen christlichen Erzählungen, waren diese Zöllner arm dran: Sie wurden von allen gemieden und gehasst, niemand wollte mit ihnen essen oder überhaupt etwas zu tun haben. Sie waren, wie N. T. Wright es ausdrückt, das „moralische Äquivalent von Leprakranken".[43] In der Tat werden die Zöllner gerade im Neuen Testament oft in der Kombination „Zöllner und Sünder" oder „Zöllner und Prostituierte" erwähnt, was wenig schmeichelhaft klingt. Mehrmals werden Zöllner sogar von Jesus selbst als typisches Beispiel eines Sünders erwähnt.[44] Und es gibt auch einen Bericht, in dem eine Gruppe von Schriftgelehrten und Pharisäern daran Anstoß nimmt, dass Jesus mit Zöllnern zusammen isst.[45] Zöllner hatten also offensichtlich kein gutes Ansehen bei der Bevölkerung. Aber waren sie deshalb wirklich „ausgestoßen" und „verhasst"? Schon ein Blick ins Neue Testament lässt da Zweifel aufkommen. Denn zumindest der Zöllner Matthäus scheint eine ganze Reihe von Freunden gehabt zu haben, die er zum Abendessen einladen konnte.[46] Und auch bei Zachäus, der immerhin ein „Oberer" unter den Zöllnern war, ist eher anzunehmen, dass er in Jericho zur „High Society" gehörte und viele gute Kontakte zu den Reichen und Schönen hatte. Was also war das Problem der Zöllner?

Zöllner waren ganz allgemein in der Antike nicht sehr beliebt. Diese Unbeliebtheit war allerdings keine jüdische Spezialität, sondern ein allgemeines Phänomen in der griechisch-römischen Welt. Diese Unbeliebtheit hat also gar nichts mit dem jüdischen Glauben oder Gesetz zu tun, sondern mit dem Wesen ihres Berufes: Niemand zahlt gerne Steuern und der Unwille darüber überträgt sich immer auf die, die sie eintreiben. Aber ist man deshalb auch als Person unbeliebt? Vielleicht könnte man den Beruf des Zöllners mit den heutigen „Politessen" oder „Finanzbeamten" vergleichen. Die mag auch niemand, zumindest nicht in ihrer beruflichen Funktion. Es wäre allerdings absurd anzunehmen, dass alle Politessen deshalb in ihrem Privatleben von allen Menschen gemieden würden oder keine Freunde hätten. Privat hat niemand etwas gegen sie. Das wird auch bei Zöllnern in der Antike nicht anders gewesen sein. Jedenfalls gibt es in den jüdischen Quellen keinen Bericht über einen Zöllner, der von anderen ausgegrenzt oder ausgestoßen wurde. Im Gegenteil: Wir lesen von Zöllnern, die Mitglieder *(haverim)* in den Bruderschaften der Pharisäer waren.[47] Sie werden im Talmud lobend als Spender von Almosen erwähnt.[48] Der Talmud berichtet sogar von einem Zöllner, der so beliebt war, dass das ganze Dorf zu seiner Beerdigung erschien, während zur Beerdigung eines frommen Gelehrten aus der gleichen Stadt niemand erschien.[49]

Eine Unbeliebtheit des Berufs muss also nicht unbedingt gleichzeitig eine Ausgrenzung der Person bedeuten. Bei den Zöllnern kam aber noch ein Zweites hinzu: Sie standen nämlich in dem Ruf, ihre Position auszunutzen und mehr Zoll einzunehmen, als nötig.[50] In den jüdischen Gesetzestexten werden sie daher mehrfach mit Räubern verglichen.[51] Nicht, weil sie selbst Räuber waren, sondern weil ihr Geld, wie das Geld von Räubern, zweifelhaften Ursprungs war. Die Rabbinen warnen allerdings ausdrücklich davor, dieses Urteil pauschal auf alle Zöllner anzuwenden, und erklären den Zoll ausdrücklich für rechtens, solange der Zöllner eine behördliche Genehmigung hat und eine ordnungsgemäße Preisliste öffentlich aushängt.[52]

Ein drittes Problem war die Reinheit und Unreinheit von Zöllnern: Bedingt durch ihren Beruf mussten sie häufig fremde Häuser inspizieren und dort alle vorhandenen Besitztümer begutachten. Dabei mussten sie oft auch Gegenstände, Kleider oder Lebensmittel in die Hand nehmen, um sie abzuwiegen oder zu untersuchen. Dadurch war es ihnen so gut wie unmöglich, ihre „Tempelreinheit" zu bewahren. Und mehr noch: Dadurch, dass sie von Haus zu Haus gingen und überall alles berührten, trugen sie die „Tempelunreinheit" weiter. Deshalb galt ein Haus, das ein Zöllner besuchte, nach diesem Besuch solange als unrein, bis die notwendigen Reinigungsvorschriften wieder vollzogen waren.[53] Aber man darf hier nicht wieder den Fehler machen, aus dem „unreinen" Zöllner einen „verhassten" oder „ausgestoßenen" Zöllner zu machen, wie das oft in Predigten geschieht. Denn Unreinheit war ja weder verboten, noch musste sie gemieden werden. Man muss also bei Zöllnern genau unterscheiden zwischen

- ihrem Beruf, der nicht beliebt war,
- ihrem Ruf als Betrüger und Wucherer und
- ihrer berufsbedingten Unreinheit.

Keine dieser drei Eigenschaften machte sie jedoch in der jüdischen Gesellschaft zu „Ausgestoßenen", „Geächteten" oder „Marginalisierten". Beruflich kann man sie, wie bereits gesagt, eher mit Politessen oder Finanzbeamten vergleichen: Gerne hat sie in ihrer beruflichen Position niemand, aber das sagt nichts über ihre privaten Freundschaften und Beziehungen aus. Als Privatmenschen sind Angehörige solcher Berufsgruppen weder „verhasst" noch „ausgestoßen". Was dagegen ihren schlechten Ruf angeht, kann man die Zöllner vielleicht am ehesten mit den heutigen Börsenmaklern und Topmanagern vergleichen: Sie stehen bei der breiten Bevölkerung unter einem Generalverdacht, Betrüger zu sein, obwohl es ganz sicher auch viele ehrliche Vertreter unter ihnen gibt. Sie sind sogar bei einem Teil der Bevölkerung „verhasst", weil man ihnen vorwirft, dass sie sich unrechtmäßig bereicherten. Aber sind sie deshalb auch „ausgestoßen"? Wohl kaum. Innerhalb ihrer eigenen Welt haben sie vermutlich genauso viele Freunde und Feinde wie jeder andere Mensch auch. Das Bild vom armen Zöllner, den niemand liebt, mit dem niemand essen will und dem jeder aus dem Weg geht, stimmt also auch hier nicht. Um es an einem modernen Beispiel zu beschreiben: Uli Hoeneß hat sich durch seinen Steuerbetrug sicher bei vielen Leuten sehr unbeliebt gemacht. Dass er deswegen jetzt auch privat keine Freunde mehr hätte, ist aber wohl kaum anzunehmen.

Die Abschätzung der Pharisäer gegenüber den Zöllnern – wie sie uns besonders im Neuen Testament begegnet – ist also eher eine Frage des sozialen Milieus als des jüdischen Gesetzes: Es war nicht verboten, mit Zöllnern zu essen. Aber vermutlich mieden viele Pharisäer die Nähe von Zöllnern, weil sie ihren guten Ruf nicht aufs Spiel setzen wollten. Und hier liegt auch der Unterschied zu Jesus: Denn Jesus aß ganz bewusst auch mit denen, die bei den Pharisäern in zweifelhaftem Ruf standen. Sucht man einen Vergleich für die heutige Predigt, sollte man daher nicht von „Außenseitern" oder „Ausgestoßenen" reden, denen man sich aus Barmherzigkeit zuwendet. Treffender wäre das Beispiel eines Fair-Trade-Aktivisten, der mit Managern eines „unfairen" Großkonzerns öffentlich im Fast-Food-Restaurant essen geht.

Wenn dann obendrein auch noch der dritte Grund ins Spiel kam, nämlich die berufsbedingte Unreinheit, dann war für die Pharisäer endgültig eine Grenze überschritten: Denn wenigstens beim Essen sollte man doch auf Reinheit achten, denn dieses war für Pharisäer mit einem Gottesdienst im Tempel vergleichbar. Der Ärger der Pharisäer ist also – aus ihrer Sicht heraus – durchaus nachvollziehbar.

Jesus aber sieht die Dinge anders: Er isst auch mit denen, die einen zweifelhaften Ruf haben, und auch dann, wenn sie unrein sind. Beides war nach jüdischem Gesetz nicht verboten, aber offenbar für manche Pharisäer doch schwer denkbar. Dass Zöllner jedoch im Judentum grundsätzlich ausgestoßen oder verhasst waren oder dass sie weniger Freunde hatten als andere Menschen, lässt sich aus all diesen Texten nicht entnehmen.

Ein Vorwurf, den man heute den jüdischen Zöllnern ganz besonders gern macht, findet sich allerdings in keiner einzigen antiken Quelle: Nämlich, dass sie „Kollaborateure" waren, die mit der feindlichen Besatzungsmacht zusammenarbeiteten. Seit wann sich dieser Vorwurf so in der Literatur findet, weiß ich nicht. Es scheint mir, als sei er erst seit wenigen Jahrzehnten in Mode – vor allem im Zuge der unterschiedlichsten „politischen Theologien" seit den 1960er-Jahren. Schaut man jedoch in die jüdischen Quellen der Zeit Jesu, taucht dieser Vorwurf gegenüber Zöllnern nirgendwo auf. Das mag zum einen daran liegen, dass die meisten Zöllner nicht für die Römer, sondern für lokale jüdische Behörden arbeiteten. Zum anderen liegt es aber auch daran, dass die meisten Juden zur Zeit Jesu – anders als oft angenommen – die Römer nicht als „feindliche Besetzungsmacht", sondern als „verbündete Schutzmacht" empfanden.[54]

Missverständnis 47:
Samaritaner waren bei den Juden verhasst und wurden gemieden.

Ähnlich verbreitet wie das Bild der „verhassten Zöllner" ist in christlichen Predigten das Bild der „verhassten Samaritaner". Hier wird gerne in schillernden Farben beschrieben, wie verfeindet die Juden und die Samaritaner waren. Samaritaner werden als „Ausländer" und als „Fremdvolk" bezeichnet, und da Juden ja grundsätzlich alle Ausländer hassten, hassten sie die Samaritaner ganz besonders. So beschreibt etwa John Eldredge die Begegnung zwischen Jesus und einer Samaritanerin mit den folgenden Worten:

> Was passiert hier genau? Die Juden verachten die Samariter und reden absolut niemals mit ihnen. Paul Johnson schreibt dazu: „Die Samariter wurden von den Juden gehasst … sie traf ihr quasi-religiöser Zorn und eine Art lokaler, leidenschaftlich ausgelebter Rassismus." Man kann das mit der Haltung der im Ku-Klux-Klan organisierten Weißen in den Südstaaten gegenüber den Schwarzen in den 1920er Jahren vergleichen.[55]

Aber was ist wirklich dran an dieser Darstellung der Samaritaner und vor allem der Juden? Um die Hintergründe besser zu verstehen, muss man zunächst in die biblische Geschichte zurückblicken: Das Königreich Israel wurde unter den Nachfolgern Salomos aufgeteilt in ein Nordreich (Israel) und ein Südreich (Juda). In beiden Teilen des Reiches wohnten also Israeliten, aber unter den Bewohnern des Südreichs setzte sich mit der Zeit der Name „Judäer" durch, aus dem dann das Wort „Jude" wurde. Die Bewohner des Nordreichs dagegen nannten sich weiterhin „Israeliten". Als das Nordreich im Jahr 722 v. Chr. von den Assyrern erobert wurde, siedelten diese viele fremde Völker in den Städten der Israeliten an. Diese neu angesiedelten Völker traten zwar nominell zum Glauben Israels über, aber verehrten weiterhin auch noch ihre alten Götter.[56] Alle Bewohner des Nordreichs wurden dadurch für die „Judäer" des Südreiches mit der Zeit suspekt, auch wenn es sich offiziell bei ihnen allen um Israeliten handelte, ganz gleich, ob durch Abstammung oder durch Übertritt. Und als nach dem babylonischen Exil der Tempel in Jerusalem wieder aufgebaut wurde, durften sich die Bewohner des Nordreiches nicht am Bau beteiligen.[57] Wenig später ordnete Esra an, dass alle Priester, die sich Frauen aus einem anderen Volk genommen hatten, diese wieder entlassen mussten.[58] Die Israeliten aus dem Nordreich fühlten sich durch diese Regelungen benachteiligt und sie begannen daher mit eigenen Gottesdiensten auf dem Berg Garizim. Später entstand dann dort ein zweiter Tempel, der eine offene Konkurrenz zum Tempel in Jerusalem bildete. So entstanden im Laufe der Jahrhunderte zwei getrennte israelitische Religionsgemeinschaften im Norden und im Süden, die aber beide den Anspruch erhoben, das „echte“ Volk Israel zu sein. Beide hatten einen Tempel, beide hatten Hohepriester, beide feierten die biblischen Feste und beide beschuldigten den anderen, vom „wahren Glauben“ abgefallen zu sein. Bis heute leben etwa 500 Samaritaner in Israel und immer noch feiern sie ihre jährlichen Feste unter der Leitung ihres Hohepriesters auf dem Berg Garizim bei Nablus, wo einst der samaritanische Tempel stand.

Der Vergleich mit „Ausländern“ oder „Fremdvölkern“ ist also für Samaritaner sehr unpassend, ebenso wie der Vergleich mit dem Rassismus der amerikanischen Südstaaten. Man könnte den Streit zwischen den beiden Glaubensgemeinschaften eher mit dem Streit zwischen Protestanten und Katholiken im Deutschland des 19. Jahrhunderts vergleichen: Man spricht dem anderen zwar den „wahren Glauben“ ab, aber man pflegt dennoch gute Nachbarschaft. Man heiratet nicht untereinander, aber man hilft sich gern beim Hausbau und bei der Gartenarbeit. Man erkennt seine Priester gegenseitig nicht an, aber doch die Gottesdienste, die sie feiern. Ab und zu gibt es sogar Übergriffe von gewaltbereiten Extremisten[59], aber die sind nicht typisch für das alltägliche Miteinander.

Eine ähnlich vielseitige Beziehung finden wir auch in den jüdischen Quellen, die von Samaritanern reden. Ganz grundsätzlich gilt dabei der Ausspruch der Mischna: „Die Regelungen der Samaritaner sind teilweise so wie unsere und teilweise so wie die von Nichtjuden.“[60] Mit anderen Worten: Bei Samaritanern muss man genauer hinsehen. Denn sie behaupten zwar, echte Israeliten wie wir zu sein, und sie halten sich nach ihren eigenen Worten auch an die biblischen Gebote, aber weil sie manches anders praktizieren als wir, muss man im Einzelfall entscheiden, ob man sie wie Juden oder wie

Nichtjuden behandelt. So traute man den Samaritanern im Blick auf die Reinheit von Wasserbehältern und Zisternen, aber nicht im Blick auf ihren Umgang mit Blutfluss, weil sie hier anderen Regelungen folgten als die Juden.[61] Wein aus samaritanischem Handel konnte man trinken, aber nur, wenn er in verschlossenen Behältern geliefert wurde.[62] Rabbi Schimon ben Gamaliel lobte die Samaritaner sogar ganz ausdrücklich für ihren Gesetzesgehorsam: „Bei denjenigen Geboten, die die Samaritaner halten wie wir, nehmen sie es sogar viel genauer als wir Israeliten"[63]

Wie weit die Anerkennung von Samaritanern reichte, darüber gingen die Meinungen der jüdischen Lehrer allerdings auseinander. Eliezer ben Hyrkanus, ein Hardliner aus dem 1. Jahrhundert v. Chr., weigerte sich, Samaritaner als Israeliten anzuerkennen, weil er ihnen immer noch heimlichen Götzendienst unterstellte.[64] Dagegen erklärten jedoch Rabbi Akiba und Rabbi Schimon ben Gamaliel am Anfang des 2. Jahrhunderts n. Chr.: „Ein Samaritaner ist in jeder Hinsicht einem Israeliten gleich."[65]

Es gibt sogar Regelungen für Samaritaner, die Mitglieder in den pharisäischen Bruderschaften (*chavurot*) waren.[66] Man kaufte als Jude von Samaritanern Lebensmittel,[67] man aß und trank zusammen[68] und verschiedene berühmte jüdische Lehrer führten mit Samaritanern Lehrgespräche.[69] Samaritaner hatten bis zum Jahr 8 n. Chr. ganz selbstverständlich Zugang zum innersten Bereich des Tempels.[70] Und auch die bei Predigern so beliebte Erklärung, dass Juden auf dem Weg von Galiläa nach Judäa um das Land der Samaritaner einen Bogen machten, entpuppt sich bei näherem Hinsehen als Mythos. Das Gegenteil ist der Fall, denn der Historiker Josephus schreibt ganz ausdrücklich: „Es war bei den Einwohnern Galiläas üblich, den Weg durch das Land der Samaritaner zu nehmen, wenn sie zu den großen Festen in die Heilige Stadt pilgerten."[71]

Woher also die Idee kommt, dass Juden nicht mit Samaritanern sprachen oder ihnen aus dem Weg gingen, weiß ich nicht. Sie waren sich sicher in vielen Fragen uneinig und es gab auch offene Animositäten. Aber das in Predigten oft gemalte Bild von einer offenen Feindschaft – und vor allem von einer Art von „religiösem Rassismus" – finden wir in den jüdischen Quellen keinesfalls wieder. Vermeiden sollte man es auch, die Samaritaner als „Ungläubige" oder „Ausländer" zu bezeichnen. Das waren sie nämlich aus jüdischer Sicht gerade nicht.

Man könnte nun auch noch auf andere Gruppen eingehen, die nach christlicher Meinung bei den Juden „verhasst", „ausgegrenzt" oder „geächtet" waren. Neben den Aussätzigen, Unreinen, Zöllnern und Samaritanern sind das vor allem Heiden im Allgemeinen und Römer im Besonderen. Zur Frage, wie „verhasst" die Römer bei den Juden waren, werden wir aber in einem späteren Kapitel noch einiges hören.[72] Und was die „verhassten Heiden" im Allgemeinen angeht, könnte man hier auch noch einmal seitenweise jüdische Gesetze zitieren, die das alltägliche nachbarschaftliche Zusammenleben zwischen Juden und Heiden regeln. Auch hier – ähnlich wie bei den Samaritanern – isst man zusammen, geht man zusammen in die Therme, führt Lehrgespräche über die Tora und vieles mehr. Eine allgemeine „Unreinheit" von Heiden, wie sie oft in christlichen Predigten erscheint, gibt es nach jüdischem Gesetz nicht. Es gibt aber unter den Rabbinen unterschiedliche Ansichten darüber, ob man sich etwa durch bestimmte Speisen aus nichtjüdischem Handel verunreinigen kann oder ob ein gemeinsames Essen mit Nichtjuden als Götzendienst gilt, weil dabei immer auch Opfergaben konsumiert wurden. Grundsätzlich galt man auch nach der Rückkehr aus fremden Ländern als unrein. Aber nicht, weil die Menschen dort „unrein" waren, sondern weil es in solchen Ländern für Juden fast unmöglich war, die alltäglichen Reinheitsvorschriften einzuhalten. Das alles sind aber Detailfragen, die hier nicht weiter ausgeführt werden können. Vielleicht genügt es deshalb, wenn man sich immer dann, wenn man über Fragen von Reinheit und Unreinheit oder über die Beziehung zwischen Juden und Heiden in der Zeit Jesu spricht, selbstkritisch die Frage stellt: „Was weiß ich eigentlich wirklich darüber? Und woher weiß ich es?". Ein Blick in die jüdischen Quellen kann dann helfen, das eigene – manchmal vielleicht einseitig geprägte – Bild zu vervollständigen oder zu präzisieren.

In den meisten Fällen, in denen christliche Bibelleser von „unreinen" Zöllnern, Samaritanern, Gerbern, Römern, Heiden, Besessenen, Sündern oder Prostituierten sprechen, gibt es nach jüdischem Gesetz überhaupt kein Problem mit den Reinheitsgeboten. Denn nach jüdischem Gesetz haben Reinheit und Unreinheit nichts mit Sünde, Sauberkeit oder Volkszugehörigkeit zu tun. Solche Menschen waren also allerhöchstens im übertragenen moralischen Sinn „unrein" (siehe Erklärungen zum Hintergrund). Solche „moralische Unreinheit" war allerdings nicht ansteckend und deshalb musste man diesen Menschen als frommer Jude auch nicht aus dem Weg gehen. Aber abgesehen davon sagen die entsprechenden Texte auch in den meisten Fällen gar nichts von alledem. Wer solche Texte auslegt oder darüber predigt, der sollte also das Thema „Reinheit" lieber außen vor lassen und nicht etwas in sie hineinlesen, was kein jüdischer Leser damals darin vermutet hätte.

Missverständnis 48:
Jesus missachtet jüdische Reinheitsgebote, wenn er mit Zöllnern und Sündern isst, mit Römern oder Samaritanern redet oder unreine Geister austreibt.

Das Gleiche gilt auch für eine beliebte Auslegung des „barmherzigen Samariters", der zufolge der Priester und der Levit deshalb an dem Verwundeten vorbeigingen, weil sie Angst hatten, sich zu verunreinigen. Dieser Auslegung zufolge möchte Jesus hier ganz ausdrücklich die Unbarmherzigkeit der jüdischen Reinheitsgebote zur Barmherzigkeit des Samariters in Kontrast setzen. Der britische Theologe N. T. Wright geht sogar noch weiter:

> Der Jude am Wegesrand entdeckte, dass der Samariter sein Nächster war. Und implizit entdeckte er auch noch, dass die beiden anderen Passanten *nicht* seine Nächsten waren – vielleicht gerade deshalb, weil sie ängstlich darum besorgt waren, im Zustand zeremonieller Reinheit zu bleiben; das gehörte zu den komplexen Mechanismen des Opferkultes.[73]

Nach Wrights Ansicht erzählt Jesus dieses Gleichnis demnach gar nicht in erster Linie, um ein Vorbild für barmherziges Handeln aufzuzeigen, sondern ihm ging es vor allem um einen Frontalangriff gegen den jüdischen Tempelkult, durch den letztlich, so Wright, „das gesamte Tempel- und Opfersystem infrage gestellt" werde.

Missverständnis 49:
Im Gleichnis vom barmherzigen Samariter geht es um jüdische Reinheitsvorschriften.

Diese Auslegung ist jedoch aus mehreren Gründen nicht ganz überzeugend: Erstens wird ausdrücklich gesagt, dass die beiden von Jerusalem „herabkamen". Sie gingen also nicht zum Tempel, sondern kamen von dort. Es gab für sie daher keinen Grund mehr, eine „Tempelreinheit" aufrechtzuerhalten. Zweitens war es für jeden Israeliten – und erst recht für Priester und Leviten – die oberste religiöse Pflicht, sich um Verletzte und Notleidende zu kümmern. Diese Pflicht hätte hier, auch nach jüdischer Überzeugung, alle anderen Reinheitsvorschriften verdrängt. Das gilt sogar, wenn der Mann nicht nur verletzt, sondern tot gewesen wäre. Im Normalfall ist es Priestern zwar strengstens verboten, Tote zu berühren. Aber in einem Fall wie diesem würde selbst hier, nach Ansicht mancher Lehrer, eine Ausnahme greifen:

> Ein Nasiräer und ein Hohepriester werden nicht unrein, wenn sie einen nahen Verwandten beerdigen. Aber sie werden unrein, wenn sie einen unbestatteten Leichnam beerdigen. Aber was, wenn sie einen Weg entlangkommen und dort einen Leichnam liegen sehen? Rabbi Eliezer sagt: Dann ist es dem Priester erlaubt, den Leichnam zu beerdigen und sich dadurch zu verunreinigen.[74]

Nach dieser Gesetzesauslegung lag also im Blick auf das Gleichnis Jesu kein Problem mit irgendwelchen Reinheitsvorschriften vor. Viel wichtiger ist aber die Beobachtung, dass alle diese Reinheitsfragen in dem Gleichnis überhaupt nicht vorkommen und auch in der anschließenden Auslegung Jesu keine Rolle spielen. Man sollte sie deshalb auch nicht hineinlesen. Hier geht es nicht um den Gegensatz von Reinheitsgeboten und Mitmenschlichkeit, sondern um Kritik am Verhalten des Priesters und des Leviten: Sie hätten hier als vorbildliche Juden Hilfe leisten müssen. Stattdessen aber hilft der Samaritaner, der nach eigenem Verständnis zwar auch ein Israelit war, der aber in den Augen vieler Juden weniger gesetzestreu war als „echte" Juden. Er wird so zu einem überraschenden Vorbild für das, was Jesus mit Nächstenliebe meint.

Die Fragen nach dem Händewaschen vor dem Essen und nach den Speisegeboten

Kommen wir nun zur einzigen Stelle im Neuen Testament, an der Jesus ernsthaft mit Pharisäern über Fragen der Reinheit in Konflikt gerät: Der Streit über das Händewaschen vor dem Essen.

> Da kamen zu Jesus Pharisäer und Schriftgelehrte aus Jerusalem und sprachen: Warum übertreten deine Jünger die Satzungen der Ältesten? Denn sie waschen ihre Hände nicht, wenn sie Brot essen.[75]

Dieser Streit ist in zwei Fassungen überliefert, einmal von Matthäus und einmal von Markus. Matthäus, der vor allem für jüdische Leser schreibt, muss hier keine Einzelheiten erklären, denn seinen Lesern sind die pharisäischen Vorschriften zum Händewaschen vermutlich bekannt. Markus, der eher für nichtjüdische Leser schreibt, ergänzt hier ein paar Hintergrundinformationen:

> Denn die Pharisäer und alle Juden essen nicht, wenn sie nicht die Hände mit einer Hand voll Wasser gewaschen haben, und halten so die Satzungen der Ältesten; und wenn sie vom Markt kommen, essen sie nicht, wenn sie sich nicht gewaschen haben. Und es gibt viele andre Dinge, die sie zu halten angenommen haben, wie: Trinkgefäße und Krüge und Kessel und Bänke zu waschen.[76]

Es ist interessant, dass beide Berichte hier sehr genau ins Detail gehen und auch Fachbegriffe aus der Gesetzesdiskussion verwenden. Mit den „Satzungen der Ältesten", die hier erwähnt werden, sind vermutlich die mündlichen Überlieferungen gemeint, wie sie später in der Mischna festgehalten wurden. Die Gebote zum Händewaschen finden sich nämlich nicht in der Bibel und lassen sich auch nicht aus den biblischen Reinheitsgeboten begründen. Sie gehen auf eine spezielle pharisäische Tradition zurück, die jedes Essen als eine „heilige Handlung" versteht, die mit dem Tempelgottesdienst in Verbindung steht (siehe dazu den Kasten „Hintergrund"). Diese Beobachtung ist für den Verlauf dieser Geschichte wichtig, denn in seiner Antwort stellt Jesus ganz ausdrücklich die „Satzungen der Ältesten" zu den biblischen Geboten in Kontrast: „Ihr verlasst Gottes Gebot und haltet der Menschen Satzungen. Und er sprach zu ihnen: Wie fein hebt ihr Gottes Gebot auf, damit ihr eure Satzungen aufrichtet!"[77]

An dieser Stelle geht es also in der Tat um die Frage, ob die pharisäischen Vorschriften zum Händewaschen einen Anhalt in der Bibel haben oder ob sie dieser sogar widersprechen.

Hintergrund: Der Streit um das Händewaschen

In den biblischen Geboten gibt es keine Vorschriften für das rituelle Händewaschen vor dem Essen, das bis heute im Judentum üblich ist *(netillat yadajim)*. Die Pharisäer haben diese Vorschrift etwa zur Zeit Jesu neu in Israel eingeführt. Archäologische Funde aus Galiläa, vor allem Steingefäße, die speziell für diesen Zweck hergestellt wurden, zeigen, dass diese Vorschriften recht schnell weite Verbreitung fanden. Was steckt dahinter? Der Hintergrund für diesen Brauch ist etwas kompliziert. Vereinfacht könnte man ihn so beschreiben: Nach biblischer Lehre wurde „Tempelunreinheit" nur durch bestimmte Körperflüssigkeiten und direkten Körperkontakt übertragen. Nach der neuen, strengeren pharisäischen Lehre konnte diese Unreinheit in bestimmten Fällen aber auch durch Lebensmittel übertragen werden, wenn man sie mit ungewaschenen Händen berührte und das Essen dann in den Mund nahm. Mit den Worten Jesu könnte man beide Vorstellungen so beschreiben: Nach biblischem Gebot macht nur das unrein, was „aus dem Körper herauskommt". Das gilt für „Tempelunreinheit" und für „moralische Unreinheit". „Essensunreinheit" dagegen ist nach biblischer Vorstellung nicht übertragbar. Nach pharisäischer Lehre kann aber nun auch das unrein machen, was „durch den Mund in den Körper hineinkommt". Und zwar geht es hier nicht um „Essensunreinheit", also verbotenes Essen, sondern es geht um die Weitergabe von „Tempelunreinheit" durch Lebensmittel. Das war eine neue Sicht der Dinge, die damals nicht jeder teilte. Jesus jedenfalls scheint sie nicht für biblisch zu halten und er hat sich deshalb ganz offensichtlich nicht an diese pharisäische Vorschrift gehalten.[78]

Jesus ist der Meinung, dass Speisen durch das Anfassen mit ungewaschenen Händen nicht unrein werden. Die Begründung, die er dafür gibt, ist allerdings von vielen christlichen Auslegern falsch verstanden worden. Jesus führt in einer Frage, bei der es eigentlich um „Tempelunreinheit" geht, als Begründung einen Vergleich mit der „moralischen Unreinheit" an: Bei beiden nämlich geht es nicht um das, was „von außen" in den Menschen hineinkommt, sondern um das, was „von innen" aus ihm herauskommt. Anders ist es jedoch mit der neuen Regel vom Händewaschen: Hier käme Unreinheit von außen durch Nahrungsaufnahme in den Menschen hinein. Das ist jedoch ein ganz neuer Gedanke, der sich so nicht in der Bibel findet:

> Was zum Mund hineingeht, das macht den Menschen nicht unrein; sondern was aus dem Mund herauskommt, das macht den Menschen unrein. … Merkt ihr nicht, dass alles, was zum Mund hineingeht, das geht in den Bauch und wird danach in die Grube ausgeleert? Was aber aus dem Mund herauskommt, das kommt aus dem Herzen, und das macht den Menschen unrein. Denn aus dem Herzen kommen böse Gedanken, Mord, Ehebruch, Unzucht, Diebstahl, falsches Zeugnis, Lästerung. Das sind die Dinge, die den Menschen unrein machen. Aber mit ungewaschenen Händen essen macht den Menschen nicht unrein.[79]

Viele Ausleger verstehen diese Worte Jesu als einen grundsätzlichen Angriff auf alle „äußeren Gebote". Für Jesus zählt demnach nur die Herzenshaltung, keine äußere Reinheitsvorschrift. Noch einmal John Eldredge:

> Es hat schon etwas von einer kopernikanischen Wende an sich, wenn er den Maßstab für ein gottesfürchtiges, gerechtes Leben vom Äußeren ins Innere verlegt. Das ist eine viel

anspruchsvollere Art der Heiligung, doch die Gesetzlichkeit wird damit wie ein Obstkarren umgestürzt.[80]

Ein ehrlicher Blick in den Text zeigt jedoch, dass man damit den Worten Jesu Gewalt antut. In der Antwort von Jesus geht es nicht um „äußere Gebote" an sich, ja nicht einmal um die Reinheitsgebote an sich: Hier ist nicht die Rede von Aussatz, Blutfluss oder anderen Ursachen der Unreinheit. Alle diese „traditionellen" Ursachen der Unreinheit kommen ja nicht „durch den Mund" in den Menschen hinein, sondern sie kommen aus dem Menschen heraus und werden durch Berührung weitergegeben. Hier geht es dagegen um eine Unreinheit, die durch das Essen weitergegeben wird. Davon aber steht in den biblischen Vorschriften nichts.

Missverständnis 50:
Jesus hebt die jüdischen Speisegebote auf.

Völlig verkehrt wäre es nun aber, diese Aussage auch noch auf „Essensunreinheit" zu beziehen, also auf verbotene Speisen. Das wäre ein ganz anderes Kapitel und im ganzen Text war bis hierher nicht davon die Rede. Die Frage der Pharisäer bezog sich ja nicht auf das, *was* gegessen wird. Sondern darauf, ob (erlaubtes) Essen durch ungewaschene Hände verunreinigt wird. Wer hier eine Aussage Jesu zu den jüdischen Speisegeboten hineinliest, der hat den grundlegenden Unterschied zwischen „Tempelreinheit" und „Essensreinheit" nicht verstanden. Diese Verwirrung der Begriffe entsteht vor allem durch einen Nebensatz, der sich so nur im Markusevangelium findet. Luther übersetzt ihn wie folgt: „Damit erklärte er alle Speisen für rein."[81]

Wenn man diesen Satz aus seinem Zusammenhang herausnimmt, dann klingt er in der Tat wie ein Generalangriff gegen die jüdischen

Speisegebote – und gegen die Reinheitsgebote gleich mit. So wird er auch oft von Christen zitiert. Aber wir haben in der genaueren Betrachtung des Textes schon gesehen, dass der Zusammenhang diese Auslegung nicht erlaubt. Die Aussage Jesu ist sehr viel präziser gemeint, denn sie bezieht sich hier erst einmal nur auf die Frage von „Speisen, die mit ungewaschenen Händen gegessen werden".

Allerdings klingt die Formulierung des Satzes, so wie Luther ihn übersetzt, tatsächlich auf den ersten Blick sehr viel grundsätzlicher. Das hat aber vor allem mit der Übersetzung zu tun, die Luther gewählt hat. Wer einmal andere Übersetzungen betrachtet, der findet zu seiner Überraschung ganz andere Formulierungen. So lautete die ursprüngliche, unrevidierte Fassung von Luther: „Denn es gehet nicht in sein Herz, sondern in den Bauch und gehet aus durch den natürlichen Gang, der alle Speise ausfeget."

Ähnlich übersetzen auch Schlachter und die ursprüngliche Fassung der Elberfelder Bibel. Was also steht hier wirklich? Der griechische Text ist an dieser Stelle nicht ganz eindeutig. Ganz wörtlich könnte man so übersetzen:

> Es geht nicht ins Herz, sondern in den Bauch.
> Von dort geht es hinaus durch den natürlichen Gang,
> reinigend alle Speisen.

Je nachdem, wie man die Satzzeichen setzt, kann man den Nachsatz „reinigend alle Speisen" auf den Darm, auf den Abflusskanal oder auf Jesus beziehen. Das erscheint vielleicht ein wenig pietätlos, aber es ist eine Tatsache. In älteren Übersetzungen wurde der Nachsatz so verstanden, dass alle Speisen spätestens dann gereinigt werden, wenn sie im Darm oder im Abfluss landen. Neuere Übersetzungen beziehen das Wort auf Jesus und deuten den ganzen Satz als einen erläuternden Kommentar des Markus: „Damit reinigte (Jesus) alle Speisen."

In letzter Zeit neigt man aber wieder dazu, den Satz so zu verstehen, wie er auch früher verstanden wurde. Vor allem jüdische Ausleger, die sich mit den Reinheitsgeboten gut auskennen, raten dazu. Aber selbst wenn der Satz auf Jesus zu beziehen wäre, dann macht doch der Zusammenhang des Textes klar: „Alle Speisen" schließt hier nur erlaubte Speisen ein. Diese sind – in den Augen von Jesus – immer rein. Auch dann, wenn sie mit ungewaschenen Händen angefasst werden. Dass Jesus bei diesem Satz auch an verbotenes Schweinefleisch gedacht hat, ist im Blick auf den vorangehenden Text und auf die gesamte historische Situation absurd. Denn dann hätte er an dieser Stelle, ohne danach gefragt worden zu sein, mit einem kleinen Nebensatz (der noch dazu sehr missverständlich formuliert und nur bei Markus erhalten ist) die gesamte biblische Speisegesetzgebung über den Haufen geworfen.

Und mehr noch: Davor und danach hätte er über diese wichtige Neuerung nie wieder ein Sterbenswörtchen verloren. Selbst seine engsten Freunde, so muss man annehmen, haben diesen Nebensatz entweder überhört, nicht verstanden oder wieder vergessen. Denn sonst hätte Petrus später wohl kaum so vehement darauf bestanden, dass er noch nie etwas Unreines gegessen habe.[82] Die Annahme, dass Jesus hier die jüdischen Speisegebote aufhebt, scheint also doch sehr unwahrscheinlich. Es würde zwar denen gefallen, die in Jesus den Bekämpfer und Zerstörer jüdischer Traditionen sehen, historisch plausibel ist es aber nicht.

Zum Weiterlesen: Die Speisegebote im frühen Christentum

An dieser Stelle können wir der Frage nicht weiter nachgehen, ob Petrus, Paulus oder andere frühe Christen die Speisegebote eingehalten oder aufgehoben haben. Ein Buch wie dieses hier, nur über „Paulus, den Juden“, könnte da weitere Einblicke geben. Ich schlage aber vor, dass jeder, der an dieser Frage interessiert ist, sich selbst noch einmal in Kürze die wichtigsten Bibeltexte durchliest, die von Christen häufig als Aufhebung der Speisegebote gedeutet werden:

- Apg 10,9-16: Entgegen der verbreiteten Auslegung hat Petrus hier keine Vision von unreinen Tieren oder Speisen, sondern nur von Tieren, bei denen nicht auf Anhieb zu erkennen ist, ob sie rein oder unrein sind. Nur Gottes Zusage kann deshalb darüber entscheiden. Und Petrus muss ihr vertrauen. Es wird jedoch deutlich, dass es in der Anwendung dieses Bildes gar nicht um die Speisegebote geht, sondern um den Umgang mit Menschen, deren Reinheit man anzweifelt, die aber nach jüdischem Verständnis gar nicht unrein sind.
- Gal 2,11-14: Dieser Text wird oft als Beleg gesehen, dass Paulus sich nicht an jüdische Speisevorschriften hält. Ein Blick in den Text zeigt jedoch, dass hier von Speisevorschriften gar nicht die Rede ist. Die Gründe für den Streit mit Petrus liegen daher vermutlich an ganz anderer Stelle.
- 1 Kor 8 und 10: Fleisch, das Götzen geopfert wurde, war nach jüdischem Verständnis nicht „unrein“ und deshalb auch nicht verboten. Das Problem war jedoch, dass Ungläubige das Essen von solchem Fleisch als stillschweigende Zustimmung zum Götzendienst verstehen konnten. Die jüdische Regel war daher die: Das Fleisch ist nicht „an sich“ verboten und man darf es essen, solange es nicht offiziell als Götzen-

fleisch benannt wird. Sobald der Zweck oder die Herkunft des Fleisches aber zum Thema gemacht werden, soll man es nicht mehr essen, damit andere es nicht als Zustimmung zum Götzendienst missdeuten.[83] Genau diesen jüdischen Grundregeln folgt Paulus im ersten Korintherbrief: Erlaubt ist es zwar, aber es kann von Andersgläubigen falsch gedeutet werden. Die „schwachen Brüder" sind hier also nicht Christen, die ihre „Freiheit vom Gesetz" noch nicht richtig verstanden haben, sondern Nichtchristen, die sich durch das Verhalten der Christen in ihrem Götzendienst bestätigt fühlen könnten.

- Röm 14: Hier geht es um das Miteinander von Juden und Nichtjuden in der christlichen Gemeinde von Rom: Für die Nichtjuden war jede Speise erlaubt, für die Juden aber nicht. Verbotene Speisen sind ja – auch nach jüdischer Überzeugung – nicht „an sich" unrein, sondern nur für den, der die Reinheitsvorschriften für sich angenommen hat, also für Juden.[84] Für die Nichtjuden dagegen ist „alles rein". Vermutlich hatten sich die römischen Christen bei ihren Mahlzeiten so arrangiert, dass die Nichtjuden auch verbotene Speisen verzehrten, die Juden sich aber weiter an ihre Speisegebote hielten.[85] Paulus schlägt vor, auf diese (an sich erlaubte) Praxis beim Essen zu verzichten, weil sie für die „Schwachen im Glauben" (auch hier: die Nichtgläubigen, die Paulus auch sonst öfters als „schwach" bezeichnet) ungewöhnlich und deshalb anstößig und irritierend war.
- 1 Kor 9,20: Hier schließlich geht es überhaupt nicht um Speisegebote, auch wenn es oft so gelesen wird. Paulus redet lediglich von unterschiedlichen evangelistischen Argumentationsweisen für unterschiedliche Zuhörerkreise.[86]

Andere Fragen des Gesetzes

Man könnte in ähnlicher Weise auch noch andere Fragen des Gesetzes betrachten, die in den Evangelien zur Sprache kommen. Aber immer wieder würde man entdecken: Jesus lebt, denkt und lehrt ganz selbstverständlich im Rahmen dessen, was das jüdische Gesetz erlaubt, auch wenn es in der einzelnen Auslegung Meinungsverschiedenheiten gibt: In der Frage der Ehescheidung etwa ist es bekannt, dass es zwischen den Schulen von Schammai und von Hillel Meinungsverschiedenheiten darüber gab, welche Gründe für eine Ehescheidung ausreichen. Jesus neigt in dieser Frage eher der Ansicht des strengeren Schammai zu. Möglicherweise war er sogar noch strenger als Schammai.[87] Außerhalb des Gesetzes stellte sich deshalb aber keiner von den Dreien. Auch die Anweisungen Jesu zu Fasten, Beten und Almosen spiegeln sehr gut die jüdischen Gesetzesvorschriften wider.[88] Und die regelmäßige Teilnahme an den jüdischen Festen, insbesondere die Vorkehrungen für das letzte Passafest, zeigen, dass Jesus sich auch hier an die jüdischen Vorschriften hielt. Und zwar nicht nur an die biblischen Gesetze, sondern auch an die mündlichen Überlieferungen, die erst später hinzukamen. Möglicherweise hat Jesus sogar Quasten *(ziziot)* an seiner Kleidung getragen – auch das wäre eine Vorschrift, die sich erst in der mündlichen Tradition findet und die dennoch von Jesus befolgt wird.[89]

Ein toratreuer Jesus?

Die Vorstellung von einem Jesus, der die jüdischen Gesetze einhält, ist für viele Christen immer noch ungewohnt. In den Köpfen, und selbst in der wissenschaftlichen Bibelforschung, schien es lange Zeit so selbstverständlich, dass die Überwindung des Gesetzes ein wichtiger Teil der Botschaft Jesu war. Viele Jesusbiographien machen es sogar zum zentralen Punkt seines Dienstes, der anderes in den Hintergrund stellt: die Heilungen, die Wunder, die Lehren und sogar den Tod am Kreuz und die Auferstehung. Für die Theologen der Aufklärungszeit und der Postmoderne gleichermaßen war dies ein sehr willkommener Zug an Jesus: Denn er erforderte keinen Glauben an Übernatürliches oder an Gott. Jesus, den Reformer und Revolutionär, konnte man sich eher zum Vorbild nehmen als Jesus, den Messias oder Sohn Gottes. Die Botschaft, dass Jesus kam, um uns von engen religiösen Systemen und von gesellschaftlichen Normen zu befreien, war für viele attraktiver als die Botschaft, dass Jesus kam, um sein Leben zu geben für die Sünden der Welt.

Dieses Bild wendet sich aber in neuerer Zeit wieder, zumindest in der kritischen Wissenschaft: Mehr und mehr Forscher entdecken, dass bei einem nüchternen Blick auf die Texte des Neuen Testaments – und bei einem genaueren Blick auf die jüdische Welt Jesu – kaum daran zu zweifeln ist. Jesus war nicht daran gelegen, das jüdische Gesetz zu brechen, es aufzuheben oder zu verändern. Es gibt keine Berichte darüber, dass er es tut oder dass er darüber lehrte. Ja, er war in einzelnen Fragen der Auslegung anderer Meinung als andere Lehrer seiner Zeit. Dazu gehörte etwa die Frage, ob man am Sabbat ein Bett tragen darf oder ob man sich vor dem Essen die Hände waschen soll. Aber in solchen Punkten waren die jüdischen Gesetze zu dieser Zeit ohnehin noch nicht endgültig festgelegt. Die Mischna war noch nicht aufgeschrieben, die Gesetze noch nicht einheitlich. So gab es natürlicherweise noch Diskussionen zwischen den Lehrern über einzelne Fragen der Auslegung. An diesen hat sich Jesus beteiligt. Dass seine Nachfolger ihn aber deshalb einmal zum Prototyp des Gesetzesbrechers erklären würden, daran hat er vermutlich im Traum nicht gedacht. Es wird daher Zeit, dass wir Jesus, den Juden, wieder das sein lassen, was er nach allem, was wir heute wissen, auch war: Ein toratreuer Jude.

Zum Weiterlesen: Jesus, Paulus und das Gesetz

Vermutlich reicht dieses kleine Buch nicht aus, um lange gehegte Vorurteile und Missverständnisse mit einem Schlag aus dem Weg zu räumen. Viele Fragen werden an dieser Stelle offenbleiben: So etwa die Frage, ob nicht wenigstens Paulus und andere Anhänger des Urchristentums dann das Gesetz endgültig abgeschafft haben. Aber auch hier zeigt ein genauerer Blick in die Texte, dass die Lage gar nicht so klar ist, wie man lange Zeit dachte. Immer mehr neuere Ausleger lesen Paulus mit einer neuen Brille und entdecken: Auch er hat das Gesetz nicht abgelehnt, sondern eingehalten, zumindest, wenn wir den Berichten der Apostelgeschichte und seinen eigenen Briefen Glauben schenken dürfen. Paulus bestritt lediglich, dass man durch das Einhalten des Gesetzes vor Gott als gerecht gelten kann. Aber das ist natürlich eine ganz andere Frage. Liest man Paulus vor dem Hintergrund jüdischen Denkens und jüdischer Kultur, dann muss man davon ausgehen: Für ihn stand außer Frage, dass das jüdische Gesetz für Juden nach wie vor gilt. Und dass ein Jude, auch wenn er an Jesus glaubt, sich weiterhin treu an das Gesetz halten sollte. Anders aber ist es mit den Nichtjuden: Da ihnen das Gesetz nie gegeben wurde, sollen sie es auch nicht einhalten. An dieser Stelle kämpft Paulus hart für seine Überzeugungen, zum Beispiel im Galaterbrief. Er selbst aber hält sich als Jude ganz selbstverständlich an das Gesetz. Und natürlich sollen auch Nichtjuden sich an wichtige ethische Grundsätze halten, die man aus dem Gesetz ableiten kann und die Jesus vorgelebt und gelehrt hat. Wer sich einen Überblick über die neuere Forschung zu Jesus, Paulus und der Frage des Gesetzes verschaffen will, dem empfehle ich einen exzellenten Artikel des Niederländischen Theologen Peter J. Tomson.[90]

Noch einmal: Das Gesetz erfüllen

Was heißt es nun also vor diesem Hintergrund, dass Jesus kam, um „das Gesetz zu erfüllen“? Auch hier wäre eine nüchterne, jüdische Antwort: Ein Gesetz erfüllt man, indem man es tut. So schlicht gebraucht übrigens auch Paulus das Wort.[91] „Erfüllen“ heißt also weder „überflüssig machen“ noch „anders deuten“. Es heißt einfach nur „es tun“. Allerdings wäre es zu kurz gedacht, wenn man die Aussage Jesu deshalb nur auf seine Gesetzestreue bezieht. Sicherlich ist mehr damit gemeint. Der tiefere Sinn dieser Aussage wird erst deutlich, wenn wir an die Stelle des deutschen Wortes „Gesetz“ das hebräische Wort „Tora“ setzen. Mit diesem Wort wird nämlich nicht nur das Gesetz als solches bezeichnet, sondern die gesamten fünf Bücher Mose, die ja nicht nur Gesetze, sondern auch Erzählungen, Poesie und prophetische Verheißungen enthalten. Und manchmal kann Tora im Neuen Testament auch die ganze Schrift bezeichnen, also die Mosebücher, die Prophetenbücher und die restlichen Schriften. Jesus sagt sogar ausdrücklich, dass er „das Gesetz und die Propheten“ erfüllen will.[92] Aber wie erfüllt man Propheten? Wie erfüllt man die Verheißungen, die sich auch im Gesetz finden?

Hier liegt der Schlüssel für ein tieferes Verständnis dieses Satzes: Jesus kam nicht nur, um Gottes Gesetz zu bestätigen. Das tat er *auch*, wie wir gesehen haben. Aber darauf liegt nicht der Schwerpunkt seiner Botschaft. Der Fokus liegt vielmehr auf der Erfüllung der Verheißungen, die Gott dem Volk in der Tora gegeben hatte: Er selbst, Gott, würde einmal die Welt in die richtige Ordnung bringen. Er würde kommen, um das Verlorene zu suchen und das Verwundete zu heilen.[93] Er würde kommen, um die Sünden des Volkes wegzunehmen und seinen Geist auszugießen.[94] Er würde kommen, um ein ewiges Königreich aufzurichten.[95] Und natürlich würde er kommen, einen neuen Bund zu schließen, mit dem das Gesetz (ja, tatsächlich das Gesetz!) den Menschen in die Herzen geschrieben würde.[96] Wenn Jesus sagt, er kam, um die Tora und die Propheten zu erfüllen, dann meint er also nicht nur seinen Gesetzesgehorsam. Er hat vor allem die Verheißungen Gottes im Blick, die jetzt, durch sein Kommen, in Erfüllung gehen.

Kapitel 5

Jesus und seine jüdische Bibel

Forscht in den Schriften, denn ihr seid ja überzeugt davon,
dass in ihnen das ewige Leben zu finden ist.
Und sie sind es, die von mir zeugen.
(Johannes 5,39)

Ähnlich wie mit dem jüdischen Gesetz, so stehen viele Christen auch mit dem Alten Testament auf Kriegsfuß. Sie sind sich nicht sicher, ob es für sie genauso wichtig ist wie das Neue, ob man nur Teile daraus verwenden sollte oder ob man es vielleicht ganz aus der Bibel streichen sollte. Aber das, was wir heute das „Alte Testament" nennen, war die jüdische Bibel, die Jesus las. Eine andere hatte er nicht.

Blickt man in die Geschichte der Kirche, dann war das Verhältnis der Christen zum Alten Testament von Anfang an nicht ganz unproblematisch: In der ersten Generation von Christen gab es zwar noch keine Zweifel daran, dass das Alte Testament die Heilige Schrift ist. Viele Autoren zitieren daraus und gehen ganz selbstverständlich davon aus, dass hier Gott selbst zu ihnen spricht. Aber schon hundert Jahre später war das nicht mehr so selbstverständlich: Der reiche

Unternehmer Markion, Gründer und Leiter einer aufstrebenden innovativen Hauptstadtgemeinde in Rom, sprach sich dafür aus, das Alte Testament für Christen ganz abzuschaffen und auch aus dem Neuen Testament alle Verweise auf das Alte zu streichen. Für ihn, wie für viele Menschen heute auch, war im Alten Testament ein „anderer Gott" am Werk, ein Gott der Rache und des Krieges, ein unbarmherziger und kleinlicher Gott, der so ganz anders gewesen sei als der Vater im Himmel, von dem Jesus redete. Damals traten ihm jedoch alle anderen Leiter der jungen Christenheit beherzt entgegen und bestanden darauf, das Alte Testament auch weiterhin als Heilige Schrift zu verwenden.

Ganz unumstritten blieb aber das Alte Testament auch danach nicht. Immer wieder gab es Forderungen von Christen, es aus der christlichen Bibel zu streichen. Noch im Jahr 1921 erklärte der evangelische Theologe Adolf von Harnack, der bis heute als einer der größten Theologen seiner Zeit gilt: Es sei ein großer Fehler und Zeichen einer „kirchlichen Lähmung", das Alte Testament auch heute noch als Teil der Bibel beizubehalten. Solche Vorschläge wurden natürlich auch in der Zeit des Nationalsozialismus dankbar aufgenommen. So wurde im Jahr 1939 von der Deutschen Evangelischen Kirche ein „Institut zur Erforschung und Beseitigung des jüdischen Einflusses auf das kirchliche Leben" eingerichtet, dessen Aufgabe unter anderem darin bestand, ein „Volkstestament" herauszugeben, das den alten Traum Markions endlich verwirklichen würde. Dieses erschien im Jahr 1941.

Aus heutiger Sicht mag man solche Forderungen für absurde und dunkle Schatten der Vergangenheit ansehen. Aber auch in unserer Zeit sind sie nicht ganz ohne Nachwirkungen: Hartnäckig hält sich im Bewusstsein der Öffentlichkeit – und auch vieler Christen – der Eindruck, dass das Alte Testament etwas Dunkles, Bedrohliches und Unchristliches an sich hat und daher für Christen nur noch bedingt gültig ist. Der Theologe Rudolf Bultmann etwa meinte noch 1952, als Christ könne man das Alte Testament nur als eine „Geschichte des Scheiterns“ lesen. Franz Alt, ein beliebter Fernsehjournalist und Friedensaktivist der 1980er-Jahre, schrieb in seinem Jesusbuch, das wochenlang die deutschen Bestsellerlisten anführte:

> Jede Harmonisierung des Gottesbildes Jesu mit dem patriarchalischen Richter-Gottesbild des Alten Testaments ist Gift für lebendige Religion. ... Im Alten Testament steht Gott meist für den allmächtigen Patriarchen. Jesu „Abba“ ist der mütterlich-liebende Vater. Der eine hat mit dem anderen nichts zu tun. Einen größeren Gegensatz gibt es religionsgeschichtlich nicht. ... Solange wir noch nicht das befreiende Jesus-Bild und noch nicht seinen Gott der Liebe entdeckt haben, ist es kein Wunder, dass sich seit Jesus nicht viel geändert hat. Der „Herr der Heerscharen“ ist ein Kriegsgott und das Gegenteil des gütigen Vaters, den Jesus erkannte! Die meisten Christen stehen auf der vor-jesuanischen Bewusstseinsstufe dieses aggressiven Kriegsgottes.[1]

Im Mai 2011 tötete ein amerikanisches Spezialkommando in Pakistan den jahrelang gesuchten Topterroristen Osama bin Laden. Im „Spiegel“ erschien daraufhin ein Kommentar des katholischen Journalisten Matthias Matussek, der das Alte Testament darin gleich mehrfach als Beispiel für eine archaische, gewalttätige und gnadenlose Weltsicht heranzog. Alan Posener, Sohn eines jüdischen Vaters, konterte daraufhin mit einem Kommentar in der „Welt“:

> Es ist ein Pawlowscher Reflex. Man denkt bei Mord sofort Jude. Matussek schafft es, auf zwei Seiten mindestens elf Mal das ‚alte‘ Testament, das heilige Buch des Judentums, ins Spiel zu bringen – jedes Mal negativ.[2]

Und in der Tat: Da wird Osama bin Laden mit dem alttestamentlichen Propheten Moses verglichen, der vom Berg Sinai hinuntersteigt, er wird als „alttestamentlicher Fluch“ und als „Gegen-Jesus“ bezeichnet. Aber auch die amerikanischen Rachegelüste gegen den Erzterroristen hätten „alttestamentliche Wucht“ und das Weiße Haus habe sich mit seiner Entscheidung an die alttestamentliche Regel „Auge um Auge“ gehalten. Der Jubel mancher Amerikaner über den Tod bin Ladens schließlich sei mit dem Jubel der Psalmen beim Sieg über die Feinde Gottes vergleichbar.

Missverständnis 51:
Der Gott des Alten Testaments ist nicht der liebende Vater, von dem Jesus redet.

Sind solche Worte aus der Feder von modernen, aufgeklärten Christen ein ungewöhnlicher Ausrutscher? Ich glaube nicht. Zu oft habe ich selbst bei frommen Predigern und Bibellesern ganz ähnliche Vorstellungen vom Alten Testament gefunden, wenn auch meistens unbewusst und ohne böse Hintergedanken. Es ist so, als hätten viele Christen einen unsichtbaren Schalter in ihrem Kopf: Wenn sie in der Bibelstunde oder im Hauskreis Geschichten aus dem Alten Testament oder Worte der Propheten lesen, dann sehen sie darin beeindruckende Beispiele von Glaubensmut, Gottvertrauen, Barmherzigkeit und Nächstenliebe. Das Gesetz vom Sinai ist ein Wunder der Befreiung und eine gute Gabe Gottes für sein Volk. Das Königtum ist ein Erweis der Treue Gottes zu seinem auserwählten Volk. Der Tempel ist ein heiliger Ort des Gebets und der Gottesbegegnung. Die Wegführung der Gefangenen unter Nebukadnezar ist ein tragisches Schicksal des jüdischen Volkes, wobei Gott aber trotzdem treu zu Daniel hält, weil der sich auch in einer heidnischen Umgebung streng an Gottes Gebote hält.

Lesen wir jedoch einen Text aus dem Neuen Testament, dann wandeln sich für viele Christen all diese alttestamentlichen Geschichten plötzlich in ihr Gegenteil: Das Gesetz vom Sinai ist plötzlich ein Gefängnis, das die Menschen einengt. Das Königtum Davids wird zum politisch korrumpierten Gegenbild eines geistlichen Königtums, wie Jesus es brachte. Der Tempel wird zum Symbol einer verdinglichten und äußerlichen Religiosität. Die Wegführung der Gefangenen wird zu einer verdienten Strafe für ein ungehorsames Volk. Und die strenge Abgrenzung der Juden gegen ihre heidnische Umwelt wird als Wurzelsünde eines exklusiven jüdischen Nationalstolzes verurteilt.

Missverständnis 52:
Gott hat irgendwann zwischen dem Alten und dem Neuen Testament seine Meinung geändert.

Manchmal scheint es sogar so, als hätte Gott selbst sein Wesen auf dem Weg vom Alten Testament ins Neue gewandelt. So höre ich immer wieder die Überzeugung, dass das Heil im Alten Testament nur für Israel offenstand und erst im Neuen Testament auch für alle anderen Völker. Hat Gott es sich also unterdessen anders überlegt? Oder ist es so, dass die Schreiber des Alten Testaments einem Irrtum aufgesessen sind? Beides wäre, wenn man ernsthaft darüber nachdenkt, eigentlich nicht denkbar. Die Wirklichkeit sieht aber vielleicht anders aus: Gott ging es von Anfang an darum, durch sein Volk Israel allen Völkern Segen zu bringen. Das steht schon so im Alten Testament und ändert sich nicht im Neuen. Ein anderes Beispiel: Wie selbstverständlich sagen wir, dass erst seit dem Tod Jesu der Weg zu Gott frei ist, weil der Vorhang im Tempel zerriss. Man fragt sich allerdings: War der Weg zu Gott zur Zeit des Alten Testaments wirklich versperrt? Was ist dann mit Abraham, Isaak und Jakob, den Vorbildern einer gelungenen Gottesbeziehung? Mit David, mit Hiob und mit den Menschen von Ninive? Kann es sein, dass auch ihnen schon der Weg zu Gott offenstand? Versöhnung und Vergebung gibt es schließlich auch nicht erst seit dem Neuen Testament: Immerhin hat Gott dem Volk Israel von Anfang an die Versöhnung angeboten: Und zwar Jahr für Jahr am großen Versöhnungstag.[3] Dazu aber mehr im nächsten Kapitel.

Manche Bibelausleger schlagen vor, dass wir das Alte Testament nur noch „durch die Brille des Neuen" lesen. Aber hier ist Vorsicht geboten: Denn was wir für die „Brille des Neuen Testaments" halten, kann sehr leicht auch die Brille unseres Zeitgeistes oder eines missverstandenen Neuen Testaments sein. Verschiedene solche Brillen sind im Laufe der Zeit vorgeschlagen worden:

- Die „Brille des Gegensatzes": Sie sucht im Alten Testament vor allem Negativbeispiele, von denen sich das Neue Testament absetzt: Dann steht dort Krieg, hier Frieden. Dort Gericht, hier Gnade. Dort Gesetz, hier Evangelium. Und so weiter.
- Die „Brille der Erfüllung": Sie sieht im Alten Testament eine Art antikes Orakelbuch, in dem man nach Vorhersagen sucht, die im Neuen in Erfüllung gehen. Das Alte Testament dient dann nur noch als wunderbarer Beweis dafür, dass alles, was im Neuen Testament steht, schon lange zuvor genau vorausgesagt war. Das, was damals in der Zeit des Alten Testaments selbst geschah, ist aber letztlich für das Neue ohne Bedeutung.
- Die „Brille der Symbolik" sieht im Alten Testament eine Art lehrreiche Bildergeschichte: Sie soll zwar geistliche Wahrheiten des Neuen Testaments verdeutlichen, aber möchte selbst bitte nicht beim Wort genommen werden. Seit Jesus kam, hat das Alte Testament keine reale Bedeutung mehr, die handfesten Zusagen und Überzeugungen des Alten Testaments werden im Neuen „spiritualisiert", also vergeistigt: Anstelle des Gottesvolkes gibt es jetzt die

Gemeinde. Anstelle des Tempels gibt es die Herzen. Anstelle des verheißenen Landes gibt es den Himmel. Und viele weitere „Vergeistlichungen" wären denkbar.

- Die „Brille des Gesetzes" sieht im Alten Testament eine Art Beichtspiegel, die dem Menschen nur zeigen soll, dass er ein Versager ist und den Willen Gottes nicht tut. Im Neuen Testament reicht uns Gott dann aber die gnädige Hand und macht aus zerknirschten Sündern geliebte Kinder. Das Alte Testament hat damit seinen pädagogischen Zweck erfüllt.
- Die „Brille der Blütenlese" sucht sich aus dem Alten Testament nur diejenigen Teile heraus, die ihr noch gültig oder wertvoll erscheinen, und wirft den Rest getrost auf den Müll der Geschichte. Da wird das Alte Testament entweder zum Poesiealbum, aus dem man erbauliche Trostworte oder lebenspraktische Sprichwörter ausschneidet und an den Kühlschrank pappt. Oder eine Art Losungsbuch, aus dem man vereinzelte prophetische Worte auswählt und auf das eigene Leben anwendet.
- Die bereits genannte „Brille des Scheiterns" sieht im Alten Testament einen ersten Versuch Gottes, die Welt zu retten, der aber leider nicht funktionierte, weil das Volk Israel ungehorsam war. Im Neuen Testament gibt es daher einen zweiten, nun endlich erfolgreichen Versuch. In etwas komplizierteren Denksystemen gibt es nicht nur zwei Anläufe Gottes, sondern sieben, acht oder neun. Man nennt sie „Haushaltungen" oder „Heilszeiten". Und das Alte Testament stellt dann einen oder mehrere solcher Heilszeiten dar, die aber inzwischen abgeschlossen und vorüber sind.
- Die „Jesusbrille" schließlich vermutet hinter jedem Felsen und Busch des Alten Testaments eine Art „Bibelcode", einen verschlüsselten Hinweis auf Jesus. Man meint dafür

auch ein Vorbild im Neuen Testament zu finden.[4] Aber das geschieht zu Unrecht: Denn auch die Autoren des Neuen Testamentes haben solche Deutungen des Alten Testaments immer nur als zusätzliche, geistliche Auslegungen eines biblischen Textes verstanden, nicht als Entschlüsselung eines „eigentlichen", versteckten Textsinnes. Daneben hat das Alte Testament aber für sie ganz selbstverständlich seinen normalen Wortsinn behalten.

Es ist also so eine Sache mit dem verbreiteten Grundsatz, das Alte Testament „durch die Brille des Neuen" zu lesen. Denn welche dieser Brillen ist damit überhaupt gemeint? Und: Finden wir mit diesen Brillen wirklich den Sinn des Alten Testamentes heraus, wie er ursprünglich gemeint war?

Missverständnis 53:
Man muss das Alte Testament „durch die Brille des Neuen" lesen.

Ausleger und Forscher des Alten Testaments raten daher dazu, das Alte Testament zunächst einmal ganz ohne solche „Brillen" zu lesen. Es ernst zu nehmen, so wie es ist. Danach zu fragen, wie es die Menschen des Alten Testaments wohl verstanden haben. Und schon darin ein gültiges Reden Gottes zu sehen. Ich finde das einen weisen Vorschlag und würde jedem Christen dazu raten: Man sollte das Alte Testament immer zuerst einmal, so gut das eben geht, ohne eine besondere Brille lesen.

Hintergrund: Griechische Sprache, hebräisches Denken

Das Neue Testament ist auf Griechisch verfasst worden. Aber von Menschen, deren Sprache und Denken sich aus dem hebräischen Alten Testament speiste. Diese „Sprachgrenze" müssen wir uns immer wieder in Erinnerung rufen, wenn wir das Neue Testament lesen. Ein paar Beispiele machen das deutlich:

Das griechische Wort *nomos* wird von Luther mit „Gesetz" übersetzt. In der griechischen Welt war *nomos* ein juristischer und philosophischer Fachbegriff und bezeichnete feststehende und unverrückbare Gesetzmäßigkeiten. Im Alten Testament entspricht dem griechischen *nomos* aber das hebräische *torah*, das eigentlich „Weisung" oder „Unterricht" bedeutet. Diese Weisung kann aus Gesetzen und Geboten bestehen, aber auch aus Erzählungen, aus praktischer Lebenshilfe, aus Trost. *Torah* ist von einer Person her gedacht, die den Weg zeigt.

Das griechische Wort *dikaiosyne* wird von Luther mit „Gerechtigkeit" übersetzt. In der griechischen und römischen Welt bedeutete Gerechtigkeit vor allem, unparteiisch zu sein und „jedem das Seine" zuzuteilen. Die Göttin der Gerechtigkeit wird daher mit verbundenen Augen und einer Waage dargestellt. Im Alten Testament entspricht der griechischen *dikaiosyne* jedoch die hebräische *zedakah*, die von ihrem Wesen her anders ist: Gerecht ist der, der in einer Gemeinschaft treu und zuverlässig ist. Gerecht ist nicht nur der Richter, der unparteiisch ist, sondern auch der Anwalt, der sich für Arme und Schwache vor Gericht einsetzt. Und der Unschuldige, der vor Gericht freigesprochen wird.

Das griechische Wort *logos* wird von Luther mit „Wort" übersetzt und im Johannesevangelium sogar als eine Bezeichnung für Gott selbst verwendet. In der griechisch-römischen Welt war der *logos* eine Art anonymes Weltprinzip, nach dem die Planeten und Elemente im Universum geordnet sind. In der hebräischen Bibel entspricht dem das Wort *dabar*, das ganz oft für das „Wort Gottes" verwendet wird. Es ist aber nicht nur „Wort", sondern vor allem auch „Tat", „Sache" und „Ereignis". In der aramäischen Fassung des Alten Testaments wird das aramäische Wort *memra* („Wort") sogar häufig als Übersetzung für den Gottesnamen JHWH verwendet.

Das Wort *psyche* („Seele") bedeutet in der griechischen Welt die Seele, die als ein Gast nur vorübergehend im menschlichen Körper eingeschlossen ist und beim Tod wieder aus dem Körper befreit wird und ewig weiterlebt. Das entsprechende hebräische Wort *nefesch* jedoch bezeichnet den ganzen Menschen als ein „lebendiges Wesen" (Luther) aus Körper, Seele und Geist.

Das griechische Wort *metanoia* („Buße, Umkehr, Bekehrung") bezeichnet im griechischen Sprachraum eher ein „Umdenken" oder eine „Gesinnungsänderung". Die hebräische Entsprechung *teschuvah* ist jedoch eine praktische Lebensveränderung, eine tätige Buße und eine Rückkehr zu Gott.

In der Sprachwissenschaft spricht man von „faux amis", von falschen Freunden, wenn zwei Worte in zwei unterschiedlichen Sprachen zwar gleich klingen, aber etwas ganz anderes bedeuten, so wie etwa das deutsche „Heimatland" und das englische „Homeland". Wenn wir das Neue Testament lesen, sollten wir deshalb die Worte, aber auch Redewendungen, Bilder und Vorstellungen, immer auf ihre alttestamentliche, hebräische Bedeutung hin befragen. Nur durch diese „hebräische Brille" können wir das Griechisch (oder Deutsch) des Neuen Testaments richtig verstehen.[5]

Wenn man dann aber unbedingt noch eine Brille aufsetzen möchte, dann schlage ich zur Abwechslung mal eine andere vor: Warum lesen wir nicht als Christen das Neue Testament „durch die Brille des Alten"? Das wäre jedenfalls historisch gesehen angebracht. Denn die Autoren und Leser des Neuen Testaments waren vom Alten Testament geprägt und lebten tagtäglich damit. Ihre Sprache, ihr Denken, ihre Bildwelt, ihr Glaube: All das war getränkt und gespeist mit Worten, Begriffen und Geschichten des Alten Testaments. Wir müssen daher immer, wenn wir das Neue Testament lesen, vom Alten Testament her denken. Das fängt schon bei der Sprache an (siehe S. 129f.). Es geht aber weiter bei den Inhalten, den wichtigen Themen, den Überzeugungen und dem ganzen Weltbild des Alten Testaments. Wir verstehen das Neue Testament nur dann richtig, wenn wir es aus der Perspektive des Alten Testaments heraus betrachten.

Für unseren Umgang mit der Bibel macht es einen großen Unterschied, ob wir „das Alte Testament durch die Brille des Neuen lesen" oder umgekehrt „das Neue Testament durch die Brille des Alten": Wer die erste Brille aufsetzt, der wird aus dem Alten Testament nur solche Aussagen für wichtig halten, die im Neuen Testament ausdrücklich aufgegriffen oder bestätigt werden. Wer dagegen die zweite Brille aufsetzt, der wird alle Aussagen des Alten Testaments als relevant ansehen, denen im Neuen Testament nicht ausdrücklich widersprochen wird. Man kann sich leicht ausrechnen, dass bei der ersten Methode nur ein ganz dünner und reduzierter Extrakt des Alten Testaments seinen Weg in den christlichen Glauben hineinfindet. Bei der zweiten Methode jedoch wird der größte Teil des Alten Testaments zur selbstverständlichen Glaubensgrundlage auch für Christen.

Ein Beispiel, an dem der Unterschied deutlich wird, ist der Umgang mit Fragen der sozialen Gerechtigkeit und der Veränderung gesellschaftlicher Realitäten: Im Alten Testament ist es ganz selbstverständlich, dass Gott an einem gerechten und guten Zusammenleben der Menschen interessiert ist. Und zwar in dieser Welt – und nicht erst in der kommenden. Das fängt an mit der Befreiung eines realen irdischen Volkes aus realer irdischer Unterdrückung. Es geht weiter über eine Gesetzgebung, die nicht nur die Beziehung zu Gott, sondern auch das alltägliche Zusammenleben in der Gesellschaft ordnet. Da wird für den besonderen Schutz der Armen und Ausländer gesorgt, für die Rechte der Frauen, Witwen und Waisen. Und es geht um eine gerechte Verteilung von Einkommen, Steuern und Abgaben. In den prophetischen Büchern werden diese Themen wieder und wieder angesprochen und Gott ruft darin die Regierenden und Mächtigen auf, ihre Politik zu ändern. Durch das ganze Alte Testament hindurch wird deutlich, dass Gott diese Themen wichtig sind und brennend am Herzen liegen. Was man dagegen im Alten Testament nur am Rande findet, sind die Fragen nach dem ewigen Leben, nach Himmel und Hölle und dem Leben nach dem Tod. Im Neuen Testament dagegen wendet sich das Blatt: Fragen der irdischen Gesellschaftsordnung und Politik treten in den Hintergrund und Fragen der persönlichen Gottesbeziehung und des ewigen Lebens werden zentral. Im Mittelpunkt steht nicht mehr so sehr das irdische Wohlergehen, sondern das ewige Heil. Abgesehen von seinem Prozess in Jerusalem redet Jesus kaum mit den Mächtigen und Regierenden, sondern mit Leuten aus dem einfachen Volk. Die sozialkritischen Botschaften der alttestamentlichen Propheten klingen bei ihm nur am Rande an. Natürlich kommen diese Themen auch bei Jesus hin und wieder zur Sprache. Aber wenn man ehrlich ist, sind sie nicht mehr zentral.

Die spannende Frage ist nun aber: Was macht man mit dieser Beobachtung? Viele Christen, die „das Alte Testament durch die Brille des Neuen" lesen, sagen sich: Die Sorge für die Armen, die Kritik an den Regierenden, die Veränderung der irdischen Welt, soziale Gerechtigkeit: All das war Gott offenbar nur zur Zeit des Alten Testaments wichtig. Mit Jesus hat sich der Fokus verschoben. Gottes Prioritäten liegen jetzt auf dem persönlichen Heil und auf der jenseitigen Welt. Also muss man vom Neuen Testament her urteilen:

Im Alten Testament geht es um „Vorläufiges", Unwichtiges und Nebensächliches. Christen sollten damit nicht ihre Zeit verschwenden.

Wer jedoch „das Neue Testament durch die Brille des Alten" liest, der wird zu einem ganz anderen Ergebnis kommen. Er wird sagen: Wenn diese Themen im Alten Testament so zentral waren, dann blieben sie ganz offensichtlich für Jesus und die ersten Christen ebenso zentral. Denn sie hatten nur diese eine Bibel. Wenn sie von Gott und vom Glauben sprachen, dann meinen sie den Gott und den Glauben des Alten Testaments. Was im Alten Testament stand, das musste man deshalb nicht mehr eigens erwähnen. Es war jedem jüdischen Zuhörer Jesu klar, dass diese Dinge für Gott wichtig sind. Was im Neuen Testament gesagt wird, ersetzt also nicht das Alte, sondern ergänzt es. Was bisher wichtig war, bleibt wichtig und muss nicht noch einmal aufgeschrieben werden. Nur das, was jetzt neu ist, muss ausdrücklich gesagt werden. Und das ist vor allem die Botschaft von Jesus und von seiner Bedeutung für uns und unsere Welt. Diese neue Botschaft tritt zu dem hinzu, was Gott im Alten Testament gesagt hat. Sie bildet sogar die neue Mitte für alles, was er vorher gesagt hat. Aber sie ersetzt es nicht und nimmt es auch nicht zurück. Alles, was Gott bisher geredet hat, müssen wir deshalb auch als Teil der Botschaft Jesu mithören. Es gehört ganz selbstverständlich dazu, solange Jesus es nicht ausdrücklich widerruft oder für unwichtig erklärt.

Missverständnis 54:
Gott hatte nur zur Zeit des Alten Testaments ein Herz für brennende gesellschaftspolitische Fragen. Seit Jesus kam, geht es nur noch um das persönliche Heil des Einzelnen.

Ein anderes Beispiel ist die heiß umstrittene Frage der Landverheißungen und der bleibenden Bedeutung des Volkes Israel: Traditionell wird auf dieses Thema, im Vergleich zum gerade genannten, zwar meist am entgegengesetzten Rand des politischen Spektrums aufmerksam gemacht, aber das Prinzip bleibt das Gleiche. Hier sind es vor allem Bibelleser aus dem politisch eher linken Lager, die sagen: Land und Volk, das war doch nur im Alten Testament wichtig. Heute sind diese Themen nur noch ein politisches Relikt aus der Zeit des Kolonialismus und Nationalismus. Im Neuen Testament dagegen wird weder die Landverheißung für Israel noch die Verheißung der Nachkommenschaft ausdrücklich aufgegriffen. Also muss sie dort wohl unwichtig geworden sein. Gott geht es jetzt nicht mehr um ein Land, sondern um die ganze Welt.

Aber hier liegt natürlich wieder der gleiche Denkfehler vor: Zuerst einmal ist die Unterscheidung von „Land" und „Welt" für die Bibel grundsätzlich fremd. Sowohl im Griechischen als auch im Hebräischen sind „Land", „Erde" und „Welt" ein und dasselbe Wort. Und nur aus dem Kontext heraus kann man entscheiden, was gerade gemeint ist. Zum anderen führt auch hier wieder die „Brille des Neuen Testaments" zu einer falschen Verengung: Nur weil im Neuen Testament ein Thema nicht ausdrücklich erwähnt wird, muss es für Gott nicht unwichtig geworden sein. Für jüdische Leser zur Zeit Jesu reichte es völlig aus, dass es in ihrer Bibel, dem Alten Testament, stand. Denn sie hatten nur diese eine. Wenn es darin wichtig war, dann war es Gott offenbar wichtig. Es gibt daher keinen Grund, anzunehmen, dass die Landverheißung und die Nachkommenverheißung, die im Alten Testament so zentral sind, für Jesus oder für Paulus plötzlich unwichtig oder nebensächlich geworden wären. Wäre es so, müssten sie es ausdrücklich sagen. Denn jeder um sie herum glaubte an diese zentralen Verheißungen der Bibel. Es bleibt also nur die Annahme: Sie waren auch für Jesus und Paulus so selbstverständlich, dass sie nicht eigens wiederholt werden mussten.

Missverständnis 55:
Die irdische Landverheißung und die Rolle Israels als Gottesvolk auf Erden sind im Neuen Testament bedeutungslos geworden.

Das bedeutet nicht, dass man aus diesen Verheißungen direkte Schlüsse ziehen kann für die tagespolitischen Entscheidungen im heutigen Nahostkonflikt. Denn wir wissen ja nicht, wann, wie und wo Gott seine Verheißungen erfüllen wird. Schon Abraham musste auf die Erfüllung der Landverheißung länger warten als er dachte. Moses und David ging es ebenso und auch Petrus, Paulus, Theodor Herzl und David Ben Gurion bilden da keine Ausnahme. Verheißungen kann man nicht herbeizwingen. Aber man kann für sie beten, auf sie warten und schon jetzt auf sie hinleben. Und so kann man auch heute als Christ die konkreten irdischen Verheißungen des Alten Testaments ernst nehmen und dennoch (oder gerade deshalb) für eine Lösung des politischen Konfliktes hoffen, beten und eintreten. Für eine Lösung, die für alle Völker einen Segen bringt. Denn so lautet ja schließlich die Verheißung.

Das Alte Testament ist kein Steinbruch, aus dem man sich nach Belieben bedienen kann. Zwar gefällt dem einen dies, dem anderen das, je nach geistlicher, politischer und biographischer Prägung. Als Christen sollten wir aber jenseits dieser Prägungen die ganze Bibel ernst nehmen. Insbesondere den größeren Teil, das Alte Testament. Denn das war die Bibel, die Jesus las. David Stern, ein führender Theologe der messianisch-jüdischen Bewegung, hat einmal die christliche Bibel mit einem zweistöckigen Haus verglichen. Das Alte Testament bildet darin das Erdgeschoss, das Neue Testament den ersten Stock. Ohne den ersten Stock bliebe das Haus unfertig und nach oben offen. Ohne das Erdgeschoss aber würde der erste Stock in der Luft hängen – oder ganz in sich zusammenfallen. Als Christen sollten wir daher im Erdgeschoss ebenso zu Hause sein wie im ersten

Stock. Ja, wir gelangen sogar immer nur durch das Erdgeschoss in den ersten Stock hinein. Und wir müssen es dafür nicht erst umräumen oder umbauen, sondern es so schätzen lernen, wie es ist. Ohne Abstriche und ohne Neuanstrich. Denn das Alte Testament, so wie es ist, ist die Bibel, die Jesus las. Eine andere hatte er nicht. Das Neue Testament ist deshalb kein Neubau, der neben dem Alten Testament errichtet wird und in dem man dann nur einen Teil der Möbel wiederfindet, die die Bewohner vielleicht aus dem alten Haus mitgenommen haben. Das Neue Testament macht nur Sinn als Teil eines größeren Gesamtbaus, den man nicht allein losgelöst vom Alten und für sich allein betrachten kann und darf.

Zuletzt möchte ich noch eine weitere Brille vorschlagen, mit der wir das Alte Testament lesen können. Und das ist die Brille unserer jüdischen Geschwister. Auch derer, die nicht, wie wir, an Jesus glauben. Das Alte Testament ist eine unschätzbar wertvolle Brücke, die uns auch heute noch mit dem Judentum verbindet. Wir beide lesen dieses Buch als Gottes Wort und als heiligen Text. Wir beide versuchen daraus zu lernen und zu verstehen, wer Gott ist und wie er durch und mit uns handelt. Diese Gemeinsamkeit sollten wir nutzen und öfter miteinander in der Bibel lesen. Für uns als Christen kann es hilfreich sein, jüdische Auslegungen zur Bibel zu hören. Nicht, weil sie immer besser wären als unsere. Das wäre ein erneutes Missverständnis, das sich allerdings bei manchen Christen findet, die sehr für das Judentum schwärmen.

Missverständnis 56:
Jüdische Auslegungen zum Alten Testament sind prinzipiell besser als christliche, weil Juden die Bibel besser kennen.

Jüdische Bibelauslegungen sind weder besser noch schlechter als christliche. Aber sie haben einen großen Vorteil für uns als Christen:

Sie sind nicht geprägt von 2000 Jahren christlicher Geschichte und Tradition. Und auch nicht durch all die Brillen, die ich am Anfang dieses Kapitels beschrieben habe. Und deshalb erhalten wir von jüdischen Bibellesern oft eine überraschend andere, vielleicht auch ungetrübtere, Lesart von Texten, die uns bisher vertraut schienen.

Ich habe das immer wieder erlebt in verschiedensten Veranstaltungen des jüdisch-christlichen Dialogs und der wissenschaftlichen Arbeit. Und ich halte die Chance für groß, dass uns hier, in der jüdischen Auslegung des Alten Testaments, auch hin und wieder eine Perspektive begegnet, die auch die jüdischen Bibelleser der Zeit Jesu geteilt hätten. Und mit ihnen vielleicht auch der Jude Jesus.

Zum Weiterlesen: Bibelauslegung aus jüdischen Quellen

Es ist gut und hilfreich, das Alte Testament auch einmal durch die Brille jüdischer Auslegung zu lesen. Man kann das am besten in der Begegnung mit heutigen jüdischen Gesprächspartnern tun, etwa in Synagogen oder bei Treffen der Gesellschaften für jüdisch-christliche Zusammenarbeit. Aber man kann natürlich auch in die alten Quellen der jüdischen Bibelauslegung zur Zeit Jesu hineinschauen. Denn dort entdecken wir, wie das Alte Testament zur Zeit Jesu von Juden gelesen und verstanden wurde. Viele dieser Quellen sind im Internet frei zugänglich, auch wenn sie leider nicht immer ohne Erklärung verständlich sind.[6] Im zweiten Kapitel dieses Buches war schon die Rede von den Midraschim, den alten Sammlungen jüdischer Bibelauslegung, die bis in die Zeit Jesu zurückreichen. Manchmal scheinen auch durch die Texte des Neuen Testaments solche jüdischen Auslegungstraditionen durch, die sich nicht im Bibeltext selbst, aber in den Midraschim finden.[7] Aber auch in den Texten aus Qumran, in den Schriften des Philosophen Philo und des Historikers Josephus finden wir oft interessante Gedanken zu Texten des Alten Testaments, die uns zeigen, wie diese Texte von jüdischen Lesern zur Zeit Jesu verstanden wurden. Leider gibt es noch keine aktuelle und übersichtliche Zusammenstellung solcher Auslegungen aus der Zeit Jesu. Der große Bibelforscher des 19. Jahrhunderts, Franz Delitzsch, hat in seinen Bibelkommentaren zum Alten Testament viele davon aufgenommen. Aber die Schriften von Qumran waren damals natürlich noch nicht bekannt. Einige alte jüdische Bibelauslegungen, aber auch solche aus dem Mittelalter und der Neuzeit, sind in dem Doppelband *Bibelauslegung aus jüdischen Quellen* von Roland Gradwohl zusammengestellt.[8]

Kapitel 6

Jesus und der jüdische Tempel

Wisst ihr nicht, dass ich sein muss in dem, was meines Vaters ist?
(Lukas 2,49)

Der Tempel in Jerusalem war für das Judentum zur Zeit Jesu der Mittelpunkt des Lebens und des Glaubens. Aber welches Verhältnis hatte Jesus zum Tempel? Wenn ich diese Frage in einer meiner Vorlesungen stelle, dann sind die häufigsten Antworten: „Jesus trieb die Händler aus dem Tempel" und „der Vorhang im Tempel ist zerrissen." Mit anderen Worten: Auch hier steht Jesus für viele Christen vor allem und zuerst als Störer oder Zerstörer der jüdischen Tempeltradition da. Diese Sicht von Jesus als „Tempelkritiker" nimmt dabei meistens eine von drei Formen an:

1. Der Tempel steht für den überkommenen Opferkult der Israeliten, während Jesus einen Gott verkündigt, der keine Opfer nötig hat.

2. Der Tempel steht für alle Formen von äußerer Religion mit Ritualen und Institutionen, während Jesus nur die Haltung des Herzens wichtig ist.
3. Der Tempel steht für die politische Macht der korrupten und ausbeuterischen jüdischen Oberschicht, die von Jesus herausgefordert wird.

Die Idee vom „Tempelkritiker Jesus“ begegnet uns zuerst in den frühen Jesusdarstellungen der Aufklärungszeit und der Romantik. Damals bewunderte man an Jesus besonders seine Lehren und seine hochstehende Moral. Aber religiöse Institutionen wie die Kirche lehnte man als gebildeter Zeitgenosse ab. Da war der Tempel in Jerusalem ein willkommenes Beispiel. Der französische Schriftsteller Ernest Renan, dessen Jesusbuch im 19. Jahrhundert ein Bestseller war, schildert die Begegnung von Jesus mit dem Tempel als einen entscheidenden Wendepunkt in seinem Leben. Bis dahin hatte Jesus, als gläubiger Jude, den Menschen das Vertrauen auf Gott und die Nächstenliebe gepredigt. Mit blumigen Worten beschreibt Renan, wie Jesus friedlich und freundlich durch die sonnendurchfluteten Wiesen Galiläas schreitet und dort „Ideen von einem Gottvater und einer neuen Religion“ verbreitet. Dann aber kommt er nach Jerusalem und wird mit dem jüdischen Tempelkult konfrontiert:

> Die kleine galiläische Gemeinde fühlte sich hier recht fremd. Jerusalem war damals so ziemlich das, was es heute ist: eine Stadt der Pedanterie, der Verbissenheit, des Zankens, des Hasses, der Kleingeisterei. … Diese gehässige Welt musste die zarten und weichen Gemüter des Nordens schwer bedrücken. Die Verachtung der Jerusalemiten gegen die Galiläer erweiterte noch diese Kluft. In dem schönen Tempel, dem Gegenstand ihres Sehnens, fanden sie oft nur Schwierigkeiten. … Jesus fühlte vermutlich, dass er sich hier in einer feindlichen Welt befindet, die ihn nur mit Verachtung empfangen mag.

> Alles was er sah, missfiel ihm. Der Tempel gab, wie gewöhnlich alle sehr besuchten Andachtsstätten, einen wenig erbaulichen Anblick: Der Kultus brachte eine Menge ziemlich abstoßender Einzelheiten mit sich, besonders Handelsgeschäfte, dem zufolge innerhalb der geheiligten Ringmauer wahre Messbuden vorhanden waren. Es wurden da Opfertiere verkauft, man fand da Wechslertische. Manchmal konnte man meinen, man befände sich in einem Bazar.[1]

Erst diese ernüchternde Begegnung mit dem Tempel in Jerusalem machte – nach den Worten Renans – dann aus dem gläubigen Juden Jesus einen überzeugten Nichtjuden:

> Ein Gedanke wenigstens, den Jesus aus Jerusalem mitnahm und der seither bei ihm eingewurzelt zu sein scheint, ist der, daß es unmöglich sei, ein Bündnis mit dem altjüdischen Kultus zu schließen. Die Abschaffung der Opfer, die bei ihm einen so großen Widerwillen erregt hatten, die Unterdrückung der gottlosen und hochmütigen Priesterschaft, und im allgemeinen die Abschaffung des Gesetzes schien ihm eine unerlässliche Notwendigkeit zu sein. Von dieser Zeit an zeigt er sich nicht mehr als Reformator des Judentums, sondern als dessen Zerstörer. … Jesus ist, mit anderen Worten, kein Jude mehr. Er ist Revolutionär im höchsten Grade; er fordert alle Menschen zu einem Kultus auf, der nur auf ihre Eigenschaft als Kinder Gottes begründet ist. Er proklamiert die Rechte der Menschen und nicht die Rechte der Juden, die Religion der Menschen und nicht die Religion der Juden, die Befreiung der Menschen und nicht die Befreiung der Juden. … Die Religion der Menschheit ist geschaffen, nicht auf Grundlage des Blutes, sondern auf der des Herzens. Moses ist überwunden; der Tempel hat kein Recht mehr zu sein und ist unwiderruflich verdammt.[2]

Auch in der neueren Jesusforschung der letzten Jahrzehnte spielt die Stellung Jesu zum Tempel wieder eine zentrale Rolle. Das hat einen Grund in der wissenschaftlichen Methode dieser Forscher: Die kritische Bibelwissenschaft hat seit ihren Anfängen viele Worte Jesu für unecht oder unhistorisch erklärt. Manchen Forschern zufolge gibt es in allen Evangelien zusammengenommen nur wenige Sätze, die wirklich von Jesus selbst stammen (könnten). Theologen, die nach einem sicheren Anhalt für das suchen, was Jesus wollte, orientieren sich deshalb heute weniger an einzelnen Worten Jesu, sondern mehr an seinen Taten. Zu den historisch sichersten Ereignissen aus dem Leben Jesu zählt dabei, neben der Kreuzigung, die Austreibung der Händler aus dem Tempel:

> Und Jesus ging in den Tempel hinein und trieb heraus alle Verkäufer und Käufer im Tempel und stieß die Tische der Geldwechsler um und die Stände der Taubenhändler und sprach zu ihnen: Es steht geschrieben: „Mein Haus soll ein Bethaus heißen“; ihr aber macht „eine Räuberhöhle daraus“.[3]

Auf diesen Text konzentrieren sich daher die Hoffnungen vieler Forscher, die nach einer Antwort darauf suchen, was Jesus wirklich wollte. Dabei gehen die Auslegungen aber weit auseinander:

- Wollte Jesus den Tempel „reinigen“, also seinen ursprünglichen Sinn wiederherstellen?
- Wollte Jesus den Tempel „kritisieren“, also den Tempel als solches infrage stellen und den Tempelkult beenden?
- Oder wollte Jesus nur prophetisch die drohende Zerstörung des Tempels ankündigen?

Zum Weiterlesen:

Eine neuere Untersuchung über die Stellung Jesu zum Tempel zählt insgesamt zwölf verschiedene Interpretationsmöglichkeiten der Tempelreinigung Jesu auf, die in den letzten Jahren von unterschiedlichen Forschern vorgeschlagen wurden, darunter viele der wichtigsten Vertreter der neueren Jesusforschung: Joachim Jeremias, Peter Stuhlmacher, Martin Hengel, Ed P. Sanders, Marcus Borg, N. T. Wright, Dominic Crossan, James D. G. Dunn, Kim Tan, Richard Bauckham und viele andere.[4] Darunter finden sich eher traditionelle Vorschläge wie etwa, dass Jesus lediglich den kommerziellen Rummel aus dem Tempel beseitigen wollte, damit wieder die nötige Atmosphäre zum Gebet vorhanden war. Oder dass Jesus die Oberflächlichkeit des Tempelkultes kritisierte und das Volk zu einer geistlichen Umkehr rufen wollte. Vielleicht ging es Jesus auch um eine „Demokratisierung" des Tempels, damit nicht nur die Priester, sondern alle Israeliten die Opferhandlungen im Tempel vornehmen durften? Es gibt aber auch radikalere Vorschläge, die in der Handlung Jesu einen endzeitlichen Wendepunkt sehen: etwa das endgültige Ende des Tempelkultes. Oder aber umgekehrt ein endzeitlicher Neuanfang Gottes mit seinem Tempel. Manche Ausleger nehmen auch an, dass Jesus symbolisch im Tempel „Platz schaffen wollte", um Raum zu machen für „alle Völker", wie es in der Prophezeiung Jesajas heißt.

Für manche heutige Christen ist die Vertreibung der Händler einfach nur eine Kritik Jesu an den religiösen Institutionen. „Glaube braucht keine Gebäude, deshalb mag Jesus keine Kirchen", wäre dann die kurze Auslegung. Wieder einmal hätte dann die Herzensbeziehung zu Gott über die Religion der Äußerlichkeiten gesiegt.

In neuerer Zeit sind aber darüber hinaus noch ganz andere Auslegungen der Tempelreinigung verbreitet. Sie legen den Schwerpunkt nicht auf die „Innerlichkeit", sondern im Gegenteil gerade auf den öffentlichen Protest gegen wirtschaftliche, politische und gesellschaftliche Institutionen. In solchen Auslegungen wird der jüdische Tempel dann zum Symbol für politische und wirtschaftliche Macht und zu einem System der Unterdrückung. N. T. Wright etwa fasst die Situation wie folgt zusammen:

> Der Tempel war, wie viele andere Juden aus dem ersten Jahrhundert erkannt hatten, in den falschen Händen und war ein Symbol für die falschen Dinge geworden. Das fing damit an, dass dieser Ort für viele Juden vor wirtschaftlicher Unterdrückung geradezu stank. Das ist ein zusätzlicher, sehr offensichtlicher Oberton von Jesu Aktion, mit der er die Geldwechsler und Händler austrieb.[5]

Wichtigster Anhaltspunkt für diese neuere Deutung des Tempels als Symbol der wirtschaftlichen Unterdrückung sind allerdings weder die Geldwechsler noch die Händler, die im Bibeltext erwähnt werden. Wright beschreibt den Tempel vielmehr als das „Zentrum des Bankensystems", in dem die Schuldscheine der ärmeren Bevölkerung aufbewahrt wurden, während „die reichen Herren, die die religiösen Rituale vollzogen, in ihren prächtigen Kleidern hochnäsig vorbeimarschierten und ausgefeilte Gebete verrichteten".[6] Das Erste, was die jüdischen Rebellen daher getan hätten, als sie im großen Aufstand den Tempel übernahmen, sei die Verbrennung dieser Aufzeichnungen gewesen:

> Stellen wir uns nun einmal vor, wie sich solche Briefe und Aufzeichnungen auftürmen, in denen alle Schulden der Bürger Jerusalems detailliert festgehalten werden, während die obersten Priester, die das System am Laufen hielten, in einem netten Stadtteil in schönen Villen lebten und in vornehmer

> Kleidung herumstolzierten. Wenn Sie ein gewöhnlicher, hart arbeitender Bürger Jerusalems oder seiner Umgebung gewesen wären, was hätten Sie über das Gebäude gedacht, das eigentlich Gottes Haus sein sollte, in dem aber die Aufzeichnungen über Ihre Schulden gesammelt würden …?[7]

Abgesehen von seiner finanziellen Bedeutung sei der Tempel darüber hinaus jedoch auch, so Wright, zu einem politischen Symbol geworden. Der Tempel, der eigentlich für alle Völker offen stehen sollte, wurde so zum Bollwerk, mit dem sich Israel gegen die anderen Völker abgrenzte:

> Der Tempel und die Stadt, in der der Tempel das Zentrum bildete, war das Symbol für eine gewalttätige nationale Revolution geworden. Statt das Licht der Welt zu sein, die Stadt auf dem Berg, die ihr Licht unter den Völkern scheinen ließ, war sie entschlossen, ihr Licht für sich selbst zu behalten. Der Tempel war nicht einfach nur überflüssig; nicht einfach nur ein Ort der wirtschaftlichen Unterdrückung. Er war zum Symbol für Israels gewalttätiges Streben geworden, ein Zeichen dafür, dass Israels uralte Berufung auf den Kopf gestellt worden war.[8]

Nach dieser Auslegung ist der jüdische Tempel also – ähnlich wie bei Renan – zum Symbol für alles geworden, was sich Gott entgegenstellte. Nur die Zielscheiben der Kritik haben sich zwischen dem 19. und dem 21. Jahrhundert leicht geändert: Damals, im 19. Jahrhundert, war es die jüdische Gesetzlichkeit, der jüdische Opferkult und die religiöse Institution. Heute ist es die korrupte jüdische Finanzelite, ein unterdrückerisches jüdisches Gesellschaftssystem, ein militanter jüdischer Nationalismus und eine exklusivistische Abgrenzung gegen den Rest der Welt, die man dem Judentum anlastet. Kein Wunder also, dass Jesus hier zornig die Peitsche schwang. Oder?

Wieder einmal möchte ich vorschlagen, dass man das Neue Testament auch ganz anders lesen kann. Und dass das Bild von Jesus, dem Tempelkritiker, möglicherweise eher durch die moderne Religionskritik und die postmoderne Gesellschaftskritik als durch das Denken des antiken Judentums geprägt ist. Wie also war die Stellung Jesu zum Tempel, was hat er über den Tempel gesagt und was hatte seine Aktion im Tempel zu bedeuten?

Missverständnis 57:
Im Judentum sind Gebäude, Rituale und Institutionen wichtig. Jesus findet das alles unwichtig.

Das erste, vor allem bei freikirchlichen Christen verbreitete Missverständnis lässt sich schnell durch einen Blick auf das Leben und den Alltag Jesu beseitigen. Die moderne Trennung zwischen „Innerlichkeit“ und „Äußerlichkeit“, „institutioneller Religion“ und „persönlicher Beziehung“ war einem Juden des ersten Jahrhunderts völlig fremd. Hier tragen wir eine Innerlichkeitsromantik des 18. und 19. Jahrhunderts in das Neue Testament hinein, die sich dort nicht findet. Wie wir schon im zweiten Kapitel gesehen haben, lebte Jesus von Kindheit an mit den traditionellen Institutionen der jüdischen Religion. Das beginnt bei seiner Beschneidung. Offenbar war seinen Eltern nicht nur die „Beschneidung des Herzens“ wichtig, sondern auch die des Körpers. Es geht weiter mit dem traditionellen Opfer, das seine Eltern im Tempel bringen. Anscheinend kam es ihnen nicht nur auf eine dankbare Herzenshaltung an, sondern auch auf eine äußerliche Handlung, die diese Dankbarkeit ausdrückt. Nun mag man das alles vielleicht noch der Tatsache zuschreiben, dass der kleine Jesus sich ja gegen seine religiöse Sozialisation nicht wehren konnte. Aber zwölf Jahre später ist es ausgerechnet Jesus, der sich – anders als seine Eltern – im Tempel aufhält mit der Begründung:

„Wisst ihr nicht, dass ich in dem sein muss, das meinem Vater gehört?“[9]

Möchte Jesus etwa sagen, dass Nazareth nicht seinem Vater gehört oder dass Gott dort nicht zu finden ist? Ich glaube kaum. Viele Christen jedoch machen ihre Kritik am jüdischen Tempelsystem gerade daran fest, dass Gott darin auf einen Ort festgelegt wird. Manche halten sogar die ganze Idee eines Tempels für falsch. Vor allem in Konzepten des „missionalen Gemeindebaus“ steht man dem Tempel prinzipiell sehr skeptisch gegenüber:

> Der Tempel war keineswegs Gottes Idee. Er passte sich nur der menschlichen Schwäche an und gönnte seinem König einen Tempel, der mittelalterlichen Kirche ihre Kathedralen und der modernen Kirche ihr Gemeindezentrum. Aber: Gott braucht keine heiligen Stätten. ... Wir gönnen jeder Gemeinde ihre andächtigen und würdevollen Gottesdienste; wir werden nur ganz unruhig, wenn sie andauernd die unterschwellige Botschaft transportieren: „Gott wohnt hier“ (und manchmal klingt es sogar nach: „nur hier“). ... Tatsächlich aber spielt das Christentum hier nach den Regeln anderer Religionen: Man will mit den religiösen Empfindungen mithalten.[10]

Missverständnis 58:
Der jüdische Tempel war nicht Gottes Idee. Gott braucht keine Gebäude, um uns zu begegnen.

Die Bibel erzählt allerdings eine andere Geschichte: Demnach war es Gott selbst, der dem Volk Israel den Auftrag gab, ihm ein Heiligtum zu errichten. Zuerst in der Wüste und dann auch in Jerusalem.[11] Gott selbst war es also offenbar wichtig, dass es einen solchen besonderen Ort der Begegnung gab und noch immer gibt. Äußerlichkeiten scheinen ihm so wichtig zu sein, dass er sogar detaillierte Anweisungen für Architektur, Materialien und Kleidung gab. Farben und Formen, Gerüche und Handlungen werden in der Bibel sehr genau, und nicht gerade sparsam, beschrieben – und das alles als direkte Anweisung von Gott. Wenn man es genau nimmt, legt Gott sich sogar auf einen Ort von nur wenigen Quadratzentimetern fest, an dem er den Menschen „begegnen" will. Denn Moses soll für die Bundeslade, die im Allerheiligsten des Zeltes steht, eine „Bedeckung" *(kapporet)* aus Holz schnitzen und sie mit Gold überziehen. Auf dieser „Bedeckung" sollen zwei Engelfiguren *(cherubim)* angebracht werden, die einander das Gesicht zuwenden: „Dort will ich dir begegnen, und von der *kapporet* aus, die auf der Lade mit dem Gesetz ist, zwischen den beiden *cherubim* will ich mit dir alles reden, was ich dir gebieten will für die Israeliten."[12]

Sind Gott Äußerlichkeiten also wirklich nicht wichtig? Und sind das alles wirklich nur menschliche Ideen, mit denen Israel anderen Religionen nacheifern wollte? Natürlich kann man historisch infrage stellen, ob alle diese Bibeltexte wirklich von Gott selbst stammen. Und viele moderne Forscher tun das auch. Aber wenn gerade „evangelikale Christen", die sich doch sonst strikt an der Bibel orientieren wollen, so stark darauf pochen, dass Äußerlichkeiten für Gott unwichtig sind, dann sind sie hier auf einem Auge blind.

Missverständnis 59:
Im Judentum ist Gott auf einen Ort beschränkt, aber im Neuen Testament wird diese Beschränkung aufgehoben.

Gleich anschließend sollte man aber auch noch das andere blinde Auge in den Blick nehmen: Denn es sind eigenartigerweise dieselben bibeltreuen Leute, die oft behaupten, Gottes Gegenwart sei im

Alten Testament (oder im Judentum) auf den Tempel beschränkt. Das Tempelsystem sei also in Wirklichkeit eine gigantische Barriere für die Gottesbeziehung des Einzelnen. Aber auch da wird die Bibel sehr einseitig gelesen. Denn überall im Alten Testament lesen wir von Menschen, die Gott begegnen, mit ihm reden und seine Gegenwart erleben, und zwar an den verrücktesten Orten: Abraham im Eingang seines Zeltes, Moses in einem brennenden Dornbusch, Gideon in einer Scheune, David in der Wüste, Elia in einem Windhauch, Jona auf einem Schiff und dann sogar im fernen Ninive. Die Liste ließe sich endlos fortsetzen. Gott selbst macht bereits im Alten Testament klar:

> Der Himmel ist mein Thron und die Erde der Schemel meiner Füße! Was ist denn das für ein Haus, das ihr mir bauen könntet, oder welches ist die Stätte, da ich ruhen sollte? Meine Hand hat alles gemacht, was da ist, spricht der Herr.[13]

Was machen wir also aus diesen scheinbar widersprüchlichen Aussagen der Bibel? Die Lösung kann nicht sein, dass wir uns nur die Stellen heraussuchen, die uns gefallen. Offensichtlich gibt es aus Gottes Perspektive beides: Heilige Orte, an denen er uns begegnen möchte, und die Zusage, dass er uns überall begegnen kann. Wir erinnern uns: Ganz Ähnliches hatten wir schon bei der Frage des „auserwählten Volkes“ beobachtet: Gott erwählt ein Volk, um alle Völker zu segnen. Das Besondere und das Allgemeine sind für Gott kein Gegensatz, sondern beides gehört zusammen. Vielleicht geht es Gott also auch hier, beim Tempel, darum, diese Spannung aufrechtzuerhalten: Denn sie bewahrt uns vor zwei grundsätzlichen Einseitigkeiten, die wir in der Welt der Religionen vorfinden:

- Entweder den *magischen* Irrtum vieler traditioneller Religionen, die Gottes Gegenwart auf bestimmte Orte oder Gegenstände *begrenzt*.

- Oder den *dualistischen* Irrtum der griechischen Philosophie, der nur geistige Realität als real anerkennt und Orte, Räume, Zeiten und Materie als *unwichtig* ansieht.

In der jüdischen – und dann auch in der christlichen Tradition – werden diese beiden Pole ganz bewusst zusammengehalten. Dieses wichtige Prinzip kann man nun ebenso auf andere Aspekte anwenden, die für das Verständnis des Tempels in der Bibel von Bedeutung sind: So sollten die Israeliten Gott zu bestimmten Zeiten, Festtagen und Uhrzeiten begegnen und doch gleichzeitig wissen, dass er zu jeder Zeit da war. Sie sollten ihm Brand- und Schlachtopfer bringen und doch gleichzeitig wissen, dass es Gott eigentlich auf ein Opfer des Herzens ankam: „Denn ich habe Lust an der Liebe und nicht am Opfer, an der Erkenntnis Gottes und nicht am Brandopfer."[14]

Auch hier wird nicht das eine gegen das andere ausgespielt, so als ob die Liebe oder die Erkenntnis die Opfer im Tempel ersetzen würde. Vielmehr geht es darum, dass beides zueinandergehört. In der gleichen Spannung steht im Alten Testament die Trennung zwischen „heilig" und „profan" und die Trennung zwischen „unrein" und „rein". Ganz selbstverständlich werden diese Bereiche im Alten Testament und im Judentum streng voneinander getrennt.[15] Es gibt heilige und unheilige Orte, heilige und unheilige Geräte, heilige und unheilige Zeiten. Und dennoch ist ebenso klar, dass das ganze Volk heilig[16] und das ganze Land heilig ist.[17] Es gibt außerdem die Unterscheidung von rein und unrein, auch wenn jedem bewusst ist, dass jeder Mensch im übertragenen Sinne „unrein" ist.[18] Es ist Unsinn, hier jeweils das eine gegen das andere auszuspielen.

Viele Christen jedoch denken – insbesondere seit der Zeit der Aufklärung –, dass diese Gegensätze Ausdruck einer falschen heidnischen oder einer vermeintlich „dualistischen" griechischen Weltsicht seien und im Neuen Testament überwunden würden. Ein Blick in die Bibel zeigt jedoch auch hier etwas anderes: Die Trennung zwischen „heilig" und „profan", zwischen „rein" und „unrein" ist für das Alte Testament genauso selbstverständlich wie für das Neue.

Missverständnis 60:
Im Neuen Testament werden die Gegensätze zwischen Himmel und Erde, heilig und profan, rein und unrein, innen und außen, lokal und universal aufgehoben.

Moderne Ausleger verwechseln hier oft „Dualismus" mit „Dualität": Dualität bezeichnet den Gegensatz zwischen zwei gegensätzlichen Polen, die einander ergänzen. Die Bibel ist voll von solchen Gegensätzen: Himmel und Erde, Tag und Nacht, Licht und Dunkelheit, Mann und Frau, Israel und die Völker, Recht und Gnade, Geist und Materie, Inneres und Äußeres, diese Welt und die kommende Welt und noch mehr. All diese Gegensätze werden in der Bibel nicht aufgehoben oder aufgelöst, sondern als Pole eines kreativen Spannungsfeldes verstanden. „Dualismus" ist dagegen eine Lehre, bei der einer der beiden Pole für gut und der andere für schlecht erklärt wird. Oder einer für echt und der andere für unecht. Die Dualitäten zwischen Himmel und Erde, heilig und profan, rein und unrein, innerlich und äußerlich, lokal und überall, begrenzt und unbegrenzt, geistlich und materiell, wie sie für den Tempel zentral sind, haben also nichts mit einem „Dualismus" zu tun, den man überwinden müsste. Im Gegenteil, wer versucht, diese Gegensätze aufzuheben, der sitzt damit eigentlich erst dem dualistischen Weltbild auf: Denn er erklärt das eine für gut und das andere für schlecht. Das Materielle, Begrenzte und Äußerliche gilt als falsch und überholt und nur das Geistliche, Unbegrenzte und Innerliche als richtig.

Kehren wir aber nun vom Alten Testament zurück zum Neuen: Wie geht es weiter mit dem Tempel im Leben Jesu? Auch im Erwachsenenalter wendet sich Jesus nicht vom Tempel ab, anders als Ernest Renan es sich im 19. Jahrhundert vorstellte. Jesus reiste offenbar, wie in seiner Kindheit, weiterhin jedes Jahr zu den großen Festen nach Jerusalem. In den ersten drei Evangelien wird zwar nur das Passafest erwähnt, an dem Jesus starb, doch im Johannesevangelium werden weitere jüdische Feste erwähnt: Und immer wird beschrieben, dass Jesus an diesen Festen zum Tempel reiste.[19] Wären ihm heilige Orte und heilige Zeiten wirklich so gleichgültig wie manchen Christen heute, dann hätte er sich diese Mühe nicht machen müssen. Aber noch mehr: Er suchte sich den Tempel als Ort aus, an dem er regelmäßig lehrte[20] und heilte.[21] Wenn er sich in Jerusalem aufhielt, ging er täglich in den Tempel[22], vermutlich sogar zu den regelmäßigen Gebetszeiten.[23] Die Leute strömten schon früh am Morgen in den Tempel, um ihn dort zu hören.[24] Sein bevorzugter Ort waren offenbar die „Säulenhallen Salomos“ am südlichen Ende des Tempelberges; hier versammelte sich dann später auch die erste Gemeinde regelmäßig.[25] Manchmal stellte er sich aber auch an einen anderen Platz des Tempelgeländes, der etwas weiter nördlich und näher am Heiligtum selbst war; in die Nähe der Almosensammelstelle, an der die Tempelbesucher Geld für verschiedene Zwecke spenden konnten.[26] Die Regelmäßigkeit und Selbstverständlichkeit, mit der Jesus sich im Tempel aufhielt, machen es sehr unwahrscheinlich, dass er wirklich so vom Tempel angewidert war, wie es Ernest Renan meint, oder dass er im Tempel wirklich ein „Symbol für die falschen Dinge in den falschen Händen“ sah, wie N. T. Wright es formuliert. Natürlich ist es möglich, dass Jesus nur deshalb in den Tempel ging, um dort gegen die Missstände zu predigen. Verwunderlich ist dann nur, dass dies in den Texten nirgendwo erwähnt wird, außer bei der Vertreibung der Händler.

Missverständnis 61:
Für Jesus war der Tempel ein feindlicher Ort.

Es gibt aber noch andere Hinweise darauf, dass der Tempel für Jesus nach wie vor ein echter Ort der Gottesbegegnung war, den er achtete und schätzte: Denn er warnt davor, beim Tempel zu schwören, mit der Begründung, dass Gott dort wohnt (nicht: wohnte!).[27] Der Tempel ist für Jesus so heilig, dass er sogar das Gold heiligt, das darin aufbewahrt wird.[28] So bleibt zuletzt noch die Frage nach der Rolle des Tempels als Symbol für finanzielle Ausbeutung und korrupte Macht. Ohne Zweifel gab es jüdische Gruppen, die ein solches Bild vom Tempel hatten. Die Essener in Qumran etwa hatten sich ganz bewusst vom Tempel in Jerusalem losgesagt, weil sie die dortige Priesterschaft nicht anerkannten und den Tempel für entheiligt hielten. Das hatte aber mit den Finanzen nicht viel zu tun. Die Volksbewegung der „vierten Philosophie" – angeführt von Judas aus Galiläa – verweigerte im Jahr 6 n. Chr. die Teilnahme an einer römischen Volkszählung. Unklar ist jedoch, ob damit zugleich auch die Tempelsteuern verweigert wurden. Und auch die bei vielen modernen Auslegern verbreitete Darstellung des Tempels als „Zentrum des Bankensystems" trifft bei näherem Hinsehen nicht zu: Die Schuldscheine der Bevölkerung wurden nämlich, nach dem Bericht des Josephus, nicht im Tempel aufbewahrt, sondern in einem Archiv auf dem gegenüberliegenden Hügel der sogenannten „Oberstadt" von Jerusalem. Und es war auch nicht die jüdische Bevölkerung, sondern eine kleine Gruppe von Sikariern, die hier ein Feuer legte, nachdem sie das Haus des Hohepriesters und des Königs Agrippa in Brand gesteckt hatte.[29]

Gerade vor dem Hintergrund solcher, durchaus im Judentum vorhandener Kritik am Wirtschafts- und Herrschaftssystem des Tempels fällt es nun aber umso deutlicher auf, dass Jesus gerade diese Art von Kritik nie geäußert hat! Im Gegenteil: Mehrmals redete er ausdrücklich von finanziellen Abgaben an den Tempel – und zwar immer in positiver und lobender Weise.[30] Wenn das Steuersystem also von der breiten Bevölkerung tatsächlich als korrupt und unterdrückerisch angesehen wurde, dann stellte sich Jesus recht offen auf die Seite der Unterdrücker. Jesus zweifelte weder die Autorität der Priester im Tempel an, noch die Gültigkeit ihrer Opfer.[31] Und gegenüber den Sadduzäern hat Jesus auch nicht annähernd so harte Worte gefunden wie gegenüber den Pharisäern. Der einzige Streit, der uns zwischen Jesus und den Sadduzäern überliefert ist, ist gerade kein Streit über den Tempel oder das Herrschaftssystem, sondern ein Streit über die Frage der Auferstehung.[32] Hinzu kommt noch die Beobachtung, dass zwar in den jüdischen Quellen vereinzelt Proteste gegen das Tempelsystem zu finden sind, diese aber immer von kleinen und extremen Randgruppen kommen. Die breite Bevölkerung, deren Ansichten sich später in den rabbinischen Texten finden, hat das Tempelsteuersystem unterstützt, gerne mitgetragen und offensichtlich nicht als ungerechte Belastung empfunden.

Missverständnis 62:
Jesus sah im Tempel einen Ort der finanziellen Ausbeutung und ein Zentrum korrupter politischer Macht.

Das soll natürlich nicht heißen, dass Jesus an den Priestern, an den Sadduzäern oder am Tempelkult nichts auszusetzen hatte. Sicher galten die meisten kritischen Worte, die Jesus an seine Zuhörer richtete, ihnen ebenso wie allen anderen, die Jünger Jesu eingeschlossen. Aber dass eine besondere „Tempelkritik" zur Botschaft von Jesus gehörte, das lässt sich aus den Berichten des Neuen Testaments wirklich nicht herauslesen. Wenn man die Haltung Jesu zum Tempel genau betrachtet, dann sieht man vielmehr, dass er – wie die meisten anderen Juden auch – den Tempel wertschätzte, sich gern dort aufhielt, ihn als Ort der Gegenwart Gottes verstand, dort seine Feste feierte und den Tempelkult auch finanziell unterstützte. Negative Worte über den Tempel finden sich, sieht man vom Bericht von der Austreibung der Händler ab, hingegen kaum.

Die Tempelreinigung neu gelesen

Kehren wir also zum Abschluss noch einmal zu der Austreibung der Händler zurück. Von den vielen Angeboten der Auslegung scheiden nun schon einige aus, etwa eine Grundsatzkritik an der geistlichen Bedeutung des Tempels oder am Tempelkult als solchem. Jesus würde nicht Zeit seines Lebens treu zum Tempel halten und dann plötzlich alles infrage stellen, ohne einen ersichtlichen Grund dafür zu nennen. Denn zu einer „Räuberhöhle" ist der Tempel wohl kaum über Nacht geworden. Jesus wachte nicht eines Morgens auf und erkannte plötzlich: „O, jetzt ist es wohl leider vorbei mit meinem positiven Bild des Tempels." Doch worum ging es also dann? Der Schlüssel zum Verständnis liegt sicherlich in den beiden Bibelversen, die Jesus hier miteinander verbindet. Übrigens tut er das in guter rabbinischer Weise nach einer verbreiteten Methode, derzufolge man zwei Bibelverse miteinander verknüpfen durfte, wenn sie von derselben Sache handelten (hebr. *gezerah schawah*: eine „Begründung aufgrund von Wiederholung"). Jesus verbindet hier eine positive Aussage der Bibel über den Tempel („Bethaus für alle Völker") mit einer negativen Aussage, die ebenfalls vom Tempel handelt („Räuberhöhle").[33] Und damit zeichnet er genau den Spannungsbogen nach, der sich in der Bibel schon immer mit dem Tempel verbindet: Er ist einerseits von Gott gewollt, wird andererseits aber auch immer wieder von Menschen missbraucht. Man kann das Spannungsfeld nicht einfach auflösen. Schon im Alten Testament hat Gott immer wieder gemahnt, dass im Tempel Äußeres und Inneres übereinstimmen müssen. Bekanntestes Beispiel dafür ist der bereits oben zitierte Satz: „Denn ich habe Lust an der Liebe und nicht am Opfer, an der Erkenntnis Gottes und nicht am Brandopfer."[34]

Er wird von Jesus gleich mehrmals zitiert.[35] Aber schon im Alten Testament bedeutet der Satz keineswegs, dass die Liebe an die Stelle des Opfers treten sollte. Vielmehr sollte das Opfer ein Ausdruck von Liebe zu Gott und durch einen Lebensstil der Liebe abgedeckt sein.

Jesus betont bei seiner Tempelreinigung beides: Zum einen weist er auf die eigentliche Funktion des Tempels hin, die dieser (immer noch) von Gott her hat: Bethaus zu sein für alle Völker. Und er weist darauf hin, dass der Tempel von den Menschen zweckentfremdet wurde: nämlich als eine Räuberhöhle. Was ist damit gemeint? Es ist wohl kaum als ein Hinweis auf das ausbeuterische Finanzsystem zu deuten. Denn zum Ersten haben wir gesehen, dass Jesus eine solche Kritik nie äußerte und dass auch die meisten Juden das Tempelsteuersystem offenbar nicht als etwas Ungerechtes empfanden. Zum Zweiten aber stimmt die Beobachtung, die die jüdische Forscherin Amy Jill Levine treffend auf den Punkt bringt:

> Der Begriff „Räuberhöhle" stammt schon aus der Bibel. Und er bezieht sich gewöhnlich nicht auf den Ort, an dem Menschen ausgeraubt werden, sondern auf den Ort, an dem die Räuber Zuflucht nehmen, nachdem sie ihre Verbrechen begangen haben.[36]

Das stimmt in der Tat: Es geht nicht um Räuberei im Tempel, sondern um Räuber, die in den Tempel kommen. Die Kritik Jesu bezieht sich also nicht nur auf eine kleine Gruppe ungerechter Priester. Sie bezieht sich auch nicht auf den Tempel als Ort oder als System. Und schon gar nicht hat er nur die armen Händler und Taubenverkäufer im Visier. Die Kritik Jesu ist vermutlich – wie auch schon die Kritik Gottes im Alten Testament – viel grundsätzlicher gemeint: Sie hat die ganze Menschheit im Blick, stellvertretend repräsentiert durch das Volk Gottes. Menschen, die im Alltag nicht nach Gottes Willen lebten, kamen in den Tempel, um hier religiöse Sicherheit zu finden. Sie suchten im Tempel eine Gottesbeziehung, die von ihrem Verhalten im Alltag losgelöst war. Alltagsleben und Gottesdienst passten nicht zusammen. Deshalb drohte ihnen das Gericht Gottes: die Zerstörung Jerusalems und des Tempels, so, wie sie damals schon von Jeremia mit den gleichen Worten angekündigt wurden. Diese kommende Zerstörung, von der er kurz vorher schon gesprochen hatte, will Jesus durch seine krasse Handlung prophetisch ankündigen: Dieser Tempel wird – zusammen mit Jerusalem – zerstört werden, weil das Volk nicht zu Gott umkehrt.

Diese Deutung der Tempelaktion passt auch zu vielem, was Jesus sonst gepredigt hat: Die Umkehr zu Gott, das drohende Gericht, die Verbindung zwischen Gottesbeziehung und Alltagsleben. Das alles sind Themen, über die Jesus immer und immer wieder gesprochen hat. Vor seiner Aktion im Tempel und sofort danach wieder. Andere Deutungen dagegen, wie etwa als Protest gegen jede Art von äußerlicher Institution, gegen Religion im Allgemeinen oder gegen das unterdrückerische Herrschaftssystem im Speziellen, oder auch nur gegen Verkaufsstände im Tempelbezirk, passen kaum zu dem, was Jesus sonst sagte und tat. Und auch nicht zu seiner sonst so grundsätzlich positiven Haltung gegenüber dem Tempel.

Missverständnis 63:
Die „Tempelreinigung" war ein Protest gegen den Tempel, gegen die gierigen Händler oder gegen die korrupten Priester. Oder ein Protest gegen das Judentum ganz allgemein.

Es war nicht der Tempel, gegen den sich die Zeichenhandlung Jesu wendete. Sondern es waren die Menschen, die in den Tempel kamen. Nicht, weil sie Juden, sondern weil sie Menschen waren. Und es war auch keine heilige Überheblichkeit, mit der Jesus diese Menschen aus dem Tempel trieb. So, als würde er sich heimlich freuen, dass es mit dem korrupten Tempel und mit dem ganzen Judentum endlich zu Ende ging. Christen haben diesen Text zwar oft so gelesen, aber wer einige Verse vorher zu lesen beginnt, der hat noch die

Worte im Ohr, die Jesus kurz zuvor unter Tränen über Jerusalem ausgesprochen hatte, als er mit seinen Jüngern vom Ölberg auf den Tempel hinunterblickte:

> Und als er nahe hinzukam, sah er die Stadt und weinte über sie und sprach: Wenn doch auch du erkenntest zu dieser Zeit, was zum Frieden dient! Aber nun ist's vor deinen Augen verborgen. Denn es wird eine Zeit über dich kommen, da werden deine Feinde um dich einen Wall aufwerfen, dich belagern und von allen Seiten bedrängen und werden dich dem Erdboden gleichmachen samt deinen Kindern in dir und keinen Stein auf dem andern lassen in dir, weil du die Zeit nicht erkannt hast, in der du heimgesucht worden bist. Und er ging in den Tempel und fing an, die Händler auszutreiben.[37]

Vielleicht sollten wir diese Verse häufiger mit hinzunehmen, wenn wir die Geschichte von der Austreibung der Händler lesen oder erzählen. Dann werden wir nicht so leicht ein Bild von Jesus zeichnen, der unbarmherzig, vorwurfsvoll und rechthaberisch böse jüdische Händler oder korrupte jüdische Priester aus dem Tempel jagt. Sondern wir entdecken bei genauerem Hinsehen vielleicht noch die letzten Tränen in seinen Augenwinkeln, während er die Tische schweren Herzens umwirft und das kommende Gericht ankündigt, das er doch so gerne abgewendet hätte:

> Jerusalem, Jerusalem, die du tötest die Propheten und steinigst, die zu dir gesandt sind! Wie oft habe ich deine Kinder versammeln wollen, wie eine Henne ihre Küken versammelt unter ihre Flügel; und ihr habt nicht gewollt![38]

Neue Hoffnung

Es gibt allerdings einen Lichtblick mitten in dieser tragischen Geschichte vom bevorstehenden Ende des Tempels. Nämlich die Zusage, dass die Zerstörung nicht das letzte Wort Gottes ist. So wie damals bei Jeremia kommt nach der Zerstörung der Neuanfang. Und auf eine geheimnisvolle Weise kommt er sogar in der Zerstörung. Für das jüdische Volk war das babylonische Exil – im Rückblick – eine Zeit des Neuanfangs und der Umkehr zu Gott. Eine Krise, in der sie das Gericht, aber zugleich auch die bleibende Treue Gottes und seine Gnade erlebten. Könnte es dieses Mal genauso sein? Matthäus deutet es an, indem er berichtet, wie Jesus gleich nach der Vertreibung der Händler damit beginnt, mitten im Tempel Menschen zu heilen.[39] Und Johannes berichtet von einem Gespräch zwischen Jesus und den Juden, die diese Aktion mitbekommen hatten:

> Da fingen die Juden an und sprachen zu ihm: Was zeigst du uns für ein Zeichen, dass du dies tun darfst? Jesus antwortete und sprach zu ihnen: Brecht diesen Tempel ab und in drei Tagen will ich ihn aufrichten. Da sprachen die Juden: Dieser Tempel ist in sechsundvierzig Jahren erbaut worden, und du willst ihn in drei Tagen aufrichten? Er aber redete von dem Tempel seines Leibes. Als er nun auferstanden war von den Toten, dachten seine Jünger daran, dass er dies gesagt hatte, und glaubten der Schrift und dem Wort, das Jesus gesagt hatte.[40]

Jesus redet hier von einem Wiederaufbau des Tempels und Johannes bezieht das auf seinen Tod und seine Auferstehung. Und in der Tat hatte Jesus ja auch an anderer Stelle sich selbst mit dem Tempel verglichen.[41] Sein Blut, das am Kreuz vergossen würde, verglich er mit dem Blut, das im Tempel zur Vergebung der Sünden floss.[42] Die erste Gemeinde der Christen sprach dann von einem neuen Tempel, der nicht mit Händen erbaut worden sei, sondern durch den

Heiligen Geist.[43] Paulus schreibt in seinem Brief an die Römer, dass Gott Jesus für uns zu jener „Bedeckung“ *(kapporet)* gemacht hat, die im Tempel die Bundeslade bedeckte:[44] Diese war, wie wir weiter oben gesehen haben, das eigentliche Zentrum des Tempels, der eine Ort, an dem Gott seinem Volk in besonderer Weise begegnen wollte. Und der eine Ort, auf den einmal im Jahr – am großen Tag der Versöhnung – das Blut eines Sündenbocks gesprengt wurde. So trat für seine Nachfolger Jesus selbst an die Stelle des Tempels. Sie lebten nun zwar in dem Bewusstsein, dass der irdische Tempel bald zerstört werden würde. Aber sie wussten, dass es einen neuen, geistlichen Tempel geben würde, der unzerstörbar und endgültig ist.

Hier knüpfen die ersten Christen übrigens an eine sehr alte jüdische Vorstellung an: Nach jüdischer Tradition gibt es ein himmlisches Heiligtum, das das genaue Ebenbild des irdischen ist. Genau genommen ist es nach dieser Auslegung sogar so, dass Gott Moses auf dem Berg Sinai das himmlische Heiligtum zeigte und dann zu ihm sagte: „Genau nach dem Bild, das ich dir von der Wohnung und ihrem ganzen Gerät zeige, sollt ihr's machen.“[45]

Der irdische Tempel ist also nur ein Abbild des himmlischen. Und während der irdische Tempel vergänglich ist, ist der himmlische unvergänglich. Auch der Hebräerbrief knüpft später an diese jüdische Überlieferung an.[46] Allerdings hat die Hoffnung auf das neue, himmlische Heiligtum für die ersten Christen nicht dazu geführt, dass sie den irdischen Tempel vernachlässigten. Ganz selbstverständlich gingen sie weiterhin regelmäßig in den Tempel von Jerusalem und nahmen dort an den jüdischen Gottesdiensten teil.[47] Und sie hielten sich weiterhin an die Reinheitsgebote, die dort im Tempel galten.[48] Sie feierten an diesem Ort ihre Feste, auch nachdem Jesus für sie gestorben und auferstanden war. Sie verstanden sich also als „Bürger von zwei Welten“. In der irdischen Welt gehörten sie ganz selbstverständlich zum jüdischen Volk und beteten im jüdischen Tempel. In der himmlischen Welt (die aber natürlich auch Auswirkungen auf die irdische hatte) gehörten sie zum messianischen Gottesvolk, das seine Mitte in Jesus hatte und zu dem Juden und Nichtjuden gleicherweise gehörten. So lebten sie in zwei Tempeln: dem irdischen Tempel von Jerusalem und dem geistlichen Tempel des auferstandenen Jesus und seiner Gemeinde. Wir haben keinerlei Hinweise darauf, dass sie den einen zugunsten des anderen verließen.

Missverständnis 64:
Die ersten Christen trafen sich nicht in heiligen Gebäuden, sondern nur in Wohnzimmern. Ihre Gottesdienstform war frei, spontan, unliturgisch und nicht an Traditionen gebunden.

Der Gottesdienst der ersten Christen war also zunächst einmal der Gottesdienst des alten Israel mit allem Drum und Dran: Mit Priestern, Opfern, Weihrauch, liturgischen Gesängen und heiligen Gebäuden. Mit allem, was Christen „evangelikaler“ Prägung als religiöses Gehabe ablehnen. Übrigens auch solche, die sich für sehr „israelfreundlich“ halten. Ich erinnere mich noch an eine deutsche Reisegruppe, die meine Frau Steffi als Referentin in ein Jerusalemer Hotel eingeladen hatte. Am Nachmittag hatten sie die Altstadt von Jerusalem besucht und dabei auch einige alte orthodoxe Kirchen besichtigt. Vor allem die sogenannte „Grabeskirche“, die über dem Grab Jesu erbaut ist, hatte ihre Wirkung nicht verfehlt. Sie platzt tagsüber aus allen Nähten vor Besuchern jedweder religiöser Herkunft. Es ist ein einziges Gedränge und Geschiebe, überall wird laut und leise gebetet, Menschen küssen Steine und zünden Kerzen vor Heiligenbildern an. Es riecht nach Weihrauch und die Luft ist erfüllt von Gesängen verschiedenster Tradition. Ein echter religiöser Rummelplatz, der für deutsche evangelikale Herzen nur schwer zu ertragen ist. Ein Teilnehmer der Gruppe machte seinem heiligen Zorn Luft (und dachte dabei vermutlich an die Tempelreinigung Jesu): „Man müsste da einfach mal die Türe zunageln und dann eine Bombe reinwerfen!“ Wirklich? Die ersten Christen haben offenbar eine ganz andere Entscheidung getroffen, als sie weiterhin regelmäßig am religiösen Rummel im Tempel teilnahmen und ihn für sich mit innerem Leben füllten.

Dies verdeutlicht auch gleichzeitig noch einmal, wie Jesus zum Tempel stand: Hätte Jesus die Bedeutung des Tempels grundsätzlich infrage gestellt oder den Tempel durch seinen Tod überflüssig gemacht, dann wäre es schwer zu erklären, warum seine Jünger nicht spätestens nach seinem Tod einen endgültigen Schlussstrich zogen. Sie hätten dann entweder Jesus nicht richtig verstanden oder aber waren nicht konsequent genug, seine Worte in die Tat umzusetzen. Wenn Jesus aber – wie ich glaube – den Tempel als irdischen Ort der Gegenwart Gottes inmitten seines irdischen Gottesvolkes Israel respektierte und achtete, dann ist es nur natürlich, dass auch seine Nachfolger dies taten. Und vielleicht könnte es ja sein, dass sie ihn besser kannten und besser verstanden haben als wir.

Neues Licht fällt aber dann auch auf heutige Auslegungen, die sich auf den „Tempelkritiker“ Jesus berufen, um heute gegen religiöse Orte Sturm zu laufen:

> „Es gibt keinen Grund für uns, die Praktiken oder Gebäude anderer religiöser Systeme nachzuäffen. Ihre Abstützung auf religiöse Gebäude ist hinfällig. Ihre extravaganten Tempel, egal ob vornehm oder grandios, sind überflüssig. Wir haben keinen Grund mehr, konventionelle religiöse Instinkte zu befriedigen, denn der lebendige Gott hat die religiöse Einförmigkeit durchbrochen und uns Heil gebracht. Im Tod Jesu begegnen wir der Abschaffung menschlicher Religion.“ Jesus und die Urgemeinde revolutionierten den Gedanken des Tempelgottesdienstes, aber die Kirche hat diese Revolution nicht durchgehalten. Für die frühe Gemeinde war das Privathaus der zentrale Versammlungsort.[49]

Ob der Jude Jesus und seine jüdischen Nachfolger das wohl in seiner Zeit genauso gesehen hätten? Die Berichte der Evangelien und der Apostelgeschichte zeichnen ein anderes Bild. Für die jüdischen Nachfolger Jesu waren Tempel und Wohnzimmer, Äußeres und Inneres, Form und Freiheit keine Gegensätze. Für sie war beides ein Ausdruck desselben Gottes, der nicht nur den Himmel, sondern auch die Erde geschaffen hat. Dem nicht nur das Innere, sondern auch das Äußere wichtig ist. Der ebenso viel Freude an Gerüchen, Farben, Klängen und Architektur hat wie an Gedanken, Beziehungen und Gemeinschaft.

Und vielleicht ist es ja gerade deshalb für uns als postmoderne Christen gut, in diesem Punkt etwas von anderen Religionen zu lernen. Nicht um sie nachzuäffen, sondern weil sie vielleicht etwas Wahres erkannt haben könnten, das uns schon längst verloren gegangen ist. Vom Judentum zum Beispiel können wir das Bewusstsein für die Heiligkeit von Orten, Zeiten, Gebäuden und Ritualen lernen, die wir als Christen eventuell zu vorschnell über Bord geworfen haben. Vor allem deshalb, weil wir dachten, Jesus hätte das auch getan. Aber Jesus war kein Kind der christlichen Postmoderne, sondern des antiken Judentums.

Der zerrissene Vorhang

Zum Schluss möchte ich noch einen Blick auf ein ganz anderes Detail des Tempels werfen. Die Berichte des Neuen Testaments erwähnen es nur mit einem kurzen Satz: „Und siehe, der Vorhang im Tempel zerriss in zwei Stücke von oben an bis unten aus.“[50]

Der hier erwähnte Vorhang, der in dem Moment zerriss, als Jesus starb, hing im Heiligtum des Tempels vor dem „Allerheiligsten“, dem Raum, in dem zur Zeit des „ersten Tempels“ die Bundeslade stand. Zur Zeit des „zweiten Tempels“, also nach dem babylonischen Exil, blieb dieser Raum leer. Dennoch wurde er von einem Vorhang verhüllt.

Die traditionelle Deutung dieses Satzes, die den meisten Christen spontan einfällt, wenn sie diese Stelle lesen, lautet: „In dem Moment, in dem Jesus starb, wurde für uns der Weg zu Gott frei." John Eldredge malt diesen Gedanken ausführlich aus:

> Dieser Vorhang trennte das sogenannte „Allerheiligste" vom restlichen Tempel. In dieser verbotenen Kammer wohnte Gott; die Gläubigen durften sie nicht betreten. Die Botschaft war überaus deutlich – Gott ist zu heilig, als dass wir uns ihm nähern dürften. Die Juden wagten nicht einmal, seinen Namen auszusprechen. … Diese Zeit ist eindeutig vorbei. Wenn Sie diese Wahrheit für sich entdecken, eröffnet sich Ihnen eine ganz neue Art der Beziehung zu Jesus, sodass Sie ihn wirklich lieben können.[51]

Es gibt aber verschiedene Schwierigkeiten bei dieser Deutung. Denn sie geht davon aus, dass der Vorhang im Tempel bis dahin vor allem die Funktion hatte, den Weg zu Gott zu versperren. Demnach hätte Gott seinem Volk im Alten Testament zwar einen Tempel gegeben, aber ihm gleichzeitig in diesem Tempel den Weg zu ihm versperrt. Und das nur, um ihn dann im Neuen Testament gnädig zu öffnen.

Gleichzeitig lesen wir aber schon im Alten Testament davon, dass Gott seinem Volk im Tempel begegnen wollte. Und wir lesen davon, dass schon damals Menschen Gott „wirklich lieben" konnten, obwohl es im Tempel einen Vorhang gab. Das passt also nicht zueinander. Es passt allerdings zu einer Darstellung des Judentums, die das ganze Alte Testament als religiösen „Irrweg" deutet und das Judentum als falsche Religion.

Missverständnis 65:
Der Vorhang im Tempel war dazu da, den Weg zu Gott zu versperren.

Möglicherweise gibt es aber auch ganz andere Möglichkeiten, den Vorhang im Tempel zu verstehen. In der Bibel wird dieser jedenfalls nicht als Barriere, sondern als eine Verhüllung der Heiligkeit Gottes gesehen. Der Tempel war so etwas wie Gottes Fußschemel in der Welt[52] und der Vorhang deshalb wie der „Saum seines Gewandes."[53] Das gleiche Wort, das die Bibel für den „Vorhang" verwendet, verwendet sie auch für die „Decke", mit der Moses sein Gesicht bedeckte, weil das Volk den Glanz seines Gesichtes nicht hätte ertragen können.[54] Hier geht es also nicht darum, den Weg zu versperren, sondern das Geheimnis Gottes und seine Heiligkeit zu verbergen. Wenn der Vorhang aber keine Barriere, sondern das Gewand Gottes ist, dann bekommt auch das Zerreißen des Vorhangs eine andere Bedeutung: Denn die Kleider zu zerreißen, das war in der Bibel normalerweise ein Zeichen der Trauer und der Klage. Gott, der Vater, zerriss also in diesem Moment seine Kleider aus Klage über den Tod seines geliebten Sohnes. Diese Auslegung jedenfalls würde dazu passen, dass auch die anderen Zeichen, die sich im Moment des Todes Jesu ereigneten, eher Zeichen der Trauer und der Klage waren als Zeichen der Freude. Zugleich aber hätte Gott damit auch deutlich gemacht: So sehe ich aus, wenn ich mich euch nackt und unverhüllt zeige! Seht euch Jesus dort am Kreuz an!

Möglich wäre aber ebenso, dass es hier wieder – wie auch beim letzten Abendmahl – um einen Hinweis auf den Versöhnungstag geht. Denn nur einmal im Jahr, am großen Versöhnungstag, durchschritt der Hohepriester den Vorhang und sprengte das Blut auf die „Bedeckung" der Bundeslade. Könnte es sein, dass der Vorhang zerriss, um den Menschen deutlich zu machen: Heute, mitten am Passafest, ist in Wirklichkeit ein Versöhnungstag, an dem die Sünde der ganzen Welt gesühnt wird? Deshalb steht das Allerheiligste, wie am Versöhnungstag, offen? So jedenfalls deutet der Hebräerbrief diese Stelle, denn er stellt einen Bezug zwischen dem Tod Jesu und dem Durchschreiten des Vorhangs her.[55]

Einige alte jüdische Texte, die mit dem Tod Jesu in Verbindung stehen, deuten ebenfalls in diese Richtung. Es ist nicht ganz klar, auf welches Ereignis sie sich beziehen und ob diese Texte historisch wirklich zuverlässig sind. Aber es ist auf jeden Fall interessant, sie zur Kenntnis zu nehmen. In einem Bericht des jüdischen Historikers Josephus zum Beispiel werden einige eigenartige Beobachtungen beschrieben, die im Tempel am Passafest eines nicht weiter genannten Jahres gemacht wurden:

> Am Passafest desselben Jahres geschah folgendes: Das Osttor des inneren Tempelbezirks war aus Erz gefertigt und außerordentlich schwer. Normalerweise konnte es abends von zwanzig Mann nur mit Mühe geschlossen werden. Außerdem wurde es durch eisenbeschlagene Querbalken verriegelt und hatte senkrechte Riegel, die tief in die Schwelle eingelassen wurden, die nur aus einem einzigen Stein bestand. Dieses Tor aber sah man nachts zur 6. Stunde sich von selbst öffnen. Die Tempelwächter liefen zum Tempelhauptmann; als der heraufkam, konnte er das Tor kaum wieder schließen. Den Unkundigen schien das ein Vorzeichen dafür zu sein, dass Gott ihnen das Tor zum Guten öffne. Die Gebildeten aber verstanden, dass sich jetzt die Sicherheit des Tempels von selbst auflöste und das Tor den Feinden zum Geschenk geöffnet würde. Sie erklärten es untereinander als offenbares Zeichen der Verwüstung.[56]

Ein ganz ähnlicher, allerdings kürzerer Bericht findet sich beim römischen Geschichtsschreiber Tacitus.[57] Im Talmud schließlich gibt es eine weitere Anspielung auf dieses Ereignis, allerdings in noch knapperer Form. Im Gegensatz zum Bericht des Josephus wird dort aber eine Jahreszahl und ein Name genannt:

> Unsere Meister lehrten: Vierzig Jahre vor der Zerstörung des Tempels … öffneten sich die Tempeltüren von selbst. Rabbi

> Johanan ben Zakkai schrie sie an und sprach: O Tempel, weshalb fürchtest du dich! Ich weiß ja, dass du am Ende zerstört werden wirst. Denn schon Sacharja hat über dich geweissagt: O Libanon, öffne deine Türen, denn ein Feuer soll an deinen Zedern zehren.[58]

Nach diesem Bericht des Talmud geschahen die mysteriösen Ereignisse also 40 Jahre vor der Zerstörung des Tempels, im Jahr 30 n. Chr. Johanan ben Zakkai, ein berühmter Zeitgenosse Jesu, war zu dieser Zeit Priester im Tempel und beobachtete offenbar, wie sich die Tore des Tempels von selbst öffneten. Da der Tempel mit Zedernholz aus dem Libanon gebaut wurde, deutete er das Wort des Propheten Sacharja als eine Ankündigung der Tempelzerstörung. Wenn die genannten Jahresangaben stimmen, dann ereignete sich das alles am Passafest des Jahres 30, also in der Nacht nach der Kreuzigung Jesu. Könnte es sich hier um zwei jüdische Augenzeugenberichte handeln, die zwar nicht vom Zerreißen des Vorhangs berichten, aber stattdessen von einer wundersamen Öffnung der Tempeltore in der gleichen Nacht? Dann wären uns mit dem Bericht des Josephus gleich zwei unterschiedliche Deutungen dieses Ereignisses überliefert. Die einen (Josephus nennt sie die „Unkundigen“, auf Griechisch: *idiotais*) deuteten es als ein Zeichen des Heils, weil Gott nun „die Türen des Guten“ für sie öffnete. Die anderen jedoch, die Gelehrten, deuteten es als ein Zeichen der kommenden Tempelzerstörung. Könnten mit den „Unkundigen“ vielleicht die ersten Christen gemeint sein, die überall herumerzählten, dass Gott ihnen nun die Türen des Guten geöffnet hatte, weil der Vorhang zerrissen war?

Von Rabbi Johanan ben Zakkai jedenfalls wissen wir, dass er seit diesem Erlebnis fest mit der kommenden Zerstörung des Tempels rechnete. 40 Jahre lang tat er treu weiter seinen Dienst im Tempel, obwohl er wusste, dass der Tempel zerstört werden würde. So wie Jesus klagte er über die kommende Zerstörung und kündigte sie an, blieb aber dennoch dem Tempel treu. Aber als dann der jüdische

Aufstand gegen die Römer begann, wusste er, dass die Zeit abgelaufen war. Er ließ sich heimlich in einem Sarg aus der Stadt tragen, ging zum römischen Feldherrn und bat ihn darum, mit einigen seiner Kollegen freies Geleit aus der belagerten Stadt zu erhalten. Das wurde ihm genehmigt und Johanan ben Zakkai gründete in der Küstenstadt Yavne (in der Nähe des heutigen Tel Aviv) eine neue Kernzelle der jüdischen Gelehrsamkeit. Es entstand ein neuer Sanhedrin, ein jüdischer Hoher Rat, und Johanan ben Zakkai gilt heute als geistiger Vater des „rabbinischen Judentums", das fortan ohne Tempel auskommen musste. Eine Schlüsselstelle der Bibel, die ihm dabei half, war der Vers, den auch Jesus mehrmals zitierte: „Denn ich habe Lust an der Liebe und nicht am Opfer, an der Erkenntnis Gottes und nicht am Brandopfer."[59]

Johanan ben Zakkai und seine Kollegen schlossen aus dieser Stelle, dass das Judentum auch ohne Tempel eine Zukunft haben könnte. Denn an die Stelle des Opfers konnten nun die Taten der Liebe und der Barmherzigkeit treten. Damit war der Grund für das Judentum gelegt, wie wir es heute kennen: Für ein Judentum, das seinen Mittelpunkt nicht mehr im Opfer hat, sondern in Torastudium, Gebet und in Taten der Liebe.

Ein Teil der Juden ging jedoch nach der Zerstörung des Tempels einen anderen Weg: Sie sahen ihre neue Mitte nicht in den drei genannten Dingen. Diese waren ihnen zwar auch wichtig, aber im Zentrum stand nun der auferstandene Messias, Jesus von Nazareth. So reagierten zwei Gruppen des Judentums ganz unterschiedlich auf den Verlust des Tempels. Keine von beiden freute sich darüber – und auch Jesus hatte das nicht getan. Aber beide fanden für sich eine neue Mitte: Für die einen war es Jesus, für die anderen Tora, Gebet und Taten der Barmherzigkeit. Von nun an gingen diese beiden Gruppen, das messianische Judentum und das rabbinische Judentum, getrennte Wege. Ob das immer so bleiben muss, das ist eine Frage, die von vielen Juden und Christen gerade heute wieder neu gestellt wird.

Kapitel 7

Jesus und die jüdische Hoffnung

Bist du es, der da kommen soll,
oder sollen wir auf einen andern warten?
(Matthäus 11,3)

Bisher habe ich in diesem Buch zu zeigen versucht, wie eng Jesus mit der jüdischen Welt verbunden war, in der er lebte und zu der er gehörte. Ich habe Beispiele genannt, wo wir als Christen unnötig nach Unterschieden zwischen Jesus und seiner jüdischen Welt suchen. Ich habe danach gefragt, ob es wirklich nötig ist, dass Jesus sich in seinen Lehren und seiner religiösen Praxis von seinen jüdischen Zeitgenossen unterschied. Und ich habe danach gefragt: Warum ist es uns eigentlich so wichtig, dass Jesus ganz anders war als seine jüdischen Mitmenschen? Wenn wir die Botschaft des Neuen Testaments ernst nehmen, dass Gott selbst ein Mensch wurde und in Raum und Zeit geboren wurde, warum fällt es uns dann so schwer zu glauben, dass er als Jude in eine jüdische Kultur hineingeboren wurde? Warum ist es für einen Messias, einen Sohn Gottes oder einen Erlöser notwendig, ganz anders zu sein als die Welt, in der er lebt?

Viele Christen, mit denen ich über diese Themen und Fragen

rede, stellen mir dann meist früher oder später die kritische Frage: Wenn Jesus sich wirklich so wenig vom Judentum unterschied, warum musste er dann überhaupt kommen? Wenn auch die Juden schon das Gebot der Nächstenliebe kannten, wenn sie auch schon wussten, wie man sich um Witwen und Waisen kümmert, wenn es an ihren Sabbatgeboten und an ihren Reinheitsgeboten nichts auszusetzen gab, wenn gar nicht alle Pharisäer Heuchler waren und wenn Gott das jüdische Volk gar nicht verworfen hat – warum in Gottes Namen musste dann Jesus überhaupt in die Welt kommen?

Das ist in der Tat eine zentrale Frage. Und ich schreibe dieses Buch unter anderem deshalb, weil ich auf diese Frage eine Antwort geben möchte. Ich merke immer wieder, dass hier die Gefahr eines Missverständnisses besonders groß ist: Denn viele Christen denken, dass ein Jesus, der Jude war, irrelevant und unwichtig wäre. Nur wenn er sich deutlich vom Judentum unterscheidet, kann er für uns noch von Bedeutung sein. Nur wenn er wirklich etwas Neues gelehrt hat, kann er für uns wichtig sein. Und ich höre immer wieder die verunsicherte Frage, ob ich denn nicht Jesus viel zu klein machte, wenn ich darauf hinweise, dass er in vielem ganz ähnlich dachte, lebte und lehrte wie seine jüdischen Zeitgenossen.

Missverständnis 66:
Wenn Jesus sich nicht vom Judentum unterschieden hat, hätte er gar nicht zu kommen brauchen.

Hier liegt aber in Wirklichkeit ein wichtiger Schlüssel für das Verständnis von Jesus. Und das ist auch der Grund, warum mir dieses Thema so wichtig ist. Wenn ich über den jüdischen Jesus rede, dann nicht, um Jesus bedeutungslos zu machen, sondern, um seine wahre Bedeutung wieder zum Vorschein zu bringen. Wenn ich das Neue Testament lese, dann lautet die Botschaft dort nämlich nicht:

- Jesus brachte eine neue Lehre;
- Jesus tat, was niemand anders tat;
- Jesus gründete eine neue Religion;
- Jesus war ganz anders als alle anderen Menschen.

Sondern die eigentliche Botschaft lautet:

- Jesus ist der verheißene Retter;
- Jesus starb für die Sünde der Welt;
- Jesus ist von den Toten auferstanden;
- in Jesus hat sich Gott als der wahre König erwiesen;
- in Jesus ist Gott selbst in unsere Welt hineingekommen.

Im Zentrum des Neuen Testaments steht also keine neue Lehre, Weltanschauung oder Religion – auch nicht die Kritik an einer alten Religion oder die Korrektur eines falschen Glaubens. Im Zentrum steht eine Person. Und ein Ereignis, das die Weltgeschichte veränderte. Und das sie heute noch immer verändert – wenn es denn stimmt.

Das moderne Bedürfnis, Jesus von seiner jüdischen Umwelt abzugrenzen, hat dagegen ganz andere Wurzeln: Seit der Zeit der Aufklärung nämlich möchte man der eigentlichen Botschaft des Neuen Testaments nicht mehr so recht Glauben schenken. Ein moderner, aufgeklärter Mensch kann nicht an einen Gott glauben, der Mensch wird. Er kann nicht glauben, dass jemand von den Toten aufersteht. Er möchte sich auch nicht vorstellen, dass der Tod am Kreuz die Sünde der Welt sühnt. Was aber bleibt dann übrig? Dann muss es doch wenigstens die revolutionäre Lehre Jesu sein oder sein warmherziger Charakter oder die Religion, die er gründen wollte, die etwas Besonderes war. Die Aufklärung suchte nach Revolutionären: Nach großen Helden wie Napoleon, Kopernikus, Kolumbus oder Newton. Männern, die Geschichte machten, weil sie etwas ganz Neues entdeckten oder etwas Revolutionäres taten. Genies, die sich von der grauen Masse abhoben. Solch einen Helden der Geschichte wollte man gerne aus Jesus machen. Deshalb musste man nach allem suchen, was ihn von seiner Umwelt unterschied. In Wirklichkeit jedoch hat man damit die eigentliche Botschaft des Neuen Testaments vernebelt. Denn diese war keine neue Lehre und keine neue Religion, sondern die Botschaft von einer erfüllten Hoffnung.

Die Evangelisten fassen die Predigten von Jesus in wenigen Worten zusammen: „Kehrt um, denn die Königsherrschaft des Himmels ist nahe!" Und das zentrale Bekenntnis der ersten Christen lautete dann: „Jesus ist der Messias". Beides sind keine neuen Lehren, sondern Botschaften von einer erfüllten Hoffnung. Und diese Botschaften sind tief verwurzelt in der jüdischen Hoffnung auf Erlösung.

Der König und sein Königreich

Schon im dritten Kapitel dieses Buches haben wir gesehen, dass der Glaube an das Reich Gottes – oder die „Königsherrschaft des Himmels" – für das Judentum zentral war. Auch hier glauben viele Christen zu Unrecht, dass das Reich Gottes eine speziell christliche Idee ist. Oder dass es erst mit dem Auftreten Jesu seinen Anfang nahm. Aber wir haben ja bereits gesehen, dass das ein Irrtum ist.

Missverständnis 67:
Das „Reich Gottes" ist eine christliche Idee. Es begann erst, als Jesus in die Welt kam.

Seinen Ursprung hat die Rede vom „Königreich Gottes" schon sehr früh in der Bibel: Zum ersten Mal wird der Gedanke von einer Königsherrschaft Gottes in dem Lied erwähnt, das die Israeliten sangen, nachdem sie durch das Schilfmeer gezogen waren: „Der Herr wird König sein immer und ewig!"[1]

Für das jüdische Verständnis vom „Königreich der Himmel" *(malkut schamajim)* ist diese Stelle zentral: Gott zeigt, dass er der

König ist, indem er sein Volk befreit. Gottes Königsherrschaft stürzt alle anderen Könige, die uns knechten und unterdrücken wollen, vom Thron. Und gleichzeitig fordert sie uns heraus, die neue Herrschaft des neuen Königs anzunehmen und seinen Weisungen zu folgen. Schon weiter oben haben wir diesen Gedanken kennengelernt, in den Gleichnissen der Rabbinen vom König, der eine Stadt erobert und dort seine Gesetze erlässt.

Nun ist aber die Erfahrung des Volkes Israel eine doppelte: Einerseits erlebt es die Macht und Hilfe seines Königs. Vor allem in den Psalmen wird beschrieben, wie Gott souverän als König regiert: Er hat die Natur in seiner Hand, er beschützt sein Volk vor Feinden und leitet den Weg des Einzelnen. Er ist ein guter König, der sein Volk weidet wie ein guter Hirte seine Schafe. Aber andererseits gibt es da auch die andere Erfahrung, dass Menschen nicht nach dem Willen des Königs leben oder nicht einmal danach fragen; dass ganze Völker Gott nicht als ihren König anerkennen oder ihn noch nicht einmal kennen. Immer wieder erfahren Menschen Leid, Krankheit und Verfolgung. Wo ist da die starke Hand des Königs? Auch hier neigen wir als moderne Menschen dazu, diesen Widerspruch aufzulösen. Entweder wir erklären Gott zu einem souveränen, gefühlskalten Despoten, der die Welt mit eiserner Hand, aber ohne Mitleid regiert und dabei auch Leid und Tod in seinen wunderbaren Plan integriert. Oder aber wir sprechen Gott seinen Königstitel ab und gehen davon aus, dass er schon längst die Kontrolle verloren hat. An einen himmlischen König, der alles in seiner Hand hält, wollen wir nicht mehr so recht glauben.

Die jüdische Hoffnung jedoch hält auch hier wieder beide Gegensätze zusammen: Gott regiert schon jetzt als König – und doch ist seine Königsherrschaft noch nicht überall sichtbar. Sie wird noch nicht von jedem anerkannt und bestimmt auch noch nicht jeden Winkel der Erde. Sie ist da und doch noch nicht da. Sie ist gegenwärtig und doch auch zukünftig. Sie ist im Himmel schon real und doch auf Erden noch nicht überall erkennbar. Gott ist schon jetzt König[2] und doch wird seine Königsherrschaft erst in der Zukunft vollendet sein.[3] Für jüdische Bibelausleger bot hier der oben zitierte Vers aus dem Lied des Moses einen willkommenen Anknüpfungspunkt. In der hebräischen Sprache nämlich gibt es eine Zeitform, die sowohl Gegenwart als auch Zukunft ausdrückt. Daher übersetzen manche Bibeln den oben zitierten Vers in der Gegenwartsform: „Der Herr ist König für immer und ewig!", andere jedoch im Futur: „Der Herr wird König sein für immer und ewig!" Schon die alten Rabbinen haben diesen Unterschied bemerkt und entsprechend ausgelegt:

> Rabbi Jose der Galiläer sagte: Wenn Israel damals am Schilfmeer gesagt hätte: „Der Herr ist König geworden für immer und ewig!", dann hätte niemals irgend eine Nation oder irgend ein fremdes Volk über sie geherrscht. Aber sie sagten: „Der Herr wird König sein für immer und ewig" – also in der Zukunft. … Er erzählte ein Gleichnis: Es ist wie Räuber, die in den Palast eines Königs eindrangen: Sie plünderten seine Güter, erschlugen die Familie des Königs und zerstörten den Palast. Aber nach einiger Zeit kam der König zurück und hielt über sie das Gericht. Einige ließ er ergreifen, einige erschlagen, einige kreuzigen und zog wieder ein in seinen Palast. Und dann wurde seine Königsherrschaft in der ganzen Welt anerkannt.[4]

Die Hoffnung auf die kommende Königsherrschaft Gottes ist deshalb ein zentraler Bestandteil des jüdischen Glaubens. In einem alten Gebet, das bis heute regelmäßig im jüdischen Gottesdienst gebetet wird, heißt es:

> In Wahrheit ist Gott unser König, und niemand anders. … Darum hoffen wir auf dich, dass wir bald sehen, wie du die Götzen entfernst von der Erde, und allen Trug beendest. Stelle die Welt wieder her unter der Königsherrschaft des Allmächtigen, damit die ganze Menschheit deinen Namen anruft.

Alle Übeltäter werden sich hinwenden zu dir, alle Bewohner der Erde dich erkennen, jedes Knie wird sich beugen vor dir und jede Zunge wird dich bekennen. … Sie werden das Joch deiner Königsherrschaft auf sich nehmen, und du wirst ihr König sein in Bälde, und für immer und ewig.[5]

Hintergrund: Messiaserwartungen im Judentum

Immer wieder hört man von Christen die Aussage: Die Juden zur Zeit Jesu warteten auf den Messias. Aber das ist eine sehr allgemeine Aussage, die so nicht richtig ist. Denn es gab in den verschiedenen jüdischen Gruppen verschiedene Zukunftserwartungen und nicht jede war mit dem Wort „Messias" verbunden. Wenn man ganz ehrlich ist, findet sich das Wort „Messias" sogar in recht wenigen Texten aus der Zeit Jesu. Erst in der rabbinischen Literatur wird dann ausführlich über die Person des Messias diskutiert. Aber das kann natürlich schon eine Reaktion auf die christliche Botschaft vom Messias Jesus sein.
Die Erwartung eines Herrschers aus der Familie Davids, der ein ewiges Friedensreich aufrichten wird, findet sich bereits in den prophetischen Büchern des Alten Testaments mehrfach.[6] Mit dem Titel „Gesalbter" *(maschiach)* wird er dort aber nicht bezeichnet. Dafür wird jedoch der heidnische König Kyros so genannt[7], weil er von Gott als Retter für das Volk Israel gebraucht wird. Und auch der Prophet Jesaja sagt von sich, dass er von Gott gesalbt ist.[8] In einem jüdischen Text aus dem ersten Jahrhundert v. Chr. wird dann aber auch der verheißene Nachkomme Davids als der „Gesalbte des Herrn" bezeichnet.[9] Und es wird beschrieben, wie er in naher Zukunft alle ungerechte Herrschaft beenden und ein Friedensreich aufrichten wird. Ähnlich wird der „Gesalbte" auch in zwei anderen jüdischen Texten beschrieben, die aber beide erst 50 Jahre nach Jesus entstanden sind.[10] Der Schwerpunkt in diesen Texten liegt allerdings nicht auf der Person des Messias, sondern

auf dem Anbruch der messianischen Zeit, in der Gottes Wille geschehen und Gerechtigkeit herrschen wird.
In den Schriften der Gemeinschaft von Qumran fand man Texte, in denen zwei Messiasse erwartet werden – ein königlicher und ein priesterlicher Messias. Und in wieder anderen Schriften ist gar nicht vom Messias die Rede, sondern von einem „Menschensohn", der mit den Wolken des Himmels zum letzten Gericht kommen wird.[11] Dieser Begriff stammt ursprünglich aus dem Buch Daniel[12] und wird auch von Jesus oft verwendet.
Insgesamt sind das jedoch sehr wenige Hinweise auf die Erwartung eines „Messias" zur Zeit Jesu. Dass es solche Erwartungen gab, ist unbestritten. Das wird unter anderem an den neutestamentlichen Kindheitsgeschichten von Jesus deutlich. Und auch aus den verschiedenen Anfragen an Jesus, ob er denn der verheißene Messias sei. Wir können deshalb aber nicht davon ausgehen, dass „alle Juden" zur Zeit Jesu auf „den Messias" warteten. Wir sind es heute als Christen so gewöhnt, das ganze Alte Testament als eine Voraussage auf den Messias zu lesen, sodass wir uns nur schwer vorstellen können, dass dies zur Zeit Jesu anders gewesen sein könnte. Die jüdischen Quellen zeigen uns aber, dass die Erwartung eines messianischen Herrschers nur am Rande eine Rolle spielte und dass die Vorstellungen darüber, wie er sein würde und was er tun würde, dabei sehr auseinandergingen.
Ausführlich wird die Person des Messias dann erst in der späteren rabbinischen Literatur diskutiert. So hielt Rabbi Akiba den jüdischen Widerstandskämpfer Simon Bar Kochba für den Messias.[13] In einer längeren Passage im Talmud werden verschiedene Spekulationen über die Person des Messias zusammengetragen, aber auch Kritik an einer zu starken Messiaserwartung geäußert.[14] Insgesamt bleibt die messianische Zeit aber auch in dieser Phase noch ein Randthema. Die Gestaltung der Welt im Hier und Jetzt ist für die rabbinische Weltsicht wesentlich wichtiger.

Immer wieder kann man hören, dass die jüdische Hoffnung auf das Reich Gottes zur Zeit Jesu rein diesseitig gewesen ist: Die Römer würden durch einen militärischen Sieg aus dem Land vertrieben und in Jerusalem würde wieder ein Nachkomme Davids regieren. Jesus aber enttäuschte diese Hoffnungen durch seine Botschaft von einem jenseitigen himmlischen Königreich oder von einem Königreich, das nur in den Herzen der Menschen existiert.

Missverständnis 68:
Die Juden erwarteten ein irdisches Königreich, Jesus aber predigte ein himmlisches Königreich oder ein Königreich der Herzen, das alle Menschen einschließt.

N. T. Wright beschreibt diesen Gegensatz als den Zusammenprall von zwei entgegengesetzten Programmen:

> Ich schlage daher vor, dass der Zusammenstoß zwischen Jesus und seinen jüdischen Zeitgenossen, besonders den Pharisäern, im Sinne von alternativen politischen Agenden verstanden werden muss, die von alternativen eschatologischen Überzeugungen und Erwartungen hervorgerufen wurden. Jesus verkündigte das Reich Gottes auf eine Weise, welche die Agenda des revolutionären Eifers, der den Horizont insbesondere der dominanten Gruppe unter den Pharisäern bestimmte, nicht verstärkte, sondern in Frage stellte.[15]

Aber ein Blick in die jüdischen Quellen zeigt, dass diese Darstellung der jüdischen Zukunftshoffnung zu einfach ist: Die Erwartung des eben zitierten *aleinu*-Gebets etwa geht weit über die Vorstellung eines irdischen Königreiches in Israel hinaus: Hier sind alle Völker und alle Menschen im Blick – eine Welt unter der guten Regierung

Gottes. Die Feinde sind nicht die Römer, sondern der Götzendienst und der Trug. Das Ziel der Königsherrschaft ist die „Wiederherstellung der Welt" oder auch „Heilung der Welt" *(tikkun ha-olam)*, nicht die nationale Unabhängigkeit. Und in der Tat sehen wir bei einem gründlichen Blick in die jüdischen Quellen, dass diese viel weiter gefasste Erwartung einer weltweiten Königsherrschaft Gottes für das Judentum viel prägender war als die enge Vorstellung eines militärischen Sieges über die Römer.

Schon für die Propheten des Alten Testaments bedeutete die kommende Königsherrschaft Gottes nicht nur ein lokales Ereignis und bezog sich nicht nur auf die Wiederherstellung des alten Königreichs Israel. Es ging ihnen um viel mehr: Sie erwarteten eine endzeitliche Heilszeit, in der sich alle Völker zu Gott wenden würden und die Welt erfüllt werden würde von der Erkenntnis Gottes, so wie Wasser die Meere bedeckt.[16] Natürlich gibt es daneben auch schon bei den Propheten die Ankündigung, dass alle Feinde vernichtet werden.[17] Hier geht es aber ebenfalls nicht nur um irdische militärische Siege, sondern um einen endgültigen Sieg über das Böse. Auch hier finden wir wieder die kreative Spannung, die für das Judentum so typisch ist: Einerseits sind alle Völker in das endzeitliche Königreich Gottes eingeladen, doch andererseits werden alle Widersacher Gottes endgültig vernichtet (nicht nur militärisch besiegt oder aus dem Land vertrieben). Dieselbe Spannung finden wir übrigens ebenso im neutestamentlichen Buch der Offenbarung.[18] Auch in diesem Punkt gibt es keinen erkennbaren Unterschied zwischen Altem und Neuem Testament, zwischen Judentum und Christentum. Die Erwartungen und Hoffnungen sind dieselben. Auch die verwendeten Bilder sind dieselben: Bilder von einem messianischen Friedensreich und Bilder von einem endzeitlichen Kampf der Mächte. Beides gehört in der Bibel zusammen. Beides gehört im Judentum zusammen. Und beides gehört im Christentum zusammen. Neu ist im Neuen Testament allerdings die Botschaft, dass sich diese Hoffnung jetzt (auf verborgene Weise) schon erfüllt hat. Und das verändert alles.

Missverständnis 69:
Wenn das Alte Testament von der „Vernichtung der Feinde" redet, dann ist damit ein militärischer Sieg gemeint. Wenn das Neue Testament von der „Vernichtung der Feinde" redet, ist damit ein geistlicher Vorgang gemeint.

Wenn wir in die jüdischen Quellen der Zeit Jesu blicken, dann finden wir dort dieselben Erwartungen, die wir schon im Alten Testament finden: Es gibt Erwartungen von einem künftigen Friedensreich, zu dem alle Völker eingeladen werden.[19] Und es gibt die Hoffnung, dass alle Feinde Gottes endgültig vernichtet werden.[20] Es gibt aber keinen Hinweis darauf, dass diese Erwartungen jetzt plötzlich – anders als im Alten Testament – nur noch ein begrenztes irdisches Königreich im Blick haben. Besonders in Qumran hat man viele Schriften gefunden, die sich mit dem endzeitlichen Kampf zwischen Gut und Böse beschäftigen. Aber dabei wird überall deutlich: Hier geht es nicht um einen Kampf zwischen Juden und Römern, sondern um einen Kampf zwischen Gott und dem Teufel *(belial)*.[21] Um einen Kampf, der letztlich nicht auf einem irdischen Schlachtfeld, sondern im Himmel und in den Herzen der Menschen ausgetragen wird. Auch hier stehen die jüdischen Erwartungen denen des Neuen Testaments sehr nahe.

Auf der anderen Seite aber finden wir in den jüdischen Quellen auch ganz andere Töne: Nämlich eine Bereitschaft, geduldig unter der Herrschaft fremder Königreiche zu bleiben, bis Gott eines Tages seine Herrschaft aufrichten wird. Die Vorstellung, dass alle Juden nur darauf warteten, die Römer aus ihrem Land zu vertreiben, findet dagegen in den historischen Quellen kaum einen Anhalt.

Missverständnis 70:
Die Juden betrachteten die Römer als feindliche Besatzungsmacht und wollten sie aus ihrem Land vertreiben.

Glaubt man populären Filmen wie *Ben Hur* oder *Das Leben des Brian*, dann wimmelte es in Israel zur Zeit Jesu nur so von jüdischen Widerstandskämpfern und Terroristengruppen. Ständig gab es irgendwo Aufstände gegen die Römer, die nur mit Mühe und mit roher Gewalt unterdrückt werden konnten. Die „Zeloten" waren allgegenwärtig. Schaut man jedoch in die Quellen, dann entdeckt man fast das Gegenteil. So erscheinen ausgerechnet im Buch der Makkabäer, das eigentlich vom Kampf der gesetzestreuen Juden gegen die Unterdrückung durch heidnische Herrscher handelt, die Römer als Helfer und Befreier der Juden, die ihnen die Religionsfreiheit garantieren.[22] Als wenig später – nach mehreren hundert Jahren der Fremdherrschaft – zum ersten Mal wieder ein unabhängiger jüdischer Staat entsteht, sind es ausgerechnet die Römer, die als Schutzmacht die Freiheit dieses neuen Staates sichern.[23] Und auch im Jahr 63 v. Chr. ziehen die Römer nicht als Feinde, sondern als Verbündete in Jerusalem ein, die von den jüdischen Herrschern selbst zu Hilfe gerufen wurden, um einen internen Machtkampf zu schlichten.[24] Mehr noch: Josephus berichtet davon, wie nach dem Tod des Herodes im Jahr 4 v. Chr. eine jüdische Delegation nach Rom geschickt wurde mit der Bitte, anstelle eines jüdischen Königs doch einen römischen Statthalter einzusetzen, weil dies für das Volk die größere Freiheit bedeuten würde:

> Deshalb sei ihr wichtigstes Anliegen nun nur dieses: Dass sie befreit würden von Königtümern aller Art, der römischen Provinz Syrien zugeordnet und der Herrschaft der römischen Statthalter unterstellt würden, die von Rom entsandt werden

sollten. Dann würde sich ja zeigen, ob sie wirklich so ein widerspenstiges Volk seien, oder ob sie dann Frieden und Ordnung halten würden.[25]

Der Sozialhistoriker Richard Horsley hat in einer umfangreichen Studie alle Volksbewegungen und Widerstandsgruppen untersucht, die es in Israel im ersten Jahrhundert vor und nach Christus gab.[26] Das Ergebnis ist ernüchternd: Es gab zwar immer wieder Räuberbanden, die das Land durchzogen und Beutezüge machten, jedoch wandten sich diese meist nicht gegen die Römer, sondern gegen die reiche jüdische Oberschicht. Es gab auch hin und wieder Tumulte und Zusammenstöße zwischen jüdischen Volksmengen und römischen Soldaten. Diese hatten aber meistens einen konkreten Anlass, weil etwa durch unkluge Aktionen römischer Statthalter religiöse Gefühle verletzt oder jüdische Gesetze gebrochen wurden. In solchen Fällen wandten sich die Juden jedoch stets an die römischen Vorgesetzten und baten sie um Hilfe. Diese wiesen dann ihre Untergebenen für ihre mangelnde Sensibilität zurecht und bestraften sie auch manchmal. Hier kann also kaum von einem grundsätzlichen politischen Konflikt mit der Regierung geredet werden. Zumal es sich um etwa fünf solcher Vorfälle in einem Zeitraum von etwa 100 Jahren handelt. Im Jahr 6 n. Chr. gab es außerdem eine Gruppe von Juden, die sich der römischen Volkszählung widersetzten, allerdings geschah das gewaltlos. Es gab eine Handvoll Personen, die in dieser Zeit als Propheten oder Messiasanwärter auftraten, aber auch sie beschränkten sich auf das Predigen und kämpften nicht gegen die Römer. Und dann gab es die kleine Gruppe der „Sikarier", die unliebsame Personen des öffentlichen Lebens (Juden wie Nichtjuden) hinterrücks ermordete, um ihre eigenen politischen Ziele zu verfolgen. All diese Gruppen passen jedoch nicht in das Bild eines breiten Widerstandes der Bevölkerung gegen die römische Besatzung.

Die Partei der „Zeloten" hingegen, die den militärischen Kampf gegen die Römer propagierte, entstand erst um 60 n. Chr. Zur Zeit

Jesu existierte sie also noch gar nicht, auch wenn sie in Predigten und Filmen allgegenwärtig ist. In dieser Zeit bezeichnete der Begriff „Zelot" noch keinen jüdischen Widerstandskämpfer, sondern einen religiösen „Eiferer", der sich für die Reinheit des Tempels und der Überlieferung einsetzte. Im Neuen Testament gibt es zwei solcher „Zeloten", die namentlich genannt werden: Der eine heißt Simon und war ein Jünger Jesu, der andere war der Apostel Paulus.[27] Beide aber hatten noch nichts mit den jüdischen Widerstandskämpfern zu tun, die sich etwa 30 Jahre später unter dem Namen der Zeloten zusammenschlossen. Zur Zeit von Paulus konnte man das Wort „Zelot" sogar noch ganz ohne Bedenken für christliche Gläubige verwenden.[28]

Missverständnis 71:
Zur Zeit Jesu kämpften die „Zeloten" als jüdische Untergrundgruppe gegen die Römer.

Der Mythos von der allgegenwärtigen jüdischen Hoffnung auf Befreiung von den Römern lässt sich also anhand der historischen Quellen nur schwer nachweisen. Natürlich kann man dem Historiker Josephus, von dem die meisten unserer Informationen stammen, vorwerfen, dass er die Situation beschönigt hat. Immerhin war er selbst ein ehemaliger Widerstandskämpfer, der den Römern in die Hände gefallen war und der dann kurzerhand die Seiten wechselte. Unser Problem ist jedoch, dass wir auch in anderen jüdischen Quellen keine Hinweise auf eine Feindseligkeit der Juden gegenüber den Römern finden: Die Makkabäerbücher stellen – wie wir bereits gesehen haben – die Römer als Freunde und Helfer im Kampf gegen die bösen syrischen Tyrannen dar. Philo von Alexandrien hatte es nicht nötig, etwas gegen die Römer zu sagen. Er war ja selbst Teil der griechisch-römischen Bildungselite. Die Essener in Qumran schreiben zwar vom Endkampf der Guten gegen die Bösen, aber sie meinten damit – wie wir gesehen haben – weit mehr als nur eine militärische Vertreibung der Römer. Die griechischen „Pseudepigraphen“ schließlich reden nur an wenigen Stellen und zudem ganz allgemein von einer endzeitlichen Vernichtung der Feinde. Aber auch diese wird nicht als ein militärischer Kampf, sondern eher als eine geistliche Auseinandersetzung beschrieben.[29] Nur in der rabbinischen Literatur finden wir ganz untergründig eine Auseinandersetzung mit dem römischen Staat, der oft mit dem Decknamen „Esau“ bezeichnet wird. Hier ist es aber schwierig zu entscheiden, welche dieser Texte wirklich aus der Zeit Jesu stammen, welche in den Zeiten der jüdischen Kriege entstanden und welche zu noch späterer Zeit geschrieben wurden, als die Juden endgültig von den Römern besiegt waren und sich natürlich nicht mehr offen gegen ihre Herrscher aussprechen konnten.

Insgesamt war das Verhältnis der Rabbinen zum römischen Staat ein zwiespältiges: Auf der einen Seite lehnten sie den Staat ab, weil er Götzen diente und den Gott Israel nicht anerkannte. Andererseits aber riefen sie dazu auf, sich gehorsam in das Staatsgefüge einzuordnen und „das Beste für die Stadt zu suchen“, so wie es Jeremia einstmals den Exilanten in Babylon empfohlen hatte.[30] Natürlich gab es auch hier Extreme auf beiden Seiten: So unterstützte der berühmte Rabbi Akiba den bewaffneten Krieg gegen die Römer, während auf der anderen Seite des Spektrums etwa der schon im letzten Kapitel erwähnte Johanan ben Zakkai stand, der sich offen gegen die Zeloten stellte und stattdessen die Kooperation mit den römischen Feldherren suchte. Rabbi Jose ben Hanina, ein Zeitgenosse von Johanan ben Zakkai, fasste diese Position in einer bildlichen Auslegung des Hoheliedes zusammen:

> Es steht geschrieben: „Ihr Töchter Jerusalems, ich beschwöre euch, dass ihr die Liebe nicht aufweckt, bis es ihr selbst gefällt.“ Daraus lesen wir zwei Ermahnungen, eine für Israel

und eine für die Völker der Welt: Zum einen soll Israel sich nicht gegen die heidnischen Regierungen auflehnen. Und zum anderen sollen die heidnischen Regierungen Israel nicht zu sehr unterdrücken. Denn wenn sie Israel ein zu schweres Joch auferlegen, dann führen sie damit das Ende herbei, bevor seine Zeit gekommen ist.[31]

Man sieht also, dass die jüdischen Erwartungen und Hoffnungen sehr vielfältig waren: Einerseits hielt man die Hoffnung auf ein endgültiges messianisches Friedensreich wach und gab sich nicht vorschnell mit dem Status quo der heidnischen Fremdherrschaft zufrieden. Andererseits jedoch versuchte man sich mit der Realität zu arrangieren: Unter den Römern genoss man eine vergleichsweise hohe Religionsfreiheit und politische Stabilität. Man suchte die Zusammenarbeit mit der Regierung und betrachtete es als seinen Auftrag, sich positiv und kreativ in die Gesellschaft einzubringen. Von dem viel beschworenen „Hass der Juden gegen die römische Besatzungsmacht" finden wir dagegen in den historischen Quellen der Zeit Jesu kaum eine Spur.

Jesus und das Reich Gottes

Vergleichen wir nun die jüdische Erwartung des „himmlischen Königreichs" mit dem, was Jesus darüber sagt, finden wir erneut eine große Ähnlichkeit. Jesus beschreibt die Königsherrschaft Gottes in seinen Gleichnissen als eine Realität, die schon jetzt im Verborgenen wächst wie eine auf ein Feld ausgestreute Saat.[32] Er beschreibt es aber auch als eine kommende Realität, die erst dann sichtbar wird, wenn der König in sein Land zurückkehrt.[33] Einmal redet Jesus davon, dass man das Königreich schon jetzt sehen könne[34], dann wieder davon, dass man es erst in der Zukunft sehen werde.[35] Die rabbinische Formulierung „das Königreich der Himmel auf sich nehmen" findet sich so bei Jesus nicht, wohl aber die Einladung, „sein Joch" auf sich zu nehmen (siehe oben S. 81-86). Hingegen kann man bei Jesus in das Königreich Gottes „hineinkommen“, man kann danach „trachten“, es „annehmen“, „empfangen“, „erben“ oder davon „ausgeschlossen“ werden.[36] Das Königreich Gottes „kommt“ aber auch oder „ist schon da“, es ist also in Bewegung, wobei hier weniger eine räumliche als eine zeitliche Dimension im Blick ist wie etwa in dem Satz: „Der Mai ist gekommen.“[37] In diesen Bildern unterscheidet sich das Königreich Gottes, von dem Jesus redet, also nicht grundsätzlich von der jüdischen Hoffnung.

Ein entscheidender Unterschied ist jedoch, dass Jesus das Kommen der Königsherrschaft Gottes untrennbar mit seiner eigenen Person verbindet: Wo er Kranke heilt und Dämonen austreibt, da ist Gottes Königsherrschaft gegenwärtig.[38] Er selbst ist der Herrscher, der auf dem Thron des kommenden Königreichs sitzt und das Königreich als Erbe verteilt.[39] Das ist das Neue an der Botschaft Jesu vom Königreich der Himmel: Dass das, was die jüdische Hoffnung in der Zukunft erwartet, schon jetzt in seiner Person gegenwärtig ist.

Jüdische Fragen an den christlichen Messias

Natürlich würden jüdische Gesprächspartner an dieser Stelle sagen: Woran wird denn das sichtbar? Wo ist denn das Friedensreich, von dem die Propheten reden? In dem Wölfe bei den Lämmern liegen und Schwerter zu Pflugscharen geschmiedet werden? Warum gibt es denn immer noch Leid, Krieg und Tod in der Welt, wenn doch Gott verheißen hat, dass es das alles in seinem künftigen Friedensreich nicht mehr geben wird? Und mit diesen Fragen haben sie recht. Sie haben recht, weil auch die Bibel diese Fragen stellt. Und wir sollten deshalb als Christen diesen Fragen nicht allzu schnell ausweichen. Der Grund, warum die meisten Juden bis heute nicht an Jesus – den Messias – glauben können, findet sich genau in dieser Frage: Wenn er der Messias war, warum ist dann mit seinem Kommen nicht das verheißene messianische Friedensreich angebrochen, von dem die Propheten sprachen?

Christen erklären das dann oft mit einem Rückzug in die geistliche Welt: Alle biblischen Verheißungen, die von einer realen Veränderung unserer Welt, von Frieden und Gerechtigkeit, von Wohlstand und Freiheit sprechen, werden dann einfach vergeistlicht. Sie seien nicht so wörtlich gemeint, wie sie dastehen, sagt man da. Aber Jesus habe dieses Missverständnis zum Glück zurechtgerückt. In Kapitel 5 haben wir diesen Umgang mit dem Alten Testament schon kennengelernt.

Missverständnis 72:
Das Königreich Gottes, von dem Jesus redet, hat nichts mit der irdischen Welt zu tun.

In der Geschichte der Kirche hat man daher oft vom „Himmelreich" so gesprochen, als ob es mit unserer Welt nichts zu tun hätte. Es wurde als himmlisches Ziel dargestellt, das man erst nach seinem Tod erreichen konnte. Oder eine innere Einstellung, die nur im Herzen einzelner Menschen entsteht. Diese Einseitigkeit ist aber nur dann möglich, wenn wir – wie in Kapitel 5 beschrieben – das ganze Alte Testament für unwichtig oder „vorläufig" erklären. Jesus hat das aber gerade nicht getan. Wenn er von der „Königsherrschaft der Himmel" spricht, dann meint er dieselbe Königsherrschaft, von der auch das Alte Testament spricht. Und das ist eine, die auch hier in unserer Welt alles verändern wird. Zumindest, wenn wir den Worten der Propheten glauben können. Wir sollten also nicht überheblich und besserwisserisch unseren jüdischen Gesprächspartnern erklären, warum sie das „Königreich der Himmel" falsch verstanden hätten, sondern wir sollten uns von ihrer Hoffnung anstecken und aufrütteln lassen: Von der Hoffnung auf eine Welt, die besser ist als die, die wir gegenwärtig erleben. Auf eine veränderte Welt, in der Gottes Wille geschieht und seine Herrschaft anerkannt wird. In der alle Völker sich zu ihm wenden werden und die Erde voll sein wird von der Erkenntnis des Herrn, so wie Wasser die Meere bedeckt. Es gibt keinen Grund, diese Hoffnung aufzugeben oder einzuschränken. Das haben auch die ersten Christen nicht getan. Neben dem Bekenntnis, dass der Messias schon gekommen ist, existierte im Christentum immer auch die bleibende Erwartung, dass er kommen wird. Und diese Erwartung eines kommenden Messias teilen wir bis heute mit unseren jüdischen Geschwistern. Wir brauchen also nicht die Augen vor der Realität zu verschließen und so zu tun, als wäre das messianische Friedensreich schon da. So, als bräuchten wir nicht mehr zu warten und nicht mehr zu hoffen.

Auf der anderen Seite dürfen wir aber auch nicht in eine andere Einseitigkeit verfallen, die in der christlichen Geschichte ebenso häufig war: Nämlich zu meinen, es wäre unsere Aufgabe, Gottes Königsherrschaft in der Welt herbeizuführen. In diesem Fall wurde das „Reich Gottes“ in der Geschichte dann schnell mit einer perfekten Gesellschaft, dem römischen Kaiserreich, der katholischen Kirche, dem real existierenden Sozialismus oder der lokalen Gemeinde gleichgesetzt. Und wacker hält sich bei manchen Christen die Vorstellung, das „Reich Gottes“ sei eine Art „Himmel auf Erden“, weil man an den Himmel nicht mehr so recht glauben mag. Besonders beliebt ist deshalb heute bei vielen Christen die Überzeugung, dass man das Reich Gottes „bauen“ kann. Aber das ist ein Bild, das dem Neuen Testament und auch dem Judentum völlig fremd ist.

Missverständnis 73:
Wir können das Königreich Gottes in dieser Welt „bauen“.

Wir haben schon gesehen, dass Jesus dieses Bild nie verwendet, sondern stattdessen vom „Kommen“ der Königsherrschaft, vom

„Hineingehen“ und vom „Empfangen“ spricht. Im Bild gesprochen: Gott ist es, der als König herrscht, nicht wir. Deshalb können wir auf seine Herrschaft immer nur reagieren, wir können sie aber nicht machen, bauen, in die Tat umsetzen oder herbeiführen. Das alles ist Gottes Sache. Allerdings heißt das nicht, dass wir deshalb zur Passivität verurteilt sind. Auf unser Handeln kommt es sogar entscheidend an: Wir können zum Beispiel um das Kommen der Königsherrschaft bitten und danach „trachten“.[40] Unser Handeln entscheidet darüber, ob wir in das Königreich Gottes eingehen oder ob wir davon ausgeschlossen werden.[41] Wir sind es, die die Botschaft von der Königsherrschaft verkünden sollen.[42] Und natürlich können wir so leben und handeln, wie es der König befohlen hat. Wenn wir das tun, dann wird sich die Welt verändern und es wird durch unser Handeln sichtbar werden, wer unser König ist.[43] Nur weil wir selbst nicht die Könige in Gottes Königreich sind, heißt das also nicht, dass wir nicht Diener in seinem Haushalt, Arbeiter in seinem Weinberg oder Bauleute an seinem Bau sein können.

Auch hier können wir von der jüdischen Hoffnung noch viel lernen: Denn obwohl die jüdische Hoffnung fest mit einer „Verbesserung der Welt“ *(tikkun ha-olam)* durch die Herrschaft Gottes rechnet und dafür betet, weiß sie doch auch darum, dass es eine kommende Welt *(olam ha-bah)* geben wird, die sich von der jetzigen Welt *(olam ha-seh)* unterscheidet. Und auch im Neuen Testament wird die gegenwärtig existierende Welt von der kommenden Welt unterschieden. Alle Hoffnungen, die sich nur auf diese Welt beschränken, greifen deshalb zu kurz. Aber die Hoffnungen, die sich nur auf die kommende Welt beschränken, greifen ebenfalls zu kurz. Gott ist der König in dieser Welt wie auch in der kommenden Welt. Er regiert hier wie dort. Er will, dass wir hier wie dort seinem Willen folgen und seine Herrschaft anerkennen. Und deshalb ergibt es keinen Sinn, die eine Welt gegen die andere auszuspielen.

Das Leben nach dem Tod

Zur Hoffnung des Judentums gehört nicht nur der Ausblick auf die messianische Zeit, sondern ebenso die Frage nach dem persönlichen Schicksal des Einzelnen am Ende seines Lebens. Und auch hier gründet das, was Jesus zu diesem Thema sagt, tief in der jüdischen Hoffnung. Zu dieser Hoffnung gehört der Glaube an die Auferstehung der Toten *(techiat ha-metim)*, ein Gericht Gottes, das ewige Leben in der kommenden Welt *(chajje olam* oder *chajje olam ha-bah)* und der Glaube an die Hölle *(gehenna)*.

Zur Erwartung des ewigen Lebens habe ich in Kapitel 3 schon einiges geschrieben. Zum Glauben an die Hölle will ich hier nur wenige Worte verlieren. In den letzten Jahren ist unter Christen eine neue Diskussion darüber entbrannt, ob Jesus wirklich an eine Hölle glaubte. Besonders einflussreich war hier das Buch von Rob Bell, in dem er unter anderem eine weitverbreitete Vorstellung von dem aufgriff, was Jesus unter „Hölle" verstand:

> Das Wort, das im Deutschen mit Hölle übersetzt wird, ist das Wort Gehenna. „Ge" bedeutet Tal und „Henna" steht für Hinnom. Gehenna, also das Hinnomtal, war eine kleine Schlucht an der Südseite Jerusalems. Dort in der Gehenna befand sich, als Jesus lebte, die städtische Müllkippe Jerusalems. Die Menschen warfen ihren Müll und Abfall in dieses Tal. Dort schwelte ständig Feuer, das den Unrat verbrannte. Wilde Tiere kämpften an den Rändern der Müllhalde um Nahrungsreste. Bei diesen Kämpfen bleckten sie die Zähne und machten knirschende Geräusche. Gehenna, der Ort des Zähneknirschens, an dem das Feuer nicht verlöscht. Ein realer Ort, mit dem die Zuhörer Jesu vertraut waren.[44]

Viele Christen erhoffen sich von dieser Erklärung endlich einen Abschied von traditionellen Höllenvorstellungen. Vielleicht wollte

Jesus ja gar nicht auf eine jenseitige Hölle oder eine ewige Strafe hinweisen, sondern nur die städtische Müllhalde als ein Beispiel für die „Hölle auf Erden" anführen?

Missverständnis 74:
Wenn Jesus von der Hölle sprach, meinte er nur die städtische Müllhalde von Jerusalem.

Blicken wir in die jüdischen Quellen der Zeit Jesu, trifft diese Erklärung jedoch leider nicht zu. Zwar stimmt es, dass der Name *gehenna* sich ursprünglich aus dem Namen des Hinnomtals herleitet. Nur wusste das zur Zeit Jesu offenbar niemand mehr, denn das Tal wurde schon lange nicht mehr so genannt. In den griechischen Übersetzungen des Alten Testaments wird der hebräische Name des Hinnomtals mit allen möglichen griechischen Worten übersetzt, manchmal auch mit griechischen Buchstaben transkribiert, jedoch nie mit *gehenna* wiedergegeben. Auch in anderen jüdischen Texten aus der Zeit Jesu, in griechischen wie hebräischen und aramäischen, taucht der Name *gehenna* nicht auf. Jedoch erscheint er in der rabbinischen Literatur, und zwar über 120 Mal allein im babylonischen Talmud.[45] Hier zeigt sich wieder einmal, dass die Evangelien von allen jüdischen Texten der rabbinischen Literatur am nächsten stehen – und das obwohl ein viel größerer zeitlicher Abstand zwischen ihnen liegt. Was aber ist in der rabbinischen Literatur mit dem Begriff *gehenna* gemeint? Es ist in der Tat die ganz traditionelle Vorstellung von einem jenseitigen Ort des Feuers, an dem Menschen für ihre Sünden bestraft werden.[46] Auch hier sieht Jesus also keinen Anlass, sich vom Glauben seiner jüdischen Zeitgenossen zu distanzieren. Entgegen allen Hoffnungen aufgeklärter Christen spricht Jesus mehr von der Hölle als irgendein anderer Autor der Bibel. Das mag uns nicht gefallen, aber wegerklären können wir es nicht. Der Glaube an ein Gericht und an eine ausgleichende Gerechtigkeit ist für das Judentum zentral. Gerade für ein Volk, das in dieser Welt immer wieder Verfolgung, Ungerechtigkeit und Vertreibung erlebt hat, ist die Vorstellung von einer kommenden Welt, in der alles egal und vergessen ist, was man hier getan, geglaubt und erlitten hat, nur schwer zu ertragen. Die scheinbar attraktive Idee von einer „Allversöhnung", der zufolge alles mit einem großen Schwamm ausradiert wird, was vorher war, ist dagegen vor allen Dingen bei den Mächtigen, den Tätern und den Siegern populär. Jesus dagegen warnt vor einer allzu großen Selbstsicherheit. Und dafür steht die Rede von der *gehenna*.

Ein neuer Himmel und eine neue Erde

Zur Hoffnung des Neuen Testaments gehört auch der Ausblick auf einen neuen Himmel und eine neue Erde. Auch dieses Thema ist in letzter Zeit von vielen Christen neu entdeckt worden. Denn wie wir schon sahen, gab es in der christlichen Geschichte eine lange Tradition, in der man die Erde mit „dieser Welt" und den Himmel mit der „kommenden Welt" gleichsetzte. Diese Gleichsetzung hat ihre Wurzeln in der griechischen Philosophie, wo man dualistisch zwischen der materiellen und der ideellen Welt trennt. Die Ideen sind dann ewig und jenseitig, während die Materie vergänglich und diesseitig ist. Das Ideal des Menschen läge dann darin, die Welt der Materie hinter sich zu lassen und ganz in der Welt der Ideen aufzugehen. Nach dieser Vorstellung wohnt in jedem Menschen eine unsterbliche Seele, die jedoch gefangen ist in einem Körper. Erst wenn der Mensch stirbt, wird die Seele wieder frei und kehrt zurück in die geistige Welt der Ideen, aus der sie ursprünglich kam.

Die jüdische Hoffnung jedoch ist eine ganz andere: Schon in der biblischen Tradition ist die Erde kein Gefängnis, sondern die gute Schöpfung Gottes. Die Seele ist kein unsterbliches Wesen und sie wird auch nicht in einen Körper eingesperrt. In der Bibel *hat* der Mensch keine Seele, sondern er *ist* eine: „Da machte Gott, der Herr, den Menschen *(adam)* aus Erde vom Acker *(adamah)* und blies ihm den Odem *(neschama)* des Lebens in seine Nase. Und so ward der Mensch ein lebendiges Wesen *(nefesch chajja)*."[47]

Das hebräische Wort *nefesch*, das hier verwendet wird, wird später im Griechischen mit dem Wort *psyche* übersetzt. Im Deutschen wird daraus manchmal die „Seele", aber manchmal auch, wie hier, das „Lebewesen". Das Letztere trifft es eigentlich besser, denn wir sind als Menschen Lebewesen, die aus irdischer Materie *(adamah)* und himmlischem Gottesatem *(neschama)* bestehen. Beides macht uns aus und beides gehört zu unserer Identität. Anders als in der griechischen Vorstellung ist beides gut und wertvoll. Was aber passiert, wenn wir sterben? Nach biblischer Vorstellung verlässt die Seele nicht den Körper und lebt im Jenseits weiter, sondern der ganze Mensch stirbt, als Leib und Seele. Aber das ist nicht das Ende, denn es gibt eine Auferstehung der Toten. Sie wird in der Bibel zum ersten Mal im Buch Daniel erwähnt: „Und viele, die unter der Erde schlafen liegen, werden aufwachen, die einen zum ewigen Leben, die andern zu ewiger Schmach und Schande."[48]

Diese Auferstehung ist aber – auch hier ganz anders als in der griechischen Vorstellung – eine Auferstehung als Leib und Seele. Paulus beschreibt das mit Hilfe eines Bildes, das auch Jesus schon verwendet hatte: So wie ein Saatkorn in die Erde gelegt wird und dort „stirbt", daraus aber ein neuer Halm heranwächst, so werden wir auch nach unserer Auferstehung ein neuer Mensch aus Fleisch und Blut sein – und doch derselbe.[49]

Missverständnis 75:
Wenn wir sterben, lebt unsere Seele im Himmel bei Gott weiter.

Was für jeden Menschen persönlich gilt, das gilt auch für unsere Welt. Viele Christen stellen sich die kommende Welt irgendwie unwirklich, geistlich und unreal vor. Aber die Bibel beschreibt etwas ganz anderes: Sie beschreibt eine neue Schöpfung, die aus Himmel und Erde besteht, so wie unsere jetzige Welt. Für Gott ist die Materie nicht zweitrangig, sondern wertvoll. Weil er die Welt liebt, wird er eine neue Welt erschaffen, in der es Bäume und Tiere, Flüsse und Früchte gibt.[50] Hier zeigt sich noch einmal der grundlegende Unterschied zwischen der antiken griechischen und der jüdischen, von der Bibel geprägten Weltsicht: Die Schöpfung ist etwas Gutes, auch wenn sie vergänglich ist. Und in der kommenden Welt wird es deshalb eine neue Schöpfung geben, in der alles Gute aus dieser Schöpfung wieder neu erschaffen wird.

Keine Hoffnung mehr auf den Himmel?

Doch auch hier gibt es die Gefahr, dass wir auf der anderen Seite vom Pferd fallen: In letzter Zeit begegnen mir immer wieder Christen, die so begeistert sind von der Vorstellung einer neuen Erde, dass sie darüber den neuen Himmel vergessen. Sie wollen das alte Missverständnis vermeiden, dass wir alle nach unserem Tod in Ewigkeit auf einer Wolke sitzen und Harfe spielen. Sie betonen deshalb, dass es eine neue Schöpfung und eine neue Erde geben wird. Aber dann klingt es oft so, als wäre der Himmel jetzt plötzlich etwas Schlechtes oder Unwirkliches. So wird der alte griechische Dualismus aber nur auf den Kopf gestellt.

Missverständnis 76:
Wenn wir sterben, kommen wir nicht in den Himmel.

In der Bibel ist beides wichtig: Der Himmel und die Erde. Und der Unterschied zwischen beiden. Wir haben schon beim Blick auf den Tempel gesehen, dass das Gegenüber von Himmel und Erde für die

Bibel grundlegend und wichtig ist und dass beides weder miteinander vermischt noch ineinander aufgelöst wird. Das Gleiche konnten wir beim „Reich Gottes“ feststellen: Auch hier besteht die Gefahr, dass wir das Reich Gottes entweder in eine rein himmlische Welt oder in eine rein irdische Welt verlegen. Beides widerspricht jedoch dem biblischen Denken. Himmel und Erde sind einander zugeordnet und stehen sich gegenüber. Beide sind wichtig, beide sind wertvoll. Und wir sollten nicht den Fehler machen, bei aller Begeisterung für die Geschöpflichkeit der Welt nunmehr den Himmel außer Acht und nur noch irdische Realitäten gelten zu lassen. Denn in der Tat finden wir im Neuen Testament viele Texte, aus denen hervorgeht, dass wir nach unserem Tod „im Himmel“ sein werden. Das ganze Buch der Offenbarung etwa ist ein prophetischer Einblick in die himmlische Welt. Dort sehen wir Menschen aus allen Völkern und Stämmen, wie sie vor Gottes Thron im Himmel stehen.[51] Paulus spricht davon, dass er nach seinem Tod „daheim bei dem Herrn“ sein wird.[52] Und wo ist der Herr, nach den Worten des Paulus? Im Himmel.[53] Natürlich ist das alles bildliche Sprache und wir können uns weder „Orte“ noch „Zeiten“ jenseits unserer eigenen Welt wirklich vorstellen. Deshalb wissen wir auch nicht, ob es eine „Zwischenzeit“ gibt, zwischen unserem Tod und unserer Auferstehung oder zwischen unserem Tod und der neuen Schöpfung. Solange wir das aber nicht wissen, sollten wir uns auch nicht vorschnell von Bildern verabschieden, die in der Bibel selbstverständlich sind. Dazu gehört unter anderem, dass wir nach unserem Tod bei unserem Herrn im Himmel sein werden. Das ist weder eine griechische noch eine dualistische Vorstellung, sondern eine neutestamentliche.

Missverständnis 77:
Himmel und Erde werden einmal eins.

Manche Christen erwarten auch, dass am Ende der Zeit Himmel und Erde eins werden oder der Himmel auf die Erde kommt. Anhaltspunkt dafür ist das neutestamentliche Bild von der himmlischen Stadt Jerusalem, die vom Himmel auf die Erde kommt.[54] Aber auch diese Vorstellung trügt beim genauen Hinsehen: Denn hier kommt nicht der Himmel auf die Erde, sondern das neue Jerusalem kommt *aus* dem Himmel *auf* die Erde. Auch hier bleiben Himmel und Erde ein Gegenüber. Sie müssen nicht verschmelzen, weil sie beide gut und wichtig sind und weil gerade das Gegenüber der Gegensätze in der jüdischen und der biblischen Welt seinen Wert hat.

Im jüdischen Glauben gehören Himmel und Erde zusammen und sind doch voneinander getrennt. Ebenso wie die gegenwärtige und die kommende Welt zusammengehören und doch voneinander getrennt sind. In dieser Welt gibt es einen Himmel und eine Erde und das wird auch in der kommenden Welt so sein. Weder kommt der Himmel auf die Erde noch löst sich die Erde im Himmel auf, sondern wir kommen in den Himmel, wenn wir sterben. Und dann werden wir auferstehen, mit Leib, Seele und Geist, und das Leben in der kommenden Welt erleben. Das jedenfalls ist die Hoffnung und die Erwartung des Neuen Testaments.

Und auch hier bekommt diese Hoffnung im Neuen Testament einen Namen und ein Gesicht. Denn die kommende Auferstehung der Toten ist bereits einmal geschehen, mitten in der Geschichte. In der jüdischen Tradition ist die Auferstehung ein Ereignis, das am Ende der Geschichte geschieht und die neue Zeit einläutet. Sie ist das Signal für den Beginn der kommenden Welt. Wenn das Neue Testament also davon berichtet, dass Jesus von den Toten auferstanden ist, dann ist das mehr als nur ein tröstliches Happy End der Jesusgeschichte. Es ist der Anbruch der kommenden Welt, mitten in der Zeit. Davon waren die ersten Christen überzeugt – das war ihre zentrale Botschaft. Deshalb gilt auch hier: Es geht nicht um eine neue Lehre, sondern um eine Person und ein Ereignis: Diese sind die Erfüllung der jüdischen Hoffnung.

Kapitel 8

Jesus und seine jüdischen Nachfolger

Denn ich schäme mich des Evangeliums nicht;
denn es ist eine Kraft Gottes, die selig macht alle, die daran glauben,
die Juden zuerst und ebenso die Griechen.
(Römer 1,16)

Das letzte Kapitel dieses Buches wird nicht für alle Leser eine leichte Lektüre sein. Es ist ein schwieriges Kapitel und auch ein sensibles Thema. Manche jüdischen Leser werden mir vielleicht bis hierher wohlwollend gefolgt sein und hoffentlich auch hin und wieder zugestimmt haben bei dem, was ich über Jesus, den Juden, geschrieben habe. Manche christlichen Leser haben vielleicht hin und wieder verwundert innegehalten oder skeptisch die Stirn gerunzelt. Aber vielleicht konnten sie auch neue Seiten an Jesus entdecken, die sie bisher nicht kannten. In diesem Kapitel jedoch werden manche dieser Leser – Juden wie Christen – nicht mehr so einfach gewillt sein, mir zu folgen. Deshalb bitte ich schon gleich am Anfang um Nachsicht, Geduld und ein großes Herz.

Das Kapitel handelt von den jüdischen Nachfolgern Jesu. Die

gab es bereits zu Beginn der christlichen Geschichte und es gibt sie bis heute. Aber für viele Christen und Juden stellt das ein schwerwiegendes Problem dar. Selbst dann, oder gerade dann, wenn sie sich für ein gutes Miteinander von Juden und Christen engagieren, was ja ein wichtiges Anliegen dieses Buches ist. Denn Juden, die an Jesus glauben und ihm nachfolgen, stellen heute in der Begegnung zwischen Juden und Christen den wohl schwierigsten Stolperstein dar. Ist es dennoch möglich, hier neue Wege zu finden?

Zurück zum Anfang

Worum geht es also? Fangen wir vorne an: Die ersten Nachfolger Jesu waren Juden, so wie auch Jesus selbst ein Jude war. Die erste Gemeinde in Jerusalem bestand aus Juden. Die Verfasser des Neuen Testaments waren – bis auf eine mögliche Ausnahme – Juden. Die Jesusbewegung war also von Anfang an eine jüdische Bewegung. Und sie blieb eine jüdische Bewegung, daran änderte auch ihr Glaube an Jesus nichts. Wie wir in diesem Buch schon gesehen haben, war das Judentum zur Zeit des zweiten Tempels eine sehr vielfältige Bewegung. Sie hatte ihre Einheit im Tempel, in der Tora, im Bund Gottes, der Beschneidung und in der gemeinsamen Hoffnung. In Einzelfragen jedoch war man durchaus unterschiedlicher Meinung. Das ging sogar so weit, dass manche jüdische Gruppen die Rechtmäßigkeit des Tempels infrage stellten, andere wiederum die Hoffnung auf die Auferstehung von den Toten. Aber trotz dieser Unterschiede wusste man immer: Wir alle gehören zum selben Volk, wir teilen eine Geschichte und eine gemeinsame Identität. Die ersten Nachfolger Jesu machten hier keine Ausnahme: Sie verstanden sich als Teil des jüdischen Volkes und haben sich nie daraus gelöst. Was sie von ihren jüdischen Zeitgenossen unterschied, war einzig und allein ihr Glaube daran, dass in Jesus die Zeit des Messias begonnen hatte.

Missverständnis 78:
Jesus war zwar ein Jude, aber schon Paulus hat die Grenzen des Judentums verlassen und eine neue Religion gegründet.

In diesem Buch habe ich davon gesprochen, dass Jesus als Jude lebte und dass er Zeit seines Lebens nie die Grenzen des Judentums verließ. Das große Missverständnis, dass Jesus eine neue Religion gründete, hat seine Ursache in vielen kleinen Missverständnissen: Darin, dass Christen sich mit der jüdischen Lebenswelt Jesu nicht wirklich auskennen. Darin, dass sie Worte von Jesus missverstehen und aus dem Zusammenhang nehmen. Und darin, dass sie lieb gewonnene Klischees ungern loslassen und daher immer wieder Dinge in Bibeltexte hineinlesen, die eigentlich nicht darin stehen.

Paulus: Der Erfinder des Christentums?

Es gibt aber nun noch ein anderes Missverständnis, bei dem es nicht um Jesus selbst, sondern um seine Nachfolger geht, denn viele Christen sagen: Jesus mag zwar ein Jude gewesen sein, aber spätestens Paulus hat mit dem Judentum gebrochen und eine neue Religion begründet. Um dieser Frage nachzugehen, müsste man vermutlich ein ähnlich dickes Buch schreiben.[1] An dieser Stelle muss daher ein kurzer Hinweis genügen, dass es im Blick auf Paulus unter Christen ähnlich viele Missverständnisse gibt wie im Blick auf Jesus. Die neuere Forschung hat jedoch auch hier ein verändertes Bild von Paulus bekommen. Die sogenannte „Neue Paulusperspektive" hat gezeigt, dass Paulus sich selbst, ebenso wie Jesus, immer als einen gesetzestreuen Juden ansah. Wir finden im ganzen Neuen Testament keinen Hinweis darauf, dass Paulus sich vom Judentum lösen wollte oder dass er die Grenzen des jüdischen Glaubens verließ. Selbst im Blick auf die Treue zum Gesetz zeigen viele neuere Studien, dass

Paulus hier in der Vergangenheit zu Unrecht als Vertreter eines „gesetzesfreien Evangeliums" dargestellt wurde. Wenn Paulus über die „Freiheit vom Gesetz" redet, dann geht es entweder darum, dass wir frei sind vom *Urteil* des Gesetzes oder vom *Fluch* des Gesetzes, der denjenigen gilt, die es nicht halten. Oder aber es geht darum, dass Nichtjuden frei sind von den Verpflichtungen der Tora, die ja ohnehin nur dem Volk Israel gegeben wurden. Aber für Paulus selbst und für seine jüdischen Mitchristen ist die Treue zum Gesetz ganz selbstverständlich. Vor allem im zentralen Teil seines Römerbriefs verdeutlicht Paulus die unauflösbare Verbindung der Jesusbewegung zum jüdischen Volk. Es kam ihm nie in den Sinn, dass Nachfolger Jesu sich vom jüdischen Volk lossagen sollten, nur weil sie an den Juden Jesus glaubten.

Die sogenannte „Trennung der Wege" zwischen Judentum und Christentum begann also weder bei Jesus noch bei Paulus. Im Gegenteil: Die erste Gemeinde verstand sich immer als eine Gemeinde aus Juden und Nichtjuden. Diese Dualität war Paulus so wichtig, dass er sie mehrmals als Grundkennzeichen christlicher Gemeinde und christlicher Identität nennt.[2] Gemeinde ist für ihn nur dann echte Gemeinde, wenn sie Gemeinde aus Juden und Nichtjuden ist. Die Trennung der Wege geschieht also auch bei Paulus noch nicht. Ebenso wenig aber geschieht sie in den anderen, späteren Schriften des Neuen Testaments: Wir haben zwar gesehen, dass sich hier durchaus kritische Worte gegenüber einzelnen Vertretern des Judentums finden. Doch solche Kritik ist immer ein Ausdruck von „Streit innerhalb der Familie" und keine Kritik von jemandem, der sich selbst außerhalb des Judentums stellt. Eine Trennung von Judentum und Christentum finden wir also – anders als man früher oft dachte – im Neuen Testament noch nicht.

Die Trennung der Wege zwischen Juden und Christen war vielmehr ein langsamer und schmerzhafter Prozess der Ablösung, der sich über viele hundert Jahre hinzog. Schon früh stellte sich etwa für die jüdischen Gemeinden die Frage, ob Juden, die an Jesus glauben, noch willkommen waren in der jüdischen Synagoge. Lange Zeit ging man davon aus, dass schon unter Rabbi Johanan ben Zakkai, gegen Ende des ersten Jahrhunderts, ein offizieller „Synagogenbann" gegen solche Juden ausgesprochen wurde. Man meinte ihn in der zwölften Bitte des *amida*-Gebets zu finden, die in dieser Zeit dem Gebet hinzugefügt wurde. Darin wird Gott darum gebeten, für einen baldigen Untergang der „Sekten" *(minim)* zu sorgen. Frühere Forscher lasen hier eine christenfeindliche Anspielung hinein, weil das Wort *minim* in der rabbinischen Literatur oft für Juden gebraucht wird, die an Jesus glauben. Aus heutiger Sicht ist das aber gar nicht mehr so eindeutig. Mit den *minim* kann nämlich auch jede andere Art von Irrlehre oder Splittergruppe gemeint sein. Und die Bitte könnte zudem auch einfach als Bitte um Einheit und um ein Ende der Parteistreitigkeiten innerhalb des Judentums gemeint sein.

In der Tat haben wir nämlich noch aus den ersten Jahrhunderten viele Zeugnisse von Juden, die an Jesus glaubten und sich sowohl zur jüdischen Synagoge als auch zur christlichen Kirche hielten. Der Kirchenvater Justin sprach sich um das Jahr 150 n. Chr. ausdrücklich dafür aus, solche Gruppen als Teil der christlichen Kirche anzuerkennen:

> Es gibt Leute, die sich an die Satzungen des Mose halten, und trotzdem an Jesus glauben, der gekreuzigt wurde, die ihn als den Messias Gottes anerkennen und glauben, dass er als Richter über alle eingesetzt ist, und dass ihm das ewige Königreich gehört. … Wenn solche Leute sich also dafür entscheiden, sich an die Gebote des Moses zu halten und auf diese Weise, neben ihrem Glauben an Jesus, die ewig gültigen Werke der Gerechtigkeit und Gottesfurcht zu tun, und wenn sie dies in Gemeinschaft mit anderen Christen tun möchten, ohne diese dazu zu zwingen, sich auch beschneiden zu lassen oder auch nach den Geboten zu leben, dann glaube ich, dass wir die Gemeinschaft mit ihnen suchen und uns ihnen in jeder Hinsicht als Geschwister anschließen sollten.[3]

Dieses Urteil des Justin ist sehr wichtig, denn in der späteren Kirchengeschichte hat man oft angenommen, dass es sich bei diesen judenchristlichen Gruppen um „Sekten“ oder „Irrlehrer“ handelte, die von der späteren Kirche zu Recht ausgeschlossen wurden. Im zweiten Jahrhundert sah man das jedoch offensichtlich noch anders. Noch am Ende des vierten Jahrhunderts bescheinigten die Kirchenväter Epiphanius und Hieronymus solchen Gemeinden jesusgläubiger Juden in jeder Hinsicht Rechtgläubigkeit.[4] Allerdings wird hier bereits deutlich, dass die Entfremdung zunahm: Denn die beiden Lehrer erkennen die jesusgläubigen Juden zwar als Geschwister an, kritisieren sie aber dafür, dass sie noch die jüdischen Gesetze halten und ihre Kinder beschneiden lassen.

Aber nicht nur in den christlichen Quellen aus der frühen Kirche, sondern auch in der rabbinischen Literatur finden wir Berichte über einen regen Austausch zwischen Juden und Christen und auch Zeugnisse über jüdische Nachfolger von Jesus. Da lesen wir etwa von einer Diskussion zwischen Rabbi Eliezer (2. Jahrhundert) und einem Anhänger Jesu namens Jakob aus Kephar Sekanja. Rabbi Eliezer zeigte sich dabei von der Lehre Jesu so beeindruckt, dass er bei seinen Schülern in Verdacht geriet, selbst ein Anhänger Jesu zu sein.[5] An anderer Stelle wird berichtet, dass derselbe Jakob aus Kephar Sekanja von seinem Nachbarn Ben Dama, der von einer Schlange gebissen wurde, gerufen wurde, um im Namen Jesu für seine Heilung zu beten. Aber Rabbi Ishmael, der dabeistand, erlaubte es nicht, weil Jakob zu den *minim* gehörte. Ben Dama starb daraufhin an den Folgen des Schlangenbisses.[6] In jüdischen Gesetzestexten gibt es Diskussionen darüber, ob das Anfassen von „Evangelien und anderen Büchern der *minim*“ mit dem Anfassen von Bibeltexten gleichzusetzen ist. In diesem Fall musste man sich nämlich anschließend die Hände waschen.[7] Die Antwort lautet zwar nein, aber die Bücher der *minim* werden hier immerhin in eine Kategorie zusammen mit jüdischen Gebetbüchern und dem nachbiblischen Buch Jesus Sirach eingeordnet. Justin der Märtyrer berichtet sogar von Jesusanhängern in der Armee des Bar Kochba während des zweiten jüdischen Aufstandes 132-135 n. Chr.[8] Von Rabbi Elisha ben Abuja, der etwa in der gleichen Zeit lebte, wird berichtet, dass er unter seinen Gewändern „viele Bücher der *minim*“ zu verbergen pflegte.[9] Er wurde von der späteren Tradition als Irrlehrer abgelehnt und nur noch unter dem Namen „der Andere“ erwähnt. Unter anderem warf man ihm vor, die Lehre von „zwei Gewalten im Himmel“ verbreitet zu haben, vielleicht ein Hinweis auf einen frühen Streit um die Göttlichkeit Jesu. Hieronymus schließlich berichtet noch im vierten Jahrhundert davon, dass die jesusgläubigen Juden mit verschiedenen Rabbinen ihrer Zeit über Fragen der Schriftauslegung debattierten.[10]

Es wird also deutlich: Die Grenzen zwischen Judentum und Christentum waren in den ersten Jahrhunderten wesentlich unklarer als man es meist annimmt. Noch lange Zeit gab es enge und auch gute Beziehungen zwischen Juden und Christen. Und immer gab es in der Mitte eine kleine Schnittmenge von Juden, die an Jesus glaubten. In dieser Zeit wurden sie von der Kirche noch als Mitglieder akzeptiert und anerkannt.

Missverständnis 79:
Die judenchristlichen Gruppen der ersten Jahrhunderte waren Irrlehrer.

Das änderte sich erst im Laufe der folgenden Jahrhunderte durch eine Reihe von verhängnisvollen Entscheidungen: Beim großen Konzil von Nicäa etwa (325 n. Chr.), der ersten weltweiten christlichen Ratsversammlung, einigte man sich auf einen weltweit gültigen christlichen Festkalender, in dem das christliche Osterfest endgültig vom jüdischen Passafest losgelöst wurde: Während das Passafest von Jahr zu Jahr immer am gleichen Termin, aber deshalb jeweils an einem anderen Wochentag stattfand, sollte das Osterfest ab jetzt immer an einem Sonntag gefeiert werden, auch wenn der Termin sich dadurch verschiebt. Das klingt nach einer kleinen und unbedeutenden Entscheidung über Terminpläne, aber damit ging eine entscheidende Verbindung verloren, die Judentum und Christentum bis dahin zusammengehalten hatte: Die gemeinsamen Feste.

Doch auch diese neue Praxis konnte sich nur langsam durchsetzen: Noch mehr als 150 Jahre später beklagt sich der Kirchenlehrer Chrysostomos in scharfer Form darüber, dass immer noch viele Christen regelmäßig in die jüdischen Synagogen gingen, um dort zusammen mit den Juden zu feiern und zu beten. So etwas gehöre sich nicht für Christen, meinte der berühmte Prediger. Immerhin hätten die Juden den Sohn Gottes getötet und ihre Synagogen seien daher Versammlungen des Satans. Die judenfeindlichen Reden des Chrysostomos sind als Prototypen christlicher Judenfeindschaft in die Geschichte eingegangen. Aber auf der anderen Seite zeigen gerade diese feindseligen Ausbrüche doch auch, dass es offenbar zu dieser Zeit noch üblich war, dass Christen in großer Zahl die jüdischen Synagogen besuchten.

An den Ausfällen des Chrysostomos wird jedoch deutlich, wie sich die Beziehungen zwischen Juden und Christen zu dieser Zeit mehr und mehr verschlechterten und die Trennung der Wege immer endgültiger wurde. Die Fremdheit wuchs und mit ihr die Feindschaft. Immer öfter kam es zu verbalen und auch tätlichen Übergriffen von Christen auf Juden, denn die Christen hatten ja inzwischen die Mehrheitsposition in der Gesellschaft und sollten sie bis in die Neuzeit hinein behalten. Auch deshalb hat sich die Geschichte christlicher Judenfeindschaft und Judenverfolgung bis in unsere Zeit hinein fortgesetzt.

Aber nicht nur von christlicher, sondern auch von jüdischer Seite wurde die Abgrenzung klarer: Der große jüdische Gelehrte Rambam (oder auch Maimonides, 1135–1204) formulierte erstmals deutlich, dass der Glaube an Jesus Götzendienst *(avoda zara)* und deshalb für einen Juden verboten sei.

Missverständnis 80:
Judentum und Christentum waren immer schon zwei unterschiedliche Religionen.

Spätestens jetzt war die Trennung der Wege also endgültig vollzogen: Nun stand fest, dass Judentum und Christentum zwei getrennte Religionen waren. Wer an Jesus glaubte und einer christlichen Kirche beitreten wollte, der musste sich zuvor von der falschen Religion des Judentums lossagen. Und wer zum Judentum übertreten wollte, der musste klarstellen, dass er nicht an Jesus glaubt. Beides schien für immer unvereinbar. Aber immer gab es zwischen diesen scheinbar klaren Fronten auch eine Dunkelziffer von Menschen, die sich nicht so eindeutig zu einer Richtung zuordnen wollten. Erst in neuerer Zeit – im Zuge der modernen Religionsfreiheit – traten diese versteckten Gruppen und Bewegungen wieder an die Öffentlichkeit. Seit dem Ende des 19. Jahrhunderts entstand in den christlichen Kirchen eine wachsende Bewegung „judenchristlicher" Gemeinden. Solche Gemeinden bestanden aus Christen jüdischer Herkunft, die offiziell zum Christentum konvertiert waren. Sie verstanden sich als Teil der großen Kirchen, wollten aber in ihren Gottesdienstformen wieder näher zu ihren jüdischen Wurzeln zurückkehren. Allerdings sahen sich diese Gruppen einer doppelten Feindseligkeit gegenüber ausgesetzt: Die Kirchen hatten kein Verständnis für den Wunsch dieser Menschen, ihren Glauben an Jesus auf jüdische Weise zu leben und auszudrücken. Sie drängten die „Judenchristen" dazu, doch endlich „richtige Christen" zu werden und ihre jüdische Identität endgültig abzuschütteln. Natürlich berief man sich dabei auf einen Jesus, der – so meinte man – ja auch nicht mehr als Jude gelebt hatte. Auf der anderen Seite standen die jüdischen Synagogen, die solche Gruppen nicht mehr als Juden anerkennen wollten, weil es sich ja jetzt um getaufte Christen handelte. So saßen die „Judenchristen" zwischen allen Stühlen. Vor allem in der Zeit der Judenverfolgung unter den Nationalsozialisten wurden daher auch viele jüdische Kirchenmitglieder, darunter auch viele Pfarrer, in die Vernichtungslager geschickt, ohne dass die christlichen Kirchen dagegen etwas unternahmen.

Etwa in den 1960er- und 1970er-Jahren entstand dann aus diesen judenchristlichen Gemeinden heraus noch einmal eine neue Bewegung, die später unter der Bezeichnung „Messianisches Judentum" bekannt wurde. Anders als bisher gründete man nun Gruppen und Gemeinden von jesusgläubigen Juden, die sich bewusst keiner großen Kirche anschlossen, sondern sich selbstständig in Gemeinden oder Synagogen organisierten. Anders als die „Judenchristen" der vorangegangenen Generationen suchten sie bewusst die Abgrenzung zur christlichen Kirche und zur christlichen Kultur. Daher wählte man auch einen Namen, der nicht das Wort „christlich" enthielt, sondern auf die hebräische Entsprechung „messianisch" zurückgriff. Auch in den Gottesdienstformen lehnte man sich enger an jüdische Traditionen, Sprache und Kultur an. Die messianisch-jüdische Bewegung wuchs vor allem in den USA und in Israel schnell, seit den 1990er-Jahren dann aber auch in den Ländern der ehemaligen Sowjetunion, in Großbritannien und auf dem europäischen Festland. Eine neuere Untersuchung geht davon aus, dass es in Deutschland derzeit etwa 600 messianische Juden gibt, die in etwa 40 Gemeinden und Gruppen organisiert sind.[11] Etwa 0,6 Prozent der Juden in Deutschland würden sich selbst als messianische Juden bezeichnen. Hinzu kommt noch eine unbekannte Anzahl von Juden, die einer Kirche oder Freikirche angehören, also offiziell zum Christentum übergetreten sind oder sich dorthin orientieren.

Für die großen Kirchen, aber auch für die jüdischen Verbände und Synagogen, ist diese kleine Gruppe von Gläubigen allerdings ein großes Problem. Vor allem die enge Verbindung messianisch-jüdischer Gemeinden mit der Frage der „Judenmission", also der Einladung von Juden zum Glauben an Jesus, führt zu kritischen

Fragen und emotional oft aufgeladenen Diskussionen: Vertreter der Synagoge sorgen sich dabei vor allem um die Existenz der jüdischen Gemeinden in Deutschland. Sie sind gerade dabei, sich nach der Katastrophe der *Schoah* wieder mühsam zusammenzufinden, und es entsteht derzeit wieder die zarte Pflanze jüdischen Lebens in Deutschland. In diesem Zusammenhang sieht man die messianischen Juden als eine existentielle Bedrohung, weil sie den Synagogen jüdische Mitglieder abwerben und diese dann, so die Sorge, ihrem jüdischen Glauben wieder entfremden und zu Christen machen. Joel Berger, langjähriger Landesrabbiner von Württemberg, bezeichnete die Arbeit messianisch-jüdischer Organisationen deshalb als „Fortsetzung des Holocaust mit anderen Mitteln". Solche Sorgen müssen wir als Christen unbedingt hören und ernst nehmen.

Auf der anderen Seite stehen die großen Kirchen, die ebenfalls oft ratlos vor dem Phänomen der jüdischen Nachfolger Jesu stehen. In der letzten großen Studie der Evangelischen Kirche in Deutschland zur Beziehung von Juden und Christen heißt es dazu:

> Es ist insgesamt festzustellen, dass dieses Thema bisher nicht ausreichend bearbeitet worden ist. Dies wird durch die Beobachtung bestätigt, dass sich nur wenige kirchliche Erklärungen hierzu eindeutig geäußert haben, und dass vor allem ausführlichere, die theologischen und historischen Argumente eingehend bedenkende Stellungnahmen fehlen. ... Der religiöse Status der Messianischen Juden und ihrer Gemeinden ist weithin ungeklärt.[12]

Zum Weiterlesen: Das Messianische Judentum

Lange Zeit gab es über das messianische Judentum kaum ausführliche Literatur. Es ist noch eine sehr junge Bewegung und viele Bücher, die im deutschsprachigen Bereich erschienen sind, haben eher den Charakter von persönlichen Lebensberichten oder dienen der geistlichen Erbauung. Viele Skeptiker halten daher das messianische Judentum für unseriös oder schwärmerisch. In den letzten Jahren gibt es aber zunehmend auch solide theologische Fachliteratur über das messianische Judentum oder aus dieser Bewegung selbst. In Deutschland veröffentlichte Stefanie Pfister im Jahr 2007 die Studie *Messianische Juden in Deutschland*, in der sowohl statistische Übersichten als auch persönliche Erfahrungsberichte und theologische Bewertungen zusammengetragen sind.[13] Einen umfassenden theologischen Überblick über die unterschiedlichen Strömungen des messianischen Judentums und wichtige Grundfragen ihres Glaubens liefert das Buch des Briten Richard Harvey: *Mapping Messianic Jewish Theology*.[14] Eine interessante Außensicht der Bewegung stammt aus der Feder des (nicht messianisch-)jüdischen Rabbiners Dan Cohn-Sherbock. Er stellt das messianische Judentum fair, aber kritisch dar und fragt danach, wie das „normale" Judentum die messianisch-jüdische Bewegung zu bewerten hat.[15] In Kürze erscheint zudem eine weitere grundlegende Gesamtdarstellung der Geschichte und Theologie des messianischen Judentums in Israel.[16]

Zwar war in der Kirchengeschichte lange aus dem Blick geraten, dass Jesus und seine ersten Nachfolger Juden waren und dass die Gemeinde des Neuen Testaments immer eine Gemeinde aus Juden und Nichtjuden war, aber gerade jetzt, wo man die jüdische Identität Jesu wieder neu entdeckt und neu wertschätzt, müssen Theologen und Kirchenvertreter ehrlich einräumen: Wenn Jesus wirklich ein Jude war und mit ihm auch seine ersten Anhänger, dann kann es heute nicht falsch sein, als Jude an Jesus zu glauben. Messianisches Judentum wird deshalb auch in keiner der neueren Erklärungen als falsch bezeichnet oder abgelehnt. Nicht einmal das Zeugnis des christlichen Glaubens gegenüber Juden wird abgelehnt.

Nur in der Praxis sieht es bislang anders aus: Juden, die Jesus nachfolgen, werden von den Kirchen bestenfalls ignoriert, oft auch von wichtigen kirchlichen Veranstaltungen ausgeschlossen. Es gibt keine offiziellen Gespräche zwischen den großen Kirchen und den messianisch-jüdischen Verbänden. Die jüdischen Nachfolger Jesu sind ein Thema, das man verschämt und verunsichert lediglich hinter vorgehaltener Hand bespricht.

Es stimmt: Viele Verletzungen, Ängste und ungeklärte Fragen stehen hier im Raum. Und gerade als Christen sollten wir uns davor hüten, wie in der Vergangenheit besserwisserisch die Sorgen unserer jüdischen Gesprächspartner beiseitezuwischen. Wir sollten aufmerksam zuhören und versuchen, zu verstehen. Aber andererseits können wir auch nicht auf Dauer unsere messianisch-jüdischen Geschwister ignorieren oder verteufeln, nur deswegen, weil sie Juden sind und es auch bleiben wollen, obwohl sie an Jesus glauben. Wir müssen uns diesem ungeklärten Kapitel unserer christlichen Familiengeschichte zuwenden. Die „vergessenen Kinder der Kirche“[17] müssen wieder aufgenommen werden in die Familie, zu der sie gehören, auch wenn man sich heute oft noch für sie schämt. Sie dürfen nicht länger ein Schattendasein führen zwischen Kirche und Synagoge – und doch von beiden gemieden.

Es ist daher Zeit für eine behutsame Annäherung. Dabei sollte niemand überrumpelt, aber auch niemand ausgegrenzt werden. Fragen und Sorgen müssen ehrlich ausgesprochen und ernst genommen werden. Aber auch schmerzhafte Prozesse des Umdenkens dürfen nicht auf Dauer gemieden werden.

Vielleicht kann es gelingen, dass Kirchen, Synagogen und jüdische Nachfolger Jesu einen Weg finden, miteinander zu leben, zu beten und zu feiern, ohne dass sie sich gegenseitig verletzen, bedrohen oder sich aus dem Weg gehen. Vielleicht können verbindliche Absprachen über eine Kultur des Gesprächs und über redliche Formen des gegenseitigen Zeugnisses getroffen werden, die von allen Parteien getragen und befürwortet werden. Möglicherweise kann man Regeln des Umgangs miteinander vereinbaren, die dabei helfen, Verletzungen zu vermeiden und Missverständnisse auszuräumen. Vielleicht ist es möglich, dass einer sich über den Glauben des anderen freut, auch wenn er diesen nicht teilt.

Der US-amerikanische Rabbiner Dan Cohn-Sherbock, Professor emeritus an der Universität von Wales, schlägt in seinem Buch über das messianische Judentum einen solchen Weg des Miteinanders vor:[18] Obwohl er den Glauben an Jesus selbst nicht teilt, regt er an, das messianische Judentum als eine legitime Form jüdischen Glaubens anzuerkennen. Schließlich gebe es heute schon so viele unterschiedliche Formen des Judentums, von orthodox bis reformiert, von chassidisch bis atheistisch, dass darin durchaus Raum für einen weiteren Zweig wäre: für ein Judentum, das in dem Juden Jesus seinen Messias sieht.

Die größte Angst der jüdischen Verbände ist es, dass Juden, die an Jesus glauben, dadurch ihre jüdische Identität aufgeben oder die Verbindung zum jüdischen Volk verlieren. Damit gingen sie dem jüdischen Volk tatsächlich verloren und in der Tat wäre jede Entscheidung eines Juden für Jesus dann eine „Fortsetzung des Holocaust mit anderen Mitteln". Wenn es jedoch möglich wäre, jüdischen Glauben an Jesus als legitime Ausdrucksform des Judentums zu akzeptieren, dann würden messianische Juden dem jüdischen Volk nicht verloren gehen, sondern ein Teil davon sein und bleiben. Untersuchungen haben ergeben, dass viele messianische Juden durch ihren Glauben an Jesus sogar eine engere Verbindung zur jüdischen Kultur, Geschichte, Tradition und Religion eingingen als sie diese vorher hatten. Jüdischer Glaube an Jesus wäre dann also ein Weg, wie Juden in ihrer jüdischen Identität gestärkt werden könnten.

Dafür wäre es aber nötig, dass sie sowohl von ihren christlichen als auch von ihren jüdischen Glaubensgeschwistern nicht gemieden oder verurteilt, sondern freundlich umarmt und auch – wo nötig – behutsam korrigiert werden.

Wenn wir Jesus als Juden neu entdecken und ernst nehmen wollen, dann müssen wir auch die Einladung ernst nehmen, die er gegenüber seinen jüdischen Glaubensgeschwistern ausgesprochen hat: „Glaubt an Gott und glaubt an mich!"[19]

Epilog

Komm und folge mir nach!
(Matthäus 19,21)

Am Anfang dieses Buches habe ich Sie eingeladen, mit mir auf eine Entdeckungsreise zu gehen. Ich hoffe, Sie haben diese Reise bis hierher genossen und unterwegs einiges entdecken können. Natürlich gäbe es noch viel mehr zu sehen, aber Sie müssen die Reise ja hier nicht abbrechen, sondern können die nächsten Schritte allein weitergehen. Alles, was dieses Büchlein wollte, ist eine Richtung zu weisen. Wer in diese Richtung weitergeht, der wird sicher auf dem Weg noch vieles andere entdecken. Um drei Ziele ging es mir auf dieser Reise:

1. Jesus besser zu verstehen,
2. das Judentum besser zu verstehen,
3. uns selbst besser zu verstehen.

Jesus, der Jude, stellt unsere christliche Welt heilsam infrage. Er ruft uns heraus aus den vertrauten Pfaden des postmodernen Christentums, hinein in die unbekannte Welt des antiken Judentums. Heraus aus beliebten Klischees, hinein in ungewohnte und manchmal auch unbequeme Gedanken.

Manche dieser Gedanken, die ich hier vorgestellt habe, sind vielleicht zuerst einmal verwirrend. Vieles von dem, was ich geschrieben habe, ist sicher auch noch unfertig, ungenau oder sogar unrichtig. Ich selbst bin ja auch noch unterwegs und lerne noch. Aber ich versuche der Person zu folgen, um die es in diesem Buch ging.

Vielleicht hat es Sie verwirrt, in diesem Buch so viele Gemeinsamkeiten zwischen Jesus und dem Judentum zu entdecken. Vielleicht hat es Sie enttäuscht, dass Jesus nicht so einzigartig war, wie Sie immer dachten. Vielleicht fragen Sie sich auch, was ich denn damit bezwecke, dass ich Jesus als einen Juden beschreibe, der in einer jüdischen Welt lebte.

Die Antwort habe ich unterwegs schon hin und wieder einmal angedeutet. Ich versuche sie hier noch einmal in Worte zu fassen: Jesus als Juden zu verstehen, heißt für mich nicht, ihn kleiner zu machen. Oder unbedeutender. Oder unattraktiver. Es geht mir auch nicht darum, unserer Bibellektüre lediglich etwas mehr kulturelle Würze zu verleihen. Ganz im Gegenteil.

Es geht mir darum, Jesus groß zu machen. Und das wiederzuentdecken, worum es ihm eigentlich ging. Viele Missverständnisse, die ich in diesem Buch benannt habe, führen dazu, dass wir falsche Botschaften an die Stelle der eigentlichen Botschaft setzen. Das mag die Botschaft von einem neuen Gottesbild, die Botschaft von der Freiheit vom Gesetz, die Botschaft vom Ende der Religion, die Botschaft von der Inklusion der Zöllner und Sünder oder welche auch immer sein. Und dann versuchen wir darüber hinaus noch mühevoll nachzuweisen, dass diese Botschaften einzigartig und noch nie dagewesen sind und dass das Judentum alle diese Botschaften noch nicht kannte oder zumindest vergessen hatte.

Aber was wäre, wenn es im Neuen Testament gar nicht um die Einzigartigkeit der Botschaft Jesu geht, sondern um die Einzigartigkeit seiner Person? Was wäre, wenn Gott nicht in die Welt kam, um seine bisherigen Botschaften auf den Kopf zu stellen, sondern um sie zu bestätigen? Was wäre, wenn Gott Mensch wurde, nicht um die Geschichte mit seinem Volk zu beenden, sondern um sie fortzuschreiben?

Warum muss ein Messias in unseren Augen eigentlich unbedingt eine neue Lehre bringen? Warum muss der Sohn Gottes unbedingt den Glauben des Gottesvolkes infrage stellen? Warum muss ein Gott, der Mensch wird, dann doch ganz anders sein als alle anderen Menschen?

Im Mittelpunkt der neutestamentlichen Botschaft steht keine neue Lehre, keine neue Religion und keine neue Ethik, sondern eine Person. Diese Person ist Jesus, der Jude. Es geht darum, dass in diesem Juden Jesus Gott selbst Mensch wurde. Dass er sein Leben gab, um unsere Schuld zu tragen. Dass er von den Toten auferstanden ist, um uns den Weg zu einem neuen Leben in der kommenden Welt zu bahnen. Dass Jesus der Messias Israels ist und damit auch der Retter der Welt. Und dass er uns einlädt, ihm unser Leben anzuvertrauen. Darum geht es im Neuen Testament.

Lassen Sie sich einladen, diesem Jesus zu folgen. Es lohnt sich!

Anmerkungen

Kapitel 1: Jesus und seine jüdische Welt

1 N. T. Wright: *Jesus. Wer er war, was er wollte und warum er für uns wichtig ist.* Verlag der Francke-Buchhandlung 2013, S. 90f.

2 Amy Jill Levine: *Jesus, the Misunderstood Jew.* New York: Harper Collins 2007, S. 119.

3 Ebd., S. 124ff.

4 Als letzten Punkt nennt sie die immer populärer werdende Überzeugung, dass es zur Zeit des Neuen Testaments gar keine „Juden" gegeben habe, sondern nur „Judäer", also Einwohner von Judäa. „Judentum" wäre zur Zeit Jesu also eigentlich gar keine eigenständige Religion gewesen, sondern nur eine Volksbezeichnung. Das ist aber eher eine interne Diskussion unter Wissenschaftlern.

5 3 Mos 20,10.

6 3 Mos 13,45.

7 Mischna Makkot 10,1.

8 Joh 8,1-11.

9 Jer 29,7.

10 Apg 2,46; 3,1.

11 Allen, die sich tiefer in die akademische Forschung zum antiken Judentum einlesen wollen, empfehle ich als Einstieg den kompakten Überblick von Roland Deines: „Die jüdische Mitwelt". In: Heinz-Werner Neudorfer u. Eckhardt Schnabel (Hg.): *Das Studium des Neuen Testaments: Einführung in die Methoden der Exegese.* Gießen: Brunnen Verlag. ^{2}2011, S. 101-140. Hier finden sich auch umfangreiche Hinweise auf wissenschaftliche Literatur.

Kapitel 2: Jesus und seine jüdische Familie

1 Mt 1,1-17.

2 Mordechai Kaplan: *Judaism as a Civilization.* New York: MacMillan 1934, S. 178.

3 Mt 10,5f.; 15,24; Mk 7,27.

4 Mt 15,21-28; 8,5-13; Mk 5,1-20.

5 1 Mos 12,2f.

6 Jes 42,3.6.

7 Jes 45,21f.

8 Babylonischer Talmud, Yebamot 47a-47b.

9 Jes 11,1f. Vgl. Bargil Pixner u. Rainer Riesner: *Wege des Messias und Stätten der Urkirche.* Gießen: Brunnen Verlag. 2. Aufl. 1994.

10 Lk 1,68-79; 1,46-55.

11 1QM 14,4-15 (in Auszügen). Vgl. auch das messianische Lied 4Q521.

12 So lautet ein Teil der zweiten Bitte des traditionellen jüdischen Achtzehnbitten-Gebets. Auf Hebräisch wird es auch *schmone esre* („achtzehn") oder *amida* („stehend") genannt, weil man es im Stehen betet.

13 Lk 2,25; 2,38.

14 Von Maria wird ausdrücklich berichtet, dass sie die ungewöhnlichen Erlebnisse bei der Geburt Jesu „in ihrem Herzen behielt" (Lk 2,19) und Jesus später sogar dazu drängte, seine Rolle als Messias wahrzunehmen (Joh 2,3-5). Auch wenn Bibelausleger oft betonen, dass die Familie Jesu ihn zunächst nicht anerkannte, gibt es dafür kaum Belege. Luthers Übersetzung „er ist von Sinnen" (Mk 3,21) hat dazu vermutlich viel beigetragen. In Wirklichkeit bezeichnet das griechische Wort, das hier verwendet wird, in der Bibel zwar alle möglichen Gefühle: Begeisterung, Staunen, Erschrecken, Freude, Entsetzen. Aber im ganzen Neuen Testament bedeutet es sonst niemals „Wahnsinn" oder „Unvernunft".

15 Lk 1,27.

16 Der jüdische Philosoph Philo von Alexandrien, der in vielen kulturellen Fragen eigentlich ein sehr weltoffener Mensch war, findet deutliche Worte: „Bei den anderen Völkern ist es für Jugendliche ab vierzehn Jahren üblich, dass sie zu Prostituierten gehen oder mit Frauen schlafen, mit denen sie nicht verheiratet sind. … Aber bei uns ist es anders: Bevor wir gesetzlich verheiratet sind, wissen wir nichts von

irgendwelchen anderen Frauen, sondern wir kommen als unerfahrene Bräutigame und unerfahrene Bräute zusammen." (Über Joseph, 43).

17 Mt 15,19; Mk 7,21; Apg 15,20; 1 Kor 6,9-18; Gal 5,19; Eph 5,3; Kol 3,5; 1 Thess 4,3.

18 Der Historiker Josephus sagt: „Unser Gesetz erlaubt keine sexuellen Beziehungen, außer der natürlichen zur Ehefrau" (Gegen Apion, 2,199). Der jüdische Rabbi Eleazar definiert: „*Zenuth*: Damit ist jeder Mann gemeint, der eine sexuelle Beziehung zu einer Frau hat, ohne mit ihr verheiratet zu sein." (Tosefta, Qiddushin 1,4).

19 Mt 1,21.

20 1 Mos 17,10-14; 3 Mos 12,1-3.

21 Mechilta des Rabbi Ishmael, Bahodesch 5 (zu 2 Mos 20,2).

22 Apg 15,1-35; Gal 6,11-16.

23 Gal 5,6.

24 Gal 3,28.

25 5 Mos 10,16; 30,6; Jer 4,4; Röm 2,28f.

26 Mt 2,15.

27 5 Mos 16,16.

28 Lk 2,47.

29 Ps 78,3-7; 5 Mos 6,6f.; 32,7; 11,18; 1 Mos 18,19.

30 Philo: Über die besonderen Gesetze 2,228.

31 Susanna 3.

32 Jerusalemer Talmud, Pea 1,1 (15a).

33 Mischna Sota 3,4.

34 Ebd.

35 Lk 4,16.

36 Lk 4,16-29.

37 Neh 8,1-18; 9,3.

38 Mischna Avot 5,21.

39 Jerusalemer Talmud, Ketubot 8,11 (32c).

40 Babylonischer Talmud, Baba Batra 21a.

41 Avot de Rabbi Natan 6,2.

42 Lk 4,16-20; Joh 8,6.

43 Gegen Apion 2,178.

44 Lk 2,41-51.

45 Babylonischer Talmud, Kiddushin 16b; Joma 82a.

46 Jerusalemer Talmud, Nedarim 5,6 (39b).

47 Traktat Soferim 18,7.

48 1 Mos 1,28.

49 Mischna Jebamot 6,6; Babylonischer Talmud, Jebamot 64a.

50 Evangelium des Philippus. Der Text ist frei im Internet erhältlich.

51 Viele solcher Texte habe ich auf meiner Webseite http://www.bibelentdeckungen.de zusammengestellt.

52 Karen L. King: „Jesus said to them, ‚My wife …': A New Coptic Gospel Papyrus." Vorläufige Version, Online im Internet: URL: http://www.hds.harvard.edu/sites/hds.harvard.edu/files/attachments/faculty-research/research-projects/the-gospel-of-jesuss-wife/29865/King_JesusSaidToThem_draft_0920.pdf [Stand: 2.6.2013]. Ergänzung zur 4. Auflage: Im Juni 2016 räumte die Entdeckerin des Papyrus, Karen King, die lange Zeit noch die Echtheit des Fundes verteidigt hatte, ein, dass sie den umstrittenen Papyrusfund inzwischen selbst mit hoher Wahrscheinlichkeit für eine moderne Fälschung hält. Vgl. dazu die Pressemeldung der Harvard Universität: http://gospelofjesusswife.hds.harvard.edu/introduction

53 Lk 10,38-42; Joh 11,1-43.

54 Mischna Berachot 2,5.

55 Tosefta Jebamot 8,7.

Kapitel 3: Jesus und die jüdischen Lehrer

1 Mischna Avot 1,1.

2 1 Kor 11,23; vgl. auch 1 Kor 15,3.

3 Josephus: Jüdische Altertümer 12, 43; Sir 50,1-23.

4 Mischna Avot 1,2.

5 Babylonischer Talmud, Shabbat 31a.

6 Siehe dazu Kapitel 4: Jesus und das jüdische Gesetz.

7 Mt 7,12.

8 Mischna Avot 1,12.

9 Ebd. 1,4.

10 Lk 10,38-42.

11 Mt 23,23; 26,17-30; Mk 7,3-4; Mt 23,5; 9,20; 14,36; Mk 6,56; Lk 8,44; Apg 2,38.41.

12 Mechilta des Rabbi Ishmael, Bahodesch 6 (zu 2 Mos 20,3).

13 1 Mos 22,6.

14 Midrasch Tanchuma 23 (zu 1 Mos 22,6).

15 Im Neuen Testament erfahren wir, dass die Sadduzäer, anders als die Pharisäer, nicht an die Auferstehung der Toten glaubten (Mt 22,23; Apg 23,6-8). Ähnliches erfahren wir auch von Josephus und aus einigen rabbinischen Schriften.

16 Eine kleine Übersicht gibt es unter http://www.bibelentdeckungen.de.

17 In neuester Zeit ist diese Sicht der Dinge vor allem von Forschern wie E. P. Sanders und N. T. Wright infrage gestellt worden. Für sie sind die Pharisäer nur eine kleine, elitäre Randgruppe ohne größere Bedeutung für das „gewöhnliche Judentum". Mehr dazu auf Seite 95f.

18 Midrasch Rabba zu Hohelied 1,1 (leicht veränderte Übersetzung nach Susanne Schmidt-Grether).

19 Hier werden Jer 15,1 und Ps 99,6 zitiert.

20 Semachot de-Rabbi Chiyah 3,2 (ed. Higger 220f.).

21 Jerusalemer Talmud, Berachot 2,8 (5b).

22 Mt 18,23-35.

23 Yalkut Schimoni 398 (zu 2 Mos 34,3).

24 David Flusser: *Die rabbinischen Gleichnisse und der Gleichniserzähler Jesus.* Bern u. a.: Verlag Peter Lang 1981.

25 Clemens Thoma u. Simon Lauer: *Die Gleichnisse der Rabbinen.* Erster Teil: *Pesiqta deRav Kahana.* Bern u. a.: Verlag Peter Lang 1986.

26 Ruben Zimmermann: *Kompendium der Gleichnisse Jesu.* Gütersloh: Gütersloher Verlagshaus 2007.

27 Susanne Schmid-Grether: *Gleich einem tiefen Brunnen voll Wasser: Neutestamentliche Gleichnisse auf dem jüdischen Hintergrund neu gelesen und verstanden.* Wetzikon: JCFV 1998.

28 Brad Young: *The Parables: Jewish Tradition and Christian Interpretation.* Paebody: Hendrickson Publishers 1998. Ders.: *Jesus and his Jewish parables.* Mahwah: Paulist Press 1989.

29 R. Steven Notley u. Zeev Safrai: *Parables of the Sages. Jewish Wisdom from Jesus to Rav Ashi.* Jerusalem: Carta 2011.

30 Mt 11,28-30.

31 Mt 6,10.

32 5 Mos 6,3.

33 5 Mos 11,13-15.

34 Mischna Berachot 2,2.

35 Midrasch Schemot Rabba 15,11 (zu 2 Mos 12,2).

36 Babylonischer Talmud, Joma 85b; Schevu'ot 13a; K'ritoth 7a.

37 Mischna Avot 3,5.

38 Mk 1,15; Mt 4,17.

39 Rob Bell: *Jesus Unplugged.* Gießen: Brunnen Verlag 2006, S. 43.

40 Babylonischer Talmud, Sanhedrin 94b.

41 Ebd. 111a.

42 Babylonischer Talmud, Moed Katan 16b und Avoda Zara 5a. Außerdem im Midrasch Bamidbar Rabba 18,21 (zu 4 Mos 16,32).

43 Mischna Avot 3,5; Babylonischer Talmud, Megillah 11a; Sanhedrin 89a und 94b; Midrasch Rabba zu Hohelied 1,21 und 2,20.

44 Babylonischer Talmud, Shabbat 31a.

45 Jerusalemer Talmud, Nedarim 9,4 (41c).

46 Röm 13,9; Gal 5,14; Jak 2,8.

47 Mt 7,12.

48 Mt 22,35-40.

49 Mi 6,8.

50 Jes 56,1.

51 Am 5,4.

52 Hab 2,4; Babylonischer Talmud, Makkot 23b-24a.

53 Mt 19,16.

54 Mt 12,32; Mk 10,30; Lk 18,30; Eph 1,21; Heb 6,5.

55 Mt 19,17; Lk 10,25-28; Mk 10,17-19.

56 Joh 3,14-16.

57 Lk 16,19-25; 23,43.

58 Mk 10,30; Lk 18,30; Mt 25,34-46.

59 Mt 7,21; 25,34-46; Joh 3,36; Lk 16,19-25.

60 Mischna Sanhedrin 10,1.

61 Ps 9,17.

62 Tosefta Sanhedrin 13,2; Babylonischer Talmud, Sanhedrin 105a.

63 Sifre Devarim 336 (zu 5 Mos 32,47).

64 Avot de-Rabbi Nathan A 2.

65 3 Mos 18,5.

66 Mischna Avot 1,3.

67 Ebd. 4,5.

68 Sifre Devarim 41 (zu 5 Mos 11,13).

69 Mt 6,1-16; 10,41; 20,1-18; Lk 6,23.35.

70 Mischna Avot 2,1.

71 Ferdinand Weber: *System der altsynagogalen palästinischen Theologie aus Targum, Midrasch und Talmud.* Leipzig: Dörffling & Francke 1880.

72 Paul Billerbeck u. Hermann L. Strack: *Kommentar zum Neuen Testament aus Talmud und Midrasch.* München: C. H. Beck 1926.

73 E. P. Sanders: *Paul and Palestinian Judaism.* Norwich: SCM Press 1977. Deutsche Ausgabe: *Paulus und das palästinische Judentum.* Göttingen: Vandenhoeck & Ruprecht 1985.

74 Martin Hengel u. Roland Deines: „E. P. Sanders' ‚Common Judaism', Jesus and the Pharisees". In: *Journal of Theological Studies.* N. S. 46 (1995) 1-70; Friedrich Avemarie: *Tora und Leben.* Tübingen: Mohr Siebeck Verlag 1996.

75 Mt 23,13-15.

76 Josephus: Jüdische Altertümer 13, 298.

77 Mischna Avot 3,17; vgl. Mt 7,24-27.

78 Mischna Avot 4,5; vgl. Mt 23,5; 6,1; Lk 11,42.

79 Mischna Avot 2,5; vgl. Lk 18,9-14; Mt 7,1-5.

80 Mischna Avot 4,9.

81 Jerusalemer Talmud, Berachot 9,5 (13b).

82 Mt 23,23.

83 Mischna Avot 1,2.

Kapitel 4: Jesus und das jüdische Gesetz

1 Mt 5,17-20.

2 Fritz Rienecker u. Gerhard Maier: *Brockhaus Lexikon zur Bibel.* Witten: SCM Brockhaus 2011, Sp. 1338.

3 Mt 12,9-13.

4 Ernst Käsemann: „Das Problem des historischen Jesus". In: *Zeitschrift für Theologie und Kirche* 51 (1954), S. 125-153; hier S. 145-147.

5 Michael Frost u. Alan Hirsch: *Der wilde Messias.* Schwarzenfeld: Neufeld Verlag 2010, S. 222f.

6 Z. B. in Heb 4,9-11.

7 2 Mos 20,8-11; 31,12-16.

8 Mechilta des Rabbi Ishmael, Shabbata 1 (zu 2 Mos 31,14).

9 2 Mos 31,14.

10 Qumran, Damaskusdokument 9,13-14.

11 Babylonischer Talmud, Joma 85b.

12 Babylonischer Talmud, Shabbat 128b; vgl. Lk 6,9.

13 Babylonischer Talmud, Pesachim 66a.

14 Tosefta Shabbat 15,16.

15 Joh 7,22f.

16 Mt 12,1-8.

17 Lk 6,2; 13,14; Joh 5,18; 9,16.

18 Mischna Ta'anit 3,8.

19 Lk 6,11.

20 Mt 12,14; Mk 3,6.

21 Miroslav Volf: *Von der Ausgrenzung zur Umarmung. Versöhnendes Handeln als Ausdruck christlicher Identität.* Marburg: Verlag der Francke-Buchhandlung 2012, S. 89.

22 Ebd., S. 87 u. 86.

23 Ebd., S. 86.

24 Mt 9,20-22.

25 Zwei Beispiele für Rabbinen, die Lehrgespräche mit Frauen führen, finden sich z. B. in Midrasch Bamidbar Rabba 3,2 (zu 4 Mos 3,6) und

im Babylonischen Talmud, Rosh Hashana 19a. Viele weitere Beispiele wären hier zu nennen.

26 Vermutlich geht diese Ansicht auf einen Spruch zurück, der in den „Aussprüchen der Väter" festgehalten ist: „Jose ben Johanans sagte: Die Tür deines Hauses sei weit geöffnet, dass die Armen deine Hausgenossen seien. Und rede nicht viel mit dem Weib. Dies sagte er von seiner eigenen Frau; wie viel mehr gilt es dann von der Frau eines anderen! Dazu sagten die Weisen: Wer zu viel mit einer Frau redet, der schädigt sich und vernachlässigt die Erforschung des Gesetzes und erwirbt schließlich die Hölle." (Mischna Avot 1,5). Aber aus dieser Warnung lässt sich kaum ableiten, dass Rabbis generell nicht mit Frauen reden durften.

27 Der Heidelberger Theologe Klaus Berger hat dieses umgekehrte Prinzip in einem viel beachteten Aufsatz als „offensive Heiligkeit" bzw. „offensive Reinheit" bezeichnet: „Jesus als Pharisäer und frühe Christen als Pharisäer". In: *Novum Testamentum* 30 (1988), S. 231-262. Der amerikanische Theologe Craig Blomberg nennt es „ansteckende Reinheit" (*Contagious Holiness: Jesus' Meals with Sinners.* Downers Grove: IVP 2005).

28 3 Mos 11.

29 3 Mos 11-15; 4 Mos 19.

30 John Eldredge: *Der ungezähmte Messias.* Asslar: Gerth Medien 2013, S. 116f.

31 3 Mos 13,45f.

32 Sifre zu Numeri 5,3; Sifra zu Lev 13,46; Tosefta Kelim Baba Qama 1,12: Midrasch Bamidbar Rabba 7,8 (zu 4 Mos 5,2); vgl. auch Josephus: Gegen Apion 1,31; Jüdischer Krieg 5,227; Altertümer 3,264. Später wurde das Verbot auch auf andere, ummauerte Großstädte ausgedehnt.

33 Mischna Nega'im 13,12.

34 Midrasch Wayikra Rabba 16,3 (zu 3 Mos 14,3). Zwar wird hier gesagt, dass einige daran Anstoß nahmen und ihnen aus dem Weg gingen. Aber gerade das zeigt ja, dass Aussätzige üblicherweise auch an solchen öffentlichen Plätzen anzutreffen waren und kein Gebot dagegen sprach.

35 Alle Kommentare in der rabbinischen Literatur, die diese Stelle behandeln, legen sie übertragen aus oder nur auf die Zeit der Wüstenwanderung. Es gibt aber keine Regelungen darüber, ob und wie diese Vorschrift in der Gegenwart tatsächlich umgesetzt wurde.

36 Babylonischer Talmud, Ketubot 77b; Tosefta Nega'im 8,6. Allerdings war Aussatz auch ein legitimer Scheidungsgrund, wenn eine Frau vor Gericht deutlich machte, dass es für sie unzumutbar sei, mit einem Aussätzigen zusammenzuwohnen.

37 Midrasch Wayikra Rabba 16,3 (zu 3. Mose 14,3).

38 Ebd.

39 Mt 8,4; Mk 1,44; Lk 5,14; 17,14.

40 Tacitus: Historien V, 5,1. Ähnliche Vorwürfe äußerte der Alexandriner Apion (Josephus: Gegen Apion 2,95) und sogar Paulus greift diese verbreitete Meinung auf (1 Thess 2,15).

41 Mt 9,9; in Lk 5,27 und Mk 2,14 wird er Levi genannt.

42 Lk 19,2.

43 Wright: Jesus und der Sieg Gottes, S. 313.

44 Mt 5,46; 18,17; Lk 18,10.

45 Mk 2,16.

46 Lk 5,29.

47 Tosefta Demai 3,4. Allerdings galt er, solange er seinen Beruf ausübte, als „nicht zuverlässig" in Reinheitsfragen, weil er beruflich tagtäglich mit unreinen Gegenständen zu tun hatte. Ein allgemeines Verbot für Pharisäer, als Zöllner zu arbeiten, wurde aber ausdrücklich aufgehoben.

48 Mischna Baba Qama 10,1.2. Allerdings wurde hier unterschieden zwischen Spenden, die aus der offiziellen Zollkasse stammten, und Spenden aus dem Privatvermögen des Zöllners. Spenden aus der Zollkasse lehnte man ab, weil ihre Herkunft zweifelhaft war. Spenden aus dem Privatbesitz eines Zöllners aber wurden dankbar akzeptiert.

49 Jerusalemer Talmud, Chagiga 2,2 (77d).

50 Vgl. dazu auch Lk 3,13 u. Lk 19,8.

51 Mischna Baba Qama 10,1.2; Sifra zu Lev 20,5; Tosefta Baba Mezia 8,25 und 8,28; Mischna Tohorot 8,5-6; Babylonischer Talmud Baba Qama 94b. Beim Versöhnungstag gab es für Zöllner und Räuber eine eigene Regelung, dass sie alles, was sie durch Diebstahl oder Betrug

eingenommen hatten, fünffach zurückerstatten mussten, wenn ihre Bitte um Vergebung ernst gemeint war (Babylonischer Talmud, Baba Qama 94b).

52 Babylonischer Talmud, Baba Qama 113a.

53 Mischna Kelim 15,4; Mischna Tohorot 7,6; 8,5f.; Mischna Chagiga 3,6.

54 Mehr dazu in Kapitel 7: „Jesus und die jüdische Hoffnung".

55 Eldredge: Der ungezähmte Messias, S. 120.

56 2 Kön 17.

57 Esra 4,3.

58 Esra 10.

59 Josephus berichtet – aus der jahrhundertelangen Geschichte der Juden und Samaritaner – insgesamt von zwei solchen Vorfällen: Im Jahr 8 n. Chr. schlich sich eine Gruppe von Samaritanern in den Jerusalemer Tempel und streute dort Menschenknochen aus, um ihn zu verunreinigen (Josephus: Altertümer 18,30). Und im Jahr 51 n. Chr. wurde eine Gruppe jüdischer Pilger in Samaria von Räubern überfallen (ebd., 20,118). Aus diesen beiden Vorfällen wird man aber wohl kaum eine grundsätzliche „Feindschaft" zwischen Juden und Samaritanern konstruieren können.

60 So beginnt das Traktat „Kuthim", eines der sogenannten „außerkanonischen" Traktate der Mischna.

61 Tosefta Mikvaot 6,1; Mischna Nidda 4,1.

62 Das heißt, man traute zwar den Samaritanern selbst zu, die Reinheitsvorschriften korrekt zu beachten, fürchtete aber, dass heidnische Nachbarn, von denen es in Samaria viele gab, offen stehenden Wein verunreinigt haben könnten (Jerusalemer Talmud, Avoda Zara 5,2 (44d)).

63 Babylonischer Talmud, Kiddushin 76a.

64 Babylonischer Talmud, Chullin 38b.

65 Jerusalemer Talmud, Berachot 7,1 (11b); Demai 6,2 (25b).

66 Jerusalemer Talmud, Berachot 7,1 (11b).

67 Jerusalemer Talmud, Avoda Zara 5,2 (44d); Tosefta Pesachim 1,13; Mischna Shevi'it 8,10 und öfter.

68 Mischna Berachot 8,8.

69 Midrasch zu Pred 5,10; Jerusalemer Talmud Sota 7,3 (21c); Avoda Zara 5,2 (44d); Babylonischer Talmud, Sanhedrin 90b.

70 Danach wurde ihnen wegen des Vorfalls mit den Menschenknochen (siehe Kapitel 4, Anm. 59) an den großen Festen Hausverbot erteilt.

71 Josephus: Altertümer, 20,118. Josephus berichtet dies im Zusammenhang mit dem Überfall auf die Festpilger im Jahr 51 n. Chr. (siehe oben). Ob sich die Reisegewohnheiten nach diesem Vorfall änderten, erwähnt Josephus nicht.

72 Mehr dazu in Kapitel 7: „Jesus und die jüdische Hoffnung".

73 Ebd.

74 Mischna Nazir 7,1.

75 Mt 15,1f.

76 Mk 7,3f.

77 Mk 7,8f.

78 Wer die komplizierteren Hintergründe dieser sehr vereinfachten Erklärung genauer kennenlernen möchte, dem empfehle ich zur Lektüre einen großartigen Artikel des leider viel zu früh verstorbenen Marburger Theologen Friedrich Avemarie: „Jesus and Purity". In: Reimund Bieringer u. a. (eds.): *The New Testament and Rabbinic Literature.* Leiden: Brill 2010, S. 255-279; außerdem einen Artikel eines jüdischen Kollegen aus Jerusalem: Yair Furstenberg: „Defilement Penetrating the Body: A New Understanding of Contamination in Mark 7.15". In: *New Testament Studies* 54/2008, S. 176-200.

79 Mt 15,11-20.

80 Eldredge: Der ungezähmte Messias, S. 118.

81 Mk 7,19.

82 Apg 10,14.

83 „Güter, die ausdrücklich [für Götzendienst] ausgesondert wurden (*piruschin*), sind verboten. Aber solange sie nicht ausdrücklich für den Götzendienst bestimmt sind (*satman*), sind sie erlaubt und man darf sie ohne Sorge verkaufen. Es ist auch nicht nötig, ausdrücklich nachzufragen. Denn selbst wenn Götzendienst beabsichtigt ist, wurde diese Absicht nicht ausdrücklich ausgesprochen und besitzt daher nicht die Macht eines Götzendienstes. Aber wenn es ausdrücklich ausgesprochen wurde, dann sind sogar Wasser und Salz verboten." (Tosefta Avoda Zara 1,21). Strengere jüdische Traditionen vermieden jedoch in einem heidnischen Umfeld alles Fleisch und ernähr-

ten sich rein vegetarisch: 2 Makk 5,27; Josephus: Jüdischer Krieg 2,143 u. Vita 14.

84 Das Wort von Paulus „es ist alles rein" erinnert in diesem Zusammenhang an einen Ausspruch von Rabbi Johanan ben Zakkai, der von seinen Schülern befragt wird, warum ausgerechnet die Asche einer roten Kuh die Unreinheit beseitigt, die durch einen Leichnam hervorgerufen wird: „Natürlich ist es nicht der Leichnam an sich, der unrein ist. Sondern es ist allein das Gebot Gottes, das uns sagt: Ihr sollt ihn nicht berühren!" (Pesikta de Rav Kahana 4,7).

85 Diese Praxis war seit alters her üblich, wenn Juden in einem nichtjüdischen Umfeld zu Gast waren: Dan 1,8-16; Tob 1,10-13; Jdt 10,1-6; Jdt 12,1-19; Aristeasbrief 179-184.293. Ungewöhnlich war es jedoch, eine solche gemischte Tischgemeinschaft innerhalb der eigenen Gemeinde zu pflegen.

86 Der Platz reicht hier nicht aus, diese Fragen ausführlicher zu erläutern. Wer daran interessiert ist, dem empfehle ich als Einstieg einen englischen Aufsatz des jüdischen Forschers Mark Nanos: „Rethinking the ‚Paul and Judaism' Paradigm: Why Not ‚Paul's Judaism'?". Online im Internet unter: www.marknanos.com (mit vielen Hinweisen auf aktuelle Literatur).

87 Das Urteil darüber hängt davon ab, ob man Mt 19,9 oder Mk 10,11 für die ursprünglichere Formulierung hält.

88 Vgl. Mt 7,1-18.

89 Mt 9,20; 14,36; Mk 6,56; Lk 8,44.

90 „Halakhah in the New Testament: A Research Overview". In: Reimund Bieringer u. a. (eds.): *The New Testament and Rabbinic Literature.* Leiden: Brill 2010, S. 133-206.

91 Röm 13,8; ganz ähnlich auch Gal 6,2.

92 Mt 5,17.

93 Hes 34,16; Jes 53,5.

94 Jes 1,18; 53,5; Joel 3,1f.; Sach 12,10; Hes 37,1-14.

95 2 Sam 7,12-16.

96 Jer 31,31-33.

Kapitel 5: Jesus und seine jüdische Bibel

1 Franz Alt: *Jesus, der erste neue Mann.* München: Piper Verlag 1989, S. 118-121.

2 *Die Welt* vom 11. Mai 2011.

3 3 Mos 16.

4 1 Kor 10,4.

5 Schon früh haben Gelehrte wie Franz Delitzsch (1813-1890), Gustaf Dalman (1855-1941) und Adolf Schlatter (1852-1938) den hebräischen und aramäischen Sprachhintergrund der Worte Jesu erforscht. Einen allgemein verständlichen Einblick in diese Arbeitsweise gibt das Buch von David Bivin: *Was hat Jesus wirklich gesagt?* Erzhausen: Leuchter 1997. Ich selbst habe das Thema in dem etwas umfangreicheren Buch *Hebräisches Evangelium und synoptische Frage.* Tübingen: Mohr Siebeck Verlag 2011 bearbeitet, allerdings leider nur auf „Fachchinesisch".

6 Einige solcher Texte habe ich auf meiner Webseite http://texte.guido-baltes.de zusammengestellt.

7 Paulus zum Beispiel schreibt im Galaterbrief, dass Isaak als Kind von Ismael „verfolgt" wurde (Gal 4,29). Woher hat er das? Im Bibeltext von 1 Mos 21,9 steht davon nichts, dort steht nur, dass Ismael „spielte" (Luther: „Mutwillen trieb"). Paulus greift hier wohl eine alte jüdische Auslegungstradition auf, die sich auch im Midrasch zu diesem Bibeltext findet (Midrasch Bereschit Rabba 53 zu 1 Mos 21,9). Demnach sah das „Spiel" von Ismael so aus, dass er Isaak mit Pfeil und Bogen nach dem Leben trachtete.

8 Roland Gradwohl: *Bibelauslegungen aus jüdischen Quellen.* 2 Bde. Stuttgart: Calwer Verlag 1997.

Kapitel 6: Jesus und der jüdische Tempel

1 Ernest Renan: *Das Leben Jesu.* Stuttgart: Reclam 1863, Kapitel 13 (in Auszügen).

2 Ebd.

3 Mt 21,12-13; vgl. Jes 56,7 und Jer 7,11.

4 Jostein Adna: *Jesu Stellung zum Tempel.* Tübingen: Mohr Siebeck Verlag 2000.

5 Wright: Jesus: Wer er war, was er wollte und warum er für uns wichtig ist, S. 196.

6 Ebd., S. 197.

7 Ebd., S. 196f. In Wirklichkeit wurden die Schuldscheine jedoch nicht im Tempel aufbewahrt, sondern in einem Stadtarchiv (siehe dazu S. 196).

8 Ebd., S. 197.

9 Lk 2,49.

10 Michael Frost u. Alan Hirsch: *Die Zukunft gestalten. Innovation und Evangelisation in der Kirche des 21. Jahrhunderts.* Glashütten: C&P 2008, S. 127f.

11 2 Mos 25-28; 5 Mos 12,1-28.

12 2 Mos 25,22.

13 Jes 66,1.

14 Hos 6,6; ähnlich auch Jes 66,1-3; Ps 51,18-21; Amos 5,21-24.

15 3 Mos 10,10.

16 2 Mos 19,6; 5 Mos 7,6.

17 Sach 2,16; Weish 12,3.

18 Jes 6,5.

19 Joh 2,13; 5,1; 7,14; 10,22f.

20 Mt 26,55; Mk 12,35; 14,49; Lk 20,1; 21,37-38; 22,53; Joh 8,2; 8,20.

21 Mt 21,14.

22 Mt 26,55; Mk 14,49; Lk 19,47; 21,37; 22,53.

23 So hielten es jedenfalls später seine Jünger, vgl. Apg 3,1.

24 Lk 21,38.

25 Joh 10,23; Apg 3,11; 5,12.

26 Joh 8,20; Mk 12,41.
27 Mt 23,21.
28 Mt 23,17.
29 Josephus: Jüdischer Krieg 2, 426f.
30 Mt 17,24-27; Mt 23,23; Mk 12,41-44; Lk 11,42; 18,12; Mt 23,17.
31 Mk 1,40-44; Mt 5,23-24; Lk 22,8.
32 Mt 22,23-29.
33 Jes 56,7 und Jer 7,11.
34 Hos 6,6; ähnlich auch Jes 66,1-3; Ps 51,18-21; Amos 5,21-24.
35 Mt 9,13; 12,7.
36 Amy Jill Levine: *The Jewish Annotated New Testament.* Oxford: Oxford University Press 2011, S. 504.
37 Lk 19,41-45.
38 Mt 23,37.
39 Mt 21,14.
40 Joh 2,18-22.
41 Mt 12,6.
42 Mt 26,28.
43 Eph 2,19-22; 1 Kor 3,16f.; 2 Thess 2,4.
44 Röm 3,25; Luther übersetzt „Bedeckung" mit „Sühne", weil durch die Bedeckung einerseits die Bundeslade abgedeckt, aber auch Schuld „bedeckt" wird.
45 2 Mos 25,9.
46 Heb 8,1-5; 9,1-11; 9,23-28.
47 Lk 24,53; Apg 2,46; 3,1; 5,42; 21,26-27; 22,17; 24,18.
48 Apg 21,26-27; 22,17; 24,18.
49 Frost u. Hirsch: Die Zukunft gestalten, S. 129. Die ersten Sätze sind ein Zitat von Rob Warner aus *21st Century Church.* London: Hodder & Stoughton 1993, S. 129.
50 Mt 27,51.
51 Eldredge: Der ungezähmte Messias, S. 200.
52 Ps 99,5.
53 Jes 6,1.

54 2 Mos 34,33-35.
55 Heb 10,19-22.
56 Josephus: Jüdischer Krieg 6,290-295.
57 Tacitus: Historien V, 13.
58 Babylonischer Talmud, Joma 39b; das Zitat stammt aus Sach 11,1.
59 Hos 6,6; ähnlich auch Jes 66,1-3; Ps 51,18-21; Am 5,21-24.

Kapitel 7: Jesus und die jüdische Hoffnung

1 2 Mos 15,18.

2 Ps 47; 93; 96-99.

3 Jes 52,7; Zef 3,15; Jes 24-27.

4 Mechilta des Rabbi Ishmael, Shirata 10 zu Ex 15,17.

5 Aus dem jüdischen *aleinu*-Gebet.

6 Jes 9,1-6; 11,1-10; 2 Sam 7,13.

7 Jes 45,1.

8 Jes 61,1.

9 Psalmen Salomos 17,21-27; 18,6f.

10 2. Baruch 29f.;39f.;72; 4. Esra 7 u. 11-13.

11 1. Henoch 37-71; 4. Esra 13.

12 Dan 7,13f.

13 Jerusalemer Talmud, Ta'anith 4,8 (69c).

14 Babylonischer Talmud, Sanhedrin 96b-99a.

15 Wright: Jesus und der Sieg Gottes, S. 451.

16 Jes 2,2-4; 11; 56,1-8; Sach 2,14-15; 9,5-7.

17 Mi 5,8-14; Zef 2,9-13.

18 Offb 19,1-21; 20,7-9.

19 Tob 13,13-15.

20 Jubiläen 22,20-22.

21 Zum Beispiel in der „Kriegsrolle", 1QM 13,14-16; aber auch 4Q386,1.2.1-3; 4Q286,7.2.1-3; 11Q13,12f.

22 1 Makk 8,17-29.

23 1 Makk 15,15-20.

24 Josephus: Jüdische Altertümer 14,41-45.

25 Ebd. 17,300.304.311-314.

26 Richard A. Horsley: *Bandits, Prophets, and Messiahs: Popular Movements in the Time of Jesus.* Minneapolis: Winston Press 1985.

27 Lk 6,15; Apg 1,13; 22,3; Gal 1,14.

28 Apg 21,20; 1 Kor 14,12; 1 Petr 3,13 (LÜ: „die ihr nacheifert").

29 Selbst in der sehr militant klingenden Passage in den Psalmen Salomos 17,21-27 und 18,6-7 vertreibt der Messias seine Feinde nur „mit dem Wort seines Mundes“.

30 Jer 29,1-14.

31 Midrasch zu Hld 2,7.

32 Mk 4,26-29; Lk 13,18-20.

33 Mt 18,23-35; 25,14-30; Mk 13,34-36 u. ö.

34 Mt 13,16; Lk 10,23f.; Mt 11,12; Lk 16,16; 17,21.

35 Lk 6,20ff.; Mt 5,3-6; Lk 13,28; Mt 8,11.

36 Mt 5,3-12; 6,33; 9,35; 21,43; 25,34; Mk 4,26; Mk 10,14f./Lk 18,16f; Mt 8,12/Lk 13,28f.; 13,43; 19,24; 20,21; 21,31; Mt 26,29/ Mk 14,25; Mk 9,47; 10,23-25; Joh 3,3.5; 18,36.

37 Mt 6,10; 12,28; 16,28; Mk 1,15; 9,1; Lk 1,33; 17,20f.

38 Mt 12,28; Lk 11,20; 17,21.

39 Mt 25,31-34.

40 Mt 6,10; 6,33.

41 Mt 7,21; 18,3; 25,31-46.

42 Mt 10,7; 24,14; Lk 9,2; 9,60.

43 Mt 5,16.

44 Rob Bell: *Das letzte Wort hat die Liebe. Über Himmel und Hölle und das Schicksal jedes Menschen, der je gelebt hat.* Gießen: Brunnen Verlag 2011, S. 78f.

45 Einige typische Stellen: Babylonischer Talmud, Eruvin 19b; Sota 4b; Taanit 10a; Sanhedrin 52a ; Mischna Avot 1,5; 5,19.

46 Die Beschreibung des Hinnomtals als eine Müllhalde, in der ständig Feuer schwelen, ist bei Predigern sehr beliebt und verbreitet. Sie stammt aber nicht aus der Zeit Jesu, sondern erscheint zum ersten Mal in einem Bibelkommentar des jüdischen Lehrers David Kimchi (ca. 1200 n. Chr.).

47 1 Mos 2,7.

48 Dan 12,2.

49 1 Kor 15,35-49; vgl. Joh 12,24.

50 Offb 22.

51 Offb 7,9-17.

52 2 Kor 5,8.
53 1 Thess 1,10; Eph 1,20; 6,9.
54 Offb 21,2.

Kapitel 8: Jesus und seine jüdischen Nachfolger

1 Siehe S. 159.

2 Gal 3,28; Röm 10,12; 1 Kor 12,13; Kol 3,11.

3 Justin der Märtyrer: Dialog mit Trypho 46.1 u. 47.4.

4 Epiphanius: Panarion 29.7 u. Hieronymus: Kommentare zu Hes. 16,16; Jes. 8,11; 9,1-4; 11,1-3; 29,17-21; 31,6-9, sowie in Hieronymus, Brief 112.

5 Babylonischer Talmud, Avoda Zara 16b-17a.

6 Ebd. 27b.

7 Tosefta Jadajim 2,13 und Shabbat 13,5.

8 Justin der Märtyrer: Erste Apologie 31,6.

9 Babylonischer Talmud, Hagiga 15b.

10 Kommentar zu Jes 8,11.

11 Stefanie Pfister: *Messianische Juden in Deutschland.* Berlin u. a.: LIT Verlag 2007, S. 160 u. 226.

12 EKD-Studie „Christen und Juden III", Kap. 3.1.4. u. 3.5.

13 Pfister: Messianische Juden in Deutschland.

14 Richard Harvey: *Mapping Messianic Jewish Theology. A Constructive Approach.* Milton Keynes u. a.: Paternoster Press 2009.

15 Dan Cohn-Sherbock: *Messianic Judaism.* London, New York: Continuum Int. Publ. 2000.

16 Die Untersuchung der evangelischen Theologin und Pfarrerin Hanna Rucks ist inzwischen unter folgendem Titel erschienen: Hanna Rucks: Messianische Juden. Geschichte und Theologie der Bewegung in Israel. Neukirchen-Vluyn: Neukirchener Verlag 2014.

17 So lautet der Titel eines empfehlenswerten Buches von Ursula Büttner und Martin Greschat über das Schicksal jüdischer Christen in den deutschen Kirchen der NS-Zeit.

18 Cohn-Sherbock: Messianic Judaism.

19 Joh 14,1.

Verzeichnis der Bibelstellen

Altes Testament

Apokryphen des Alten Testaments

Neues Testament

Matthäus (Fortsetzung)

Matthäus (Fortsetzung)

Markus

Lukas (Fortsetzung)

Johannes

Johannes (Fortsetzung)

Apostelgeschichte

Apostelgeschichte (Fortsetzung)

Römer

1. Korinther

2. Korinther

Verzeichnis antiker Quellen

Schriften aus Qumran

Mischna

Verzeichnis der Autoren

Verzeichnis ausgewählter Stichworte und Sachthemen

Verzeichnis der Missverständnisse

7	Die jüdische Welt zur Zeit Jesu ist dieselbe wie die Welt des postmodernen Christentums.	22
Jesus und seine jüdische Familie		
8	Die Erwählung Israels schließt andere Menschen vom Heil aus. Für Jesus gibt es deshalb kein auserwähltes Volk mehr, weil bei ihm alle Menschen eingeschlossen sind.	29
9	Alle Juden erwarten den Messias.	35
10	Gottes Geschichte mit dem Volk Israel endet im babylonischen Exil, weil das Volk Israel versagt hat.	36
11	Das antike Judentum war rückständig in Bezug auf Ehe, Familie und Sex, weil es sich einfach an einer prüden Umwelt orientierte.	39
12	Für Jesus und Paulus war Sex ein Nebenthema, mit dem sie es nicht so genau nehmen würden, wenn sie heute leben würden.	40
13	Im Judentum wird man durch eigene Verdienste gerettet, im Christentum durch die Gnade Gottes.	41

14	Jesus wurde zwar als Kind beschnitten, aber die Beschneidung wird später im Neuen Testament von Paulus abgeschafft.	44
15	Im Judentum waren Frauen und Mädchen von der religiösen Bildung ausgeschlossen.	48
16	Die Juden sprachen zur Zeit Jesu kein Hebräisch mehr und konnten deshalb die Bibel nur verstehen, wenn sie ins Aramäische übersetzt wurde.	50
17	Jesus brauchte nicht zur Schule zu gehen, weil er als Sohn Gottes ohnehin schon alles wusste.	54
18	Jesus hatte ein Verhältnis mit Maria Magdalena.	56
19	Als ordentlicher jüdischer Rabbi musste Jesus verheiratet sein.	57
Jesus und die jüdischen Lehrer		
20	Den jüdischen Lehrern ging es nur um Verbote. Jesus aber ging es darum, über die Grenzen des Gebotes hinauszudenken.	63
21	Jede Aussage eines jüdischen Rabbis spiegelt die Meinung aller Juden wider.	70

22	Das „Himmelreich“ ist (nur) im Himmel, das Reich Gottes (nur) auf der Erde.	82
23	Jesus wollte die Menschen vom Joch des Judentums, vom Joch des Gesetzes oder vom Joch anderer Rabbis befreien und bot ihnen ein anderes, leichteres Joch an.	85
24	Jesus sprach vom „höchsten Gebot“ und machte damit alle anderen Gebote überflüssig.	88
25	(Siehe auch S. 43): Das Judentum war eine Religion der frommen Leistung, man musste sich den Himmel durch gute Werke verdienen. Bei Jesus aber gibt es alles umsonst.	91
26	Die Pharisäer hießen Pharisäer, weil sie sich vom Volk absonderten.	98
27	Jesus kritisierte die Lehren der Pharisäer.	99
28	Alle Pharisäer waren Heuchler und Angeber. Und überhaupt waren alle Pharisäer gleich.	101
29	Jesus kritisiert die Kleinlichkeit der Pharisäer.	102

Jesus und das jüdische Gesetz		
30	Das jüdische Gesetz wurde dadurch überflüssig, dass Jesus es vollständig eingehalten hat.	108
31	Das jüdische Gesetz war von vornherein nur für einen bestimmten Zeitraum gedacht. Mit dem Kommen Jesu ist ein neuer Zeitraum angebrochen, in dem das Gesetz keine Rolle mehr spielt.	109
32	Der eigentliche Sinn des Gesetzes steht im Kontrast zum Buchstaben oder Wortlaut des Gesetzes!	110
33	Der eigentliche Sinn des Gesetzes steht im Kontrast zur jüdischen Auslegung des Gesetzes. Die jüdische Auslegung hat das Gesetz entweder missverstanden oder aber mit zu vielen zusätzlichen Überlieferungen überladen.	110
34	Juden versuchten mit fantasievollen Tricks das Sabbatgebot, wo immer sie konnten, zu umgehen.	112
35	Nach jüdischem Gesetz war eine Heilung am Sabbat verboten.	117

36	Jesus hat extra am Sabbat geheilt, um religiöse Regeln zu brechen und seine Freiheit zu demonstrieren.	118
37	Die jüdischen Reinheitsgebote führten dazu, dass Menschen ausgegrenzt und marginalisiert wurden.	124
38	Unreinheit hat etwas mit Sünde zu tun.	124
39	Jesus hält sich nicht an die jüdischen Reinheitsgebote und erklärt sie für falsch.	124
40	Bei der Begegnung mit der „blutflüssigen Frau“ geht es nicht um Heilung, sondern um soziale Ausgrenzung.	126
41	Als jüdischer Rabbi hätte Jesus die blutflüssige Frau nicht berühren dürfen oder mit ihr reden dürfen.	127
42	Im Judentum ist die Unreinheit ansteckend, bei Jesus aber die Reinheit.	127
43	Für Juden war eine Frau mit Blutfluss unrein, aber für Jesus war diese Frau trotz ihres Blutflusses rein.	128

44	Bei den Juden galten Aussätzige als unrein, aber für Jesus sind auch Aussätzige rein.	135
45	Für Jesus waren äußerliche Reinigungsriten und Zeremonien unwichtig. Nur das Innere zählt bei Gott.	135
46	Zöllner waren im Judentum verhasst und ausgestoßen.	137
47	Samaritaner waren bei den Juden verhasst und wurden gemieden.	141
48	Jesus missachtet jüdische Reinheitsgebote, wenn er mit Zöllnern und Sündern isst, mit Römern oder Samaritanern redet oder unreine Geister austreibt.	146
49	Im Gleichnis vom barmherzigen Samariter geht es um jüdische Reinheitsvorschriften.	147
50	Jesus hebt die jüdischen Speisegebote auf.	152
Jesus und seine jüdische Bibel		
51	Der Gott des Alten Testaments ist nicht der liebende Vater, von dem Jesus redet.	165

52	Gott hat irgendwann zwischen dem Alten und dem Neuen Testament seine Meinung geändert.	166
53	Man muss das Alte Testament „durch die Brille des Neuen“ lesen.	169
54	Gott hatte nur zur Zeit des Alten Testaments ein Herz für brennende gesellschaftspolitische Fragen. Seit Jesus kam, geht es nur noch um das persönliche Heil des Einzelnen.	174
55	Die irdische Landverheißung und die Rolle Israels als Gottesvolk auf Erden sind im Neuen Testament bedeutungslos geworden.	176
56	Jüdische Auslegungen zum Alten Testament sind prinzipiell besser als christliche, weil Juden die Bibel besser kennen.	177
Jesus und der jüdische Tempel		
57	Im Judentum sind Gebäude, Rituale und Institutionen wichtig. Jesus findet das alles unwichtig.	187
58	Der jüdische Tempel war nicht Gottes Idee. Gott braucht keine Gebäude, um uns zu begegnen.	188

59	Im Judentum ist Gott auf einen Ort beschränkt, aber im Neuen Testament wird diese Beschränkung aufgehoben.	189
60	Im Neuen Testament werden die Gegensätze zwischen Himmel und Erde, heilig und profan, rein und unrein, innen und außen, lokal und universal aufgehoben.	192
61	Für Jesus war der Tempel ein feindlicher Ort.	193
62	Jesus sah im Tempel einen Ort der finanziellen Ausbeutung und ein Zentrum korrupter politischer Macht.	195
63	Die „Tempelreinigung" war ein Protest gegen den Tempel, gegen die gierigen Händler oder gegen die korrupten Priester. Oder ein Protest gegen das Judentum ganz allgemein.	198
64	Die ersten Christen trafen sich nicht in heiligen Gebäuden, sondern nur in Wohnzimmern. Ihre Gottesdienstform war frei, spontan, unliturgisch und nicht an Traditionen gebunden.	202
65	Der Vorhang im Tempel war dazu da, den Weg zu Gott zu versperren.	205

Jesus und die jüdische Hoffnung		
66	Wenn Jesus sich nicht vom Judentum unterschieden hat, hätte er gar nicht zu kommen brauchen.	211
67	Das „Reich Gottes“ ist eine christliche Idee. Es begann erst, als Jesus in die Welt kam.	213
68	Die Juden erwarteten ein irdisches Königreich, Jesus aber predigte ein himmlisches Königreich oder ein Königreich der Herzen, das alle Menschen einschließt.	218
69	Wenn das Alte Testament von der „Vernichtung der Feinde“ redet, dann ist damit ein militärischer Sieg gemeint. Wenn das Neue Testament von der „Vernichtung der Feinde“ redet, ist damit ein geistlicher Vorgang gemeint.	220
70	Die Juden betrachteten die Römer als feindliche Besatzungsmacht und wollten sie aus ihrem Land vertreiben.	221
71	Zur Zeit Jesu kämpften die „Zeloten“ als jüdische Untergrundgruppe gegen die Römer.	223

Stellenregister

Ein Verzeichnis der in diesem Buch zitierten Bibelstellen, antiken jüdischen Quellen und modernen Autoren sowie ein Stichwortregister stehen ebenfalls unter www.francke-buch.de zum Download zur Verfügung.

Gehen Sie dazu auf die angegebene Website, suchen Sie nach diesem Buch und laden Sie sich das Zusatzmaterial kostenlos herunter. Ich bedanke mich bei Herrn Maximilian Naujoks für seine Hilfe und sein Engagement an dieser Stelle.

Viele der zitierten antiken Texte sind im Internet frei verfügbar. Eine Übersicht dieser Texte mit Internetlinks finden Sie auf meiner Website www.bibelentdeckungen.de

Weitere Bücher von Guido Baltes

Paulus – Jude mit Mission
Alter Glaube in einer veränderten Kultur
ISBN 978-3-86827-617-6
334 Seiten, gebunden

War Paulus ein Jude? Oder war er der Gründer des Christentums? Für die einen ist der streitbare Apostel ein Held, weil er die engen Grenzen des Judentums durchbrach und aus dem Christentum eine Weltreligion machte. Für andere gilt er als Abtrünniger und Verräter, der den Glauben seiner Väter verließ.

In neuerer Zeit mehren sich jedoch die Stimmen, die ein anderes Bild von Paulus entwerfen: Das Bild eines Juden, der seinem Glauben treu blieb, aber ihn hineintrug in eine neue und veränderte Welt. Dieses Buch geht den Spuren dieses Weges nach und zeigt, dass für den Juden Paulus der alte Glaube der Bibel nicht im Widerspruch steht zu den neuen Herausforderungen einer veränderten Kultur.

Die verborgene Theologie der Evangelien

Die jüdischen Feste als Schlüssel zur Botschaft Jesu

ISBN 978-3-96362-145-1

256 Seiten, gebunden

Jesu Botschaft hat die Welt verändert. Ein wichtiger Teil dieser Botschaft wird jedoch von Bibellesern oft übersehen: Es sind die zentralen Inhalte des jüdischen Glaubens, die im Neuen Testament überall vorausgesetzt sind, aber nie ausführlich erklärt werden, weil sie für jüdische Ohren so vertraut und selbstverständlich waren.

Dieses Buch führt ein in die zentralen Inhalte des jüdischen Glaubens, indem es die großen Feste des Kalenderjahres vorstellt: Neujahr, Laubhüttenfest, Passa, Pfingsten, der große Tag der Versöhnung und der Sabbat. Und damit zugleich die großen Linien von Schöpfung, Erlösung, Liebe, Schuld und Versöhnung, wie sie im Judentum verstanden werden. Daran knüpft Jesus an und macht die jüdischen Feste zum roten Faden seiner Lehre. Deshalb sind sie ein wichtiger Schlüssel, um seine Botschaft zu verstehen.

bearbeiten

Steffi Baltes
Entdeckungen in Israel
25 Lieblingsorte zum Erleben, Genießen und Auftanken
ISBN 978-3-96362-262-5
zahlreiche Fotos
320 Seiten, Klappenbroschur

Träumen Sie schon lange von einer Reise nach Israel, befinden Sie sich konkret in der Planungsphase oder wundern Sie sich, warum manche Menschen so sehr vom Heiligen Land schwärmen?
Steffi Baltes hat mehrere Jahre in Jerusalem gelebt und lädt Sie ein, sich mit ihr gemeinsam auf Entdeckungstour an ihre persönlichen Lieblingsorte zu begeben. Denn in Israel gibt es noch so viel mehr zu entdecken als die Klagemauer, die Via Dolorosa oder den Ölberg – auch wenn diese natürlich bei keiner Besichtigungstour fehlen dürfen!
Aber wussten Sie, dass man die Unterwelt Jerusalems durch einen über 2500 Jahre alten Wassertunnel erkunden kann? Oder dass es in Israel Oasen mit wahrem Südseeflair gibt? Außerdem verrät Ihnen Steffi Baltes ihre Lieblingscafés, gibt Tipps, wo außergewöhnliche Souvenirs zu erstehen sind und welche Organisationen Übernachtungsmöglichkeiten bieten, die Sie in kaum einem Reiseführer finden. Vor allem aber lädt sie Sie dazu ein, die Reise durch Israel und die palästinensischen Autonomiegebiete zu einer spirituellen Reise werden zu lassen, die Sie innerlich auftanken lässt. Lassen Sie sich von ihr anstecken und begeistern für ein extrem vielfältiges Land und stellen Sie sich Ihren persönlichen Lieblingsmix aus Kultur, Geschichte, Gegenwartsflair, Aktivtouren und Entspannung am Strand zusammen.